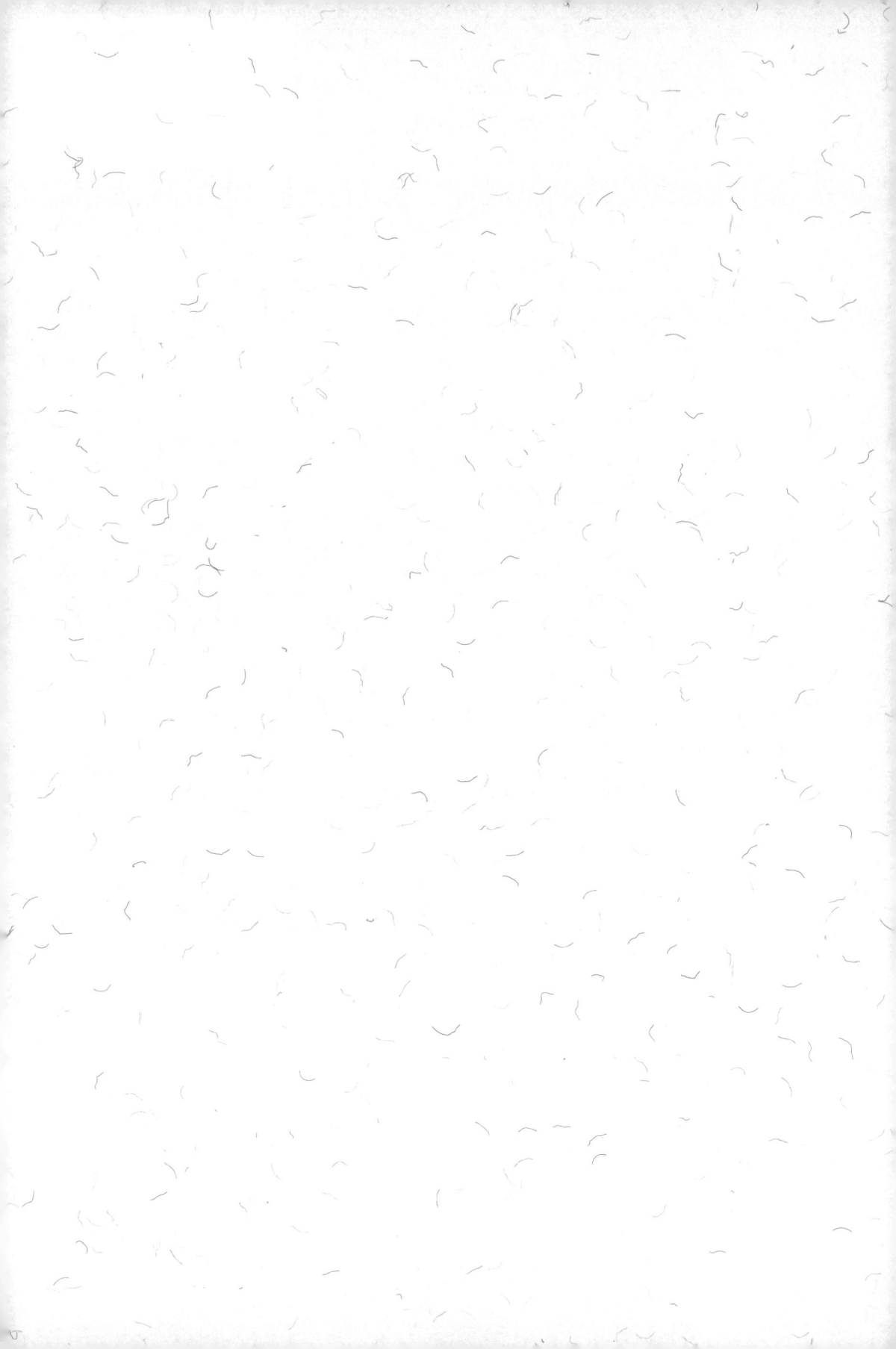

江苏省研究生教育教学研究与实践项目(JGLX16_029)

新形势下 研究生思想政治 教育研究

张兴春　著

合肥工业大学出版社

图书在版编目(CIP)数据

新形势下研究生思想政治教育研究/张兴春著.—合肥:合肥工业大学
出版社,2018.11
ISBN 978-7-5650-4252-2

Ⅰ.①新… Ⅱ.①张… Ⅲ.①研究生—思想政治教育—研究—中国
Ⅳ.①G643.1

中国版本图书馆 CIP 数据核字(2018)第 266899 号

新形势下研究生思想政治教育研究

张兴春 著   责任编辑   朱移山

出　版	合肥工业大学出版社	版　次	2018 年 11 月第 1 版
地　址	合肥市屯溪路 193 号	印　次	2019 年 8 月第 1 次印刷
邮　编	230009	开　本	710 毫米×1010 毫米　1/16
电　话	人文编辑部:0551－62903310	印　张	13.75
	市场营销部:0551－62903198	字　数	240 千字
网　址	www.hfutpress.com.cn	印　刷	安徽昶颉包装印务有限责任公司
E-mail	hfutpress@163.com	发　行	全国新华书店

ISBN 978-7-5650-4252-2   定价: 45.00 元

如果有影响阅读的印装质量问题,请与出版社市场营销部联系调换。

南京林业大学
"文化与传播学术前沿"丛书
编委会

主　编　王全权

编　委　（以姓氏笔划为序）

卫　欣　冯广圣

陈相雨　周阿根

张兴春　张　律

郭　幸　程嫩生

序

刘云林

在我国高等教育的体系中，研究生教育是极为重要的部分，原因在于作为教育对象的研究生是我国社会主义现代化建设高层次人才的重要来源，他们中的许多人将成为未来我国政治、经济、科技领域的骨干。从这一意义而言，研究生教育关乎未来中国社会的发展。而在研究生的培养质量中，其思想政治素质又是具有决定性意义的要素。因为，只有当研究生内在价值体系的确立和对外在规范体系的认同达至理想状态时，其才可能充分实现其身之于社会的价值。并且，研究生教育又是在我们当下这样一个快速发展的时代具体实施的，新的形势对研究生教育自然地提出了新的要求。正是基于上述事实的逻辑，关注新形势下研究生的思想政治教育问题，就自然地具有了非常重要的现实意义。也正是基于这一考量，张兴春博士将学位论文题目确定为新形势下研究生思想政治教育研究，在结合自身所从事的实际工作的基础上，通过实证调查，搜集了国内外众多相关的研究资料，经过了艰苦的努力，终于完成了他的研究工作，交出了一份出色的答卷。在答辩过程中，受到了答辩委员会的好评。对此，我和兴春一样，内心感到十分的宽慰和喜悦。

张兴春博士毕业已经三年，最近他对我说，毕业以后他依然关注着研究生的思想政治教育问题，并对论文进行了修改充实，准备公开出版，想请我为其写一个序言。对此，作为他的指导教师，也作为该论文的第一位读者，感觉到有些感受要说，因此就欣然将这事答应了下来。

首先，该著作体现了作者的创新意识和创新努力。一段时间以来，学界关于研究生思想政治教育的研究成果不少，其中也有针对当前社会发展中出现的新情况、新问题进行研究的论文，但这些研究大多局限于某一方面的讨论，缺乏对"新形势"下研究生思想政治教育全面而系统的梳理。因之，站在当前时代"新形势"的角度看待研究生思想政治教育，即怎样在当前的时代环境中积极有效、富有创新地开展研究生思想政治教育，就成为该著作研究的立足点。

正是基于这一视角，该著作从研究生群体的新特点、教育环境的新变化、思想政治教育的新要求等方面，全面系统地分析了研究生思想政治教育的"新形势"，探讨了研究生思想政治状况与思想政治教育的"新问题"、"新挑战"，为研究生思想政治教育提供了"新思路"。该著作在探讨了研究生思想政治教育的新形势和研究生思想政治教育的问题后，就研究生思想政治教育的理论、原则、目标、内容、方法、路径等六个方面系统的提出了创新对策，从而使得研究成果内容进一步丰富和完善。也正是作者这种认识上的自觉，使得本研究具有了可贵的新意。

第二，该著作具有较强的现实感。这既表现在作者对现实的关注，注意从现实生活中汲取营养，并努力回应现实的发问和诉求，也表现在作者能紧密结合自身所从事的实际工作进行研究。这就使得写作很有感觉，许多地方是有感而发，而不是为了写作而写作，不是仅仅通过阅读现成的文字材料而苦苦寻觅研究课题和获得写作灵感。这一点，张兴春博士所从事数年的研究生教育和管理工作固然为其提供了生活的来源，但也与他能够做这方面的有心人，努力将理论研究和现实生活的有机结合达到一种自觉有关。如此，一方面使得理论研究基于现实生活之上，避免了理论研究从文字材料到文字材料的窠臼；另一方面，也使得现实生活因为有了理论的指导而避免了许多盲目性。

该著作具有较强现实感的表征体现在对于所处时代的关注。作者首先站在历史发展的维度，通过对研究生思想政治教育发展历史的回顾，设定历史坐标，一方面使研究生思想政治教育的发展有清晰的脉络可以追溯，另一方面，通过历史的对比，也使得当前时代的"新形势"特征更为鲜明和突出。无论是对于思想政治教育形势还是思想政治教育基本要素的分析，都紧扣当前的时代特点，充分尊重时代性，援引的材料都以最近几年的为主。在如何进行教育这一问题上，更多地介绍当前的一些思想政治教育方法，如组织研究生论坛等，这是目前非常普遍的研究生学术交流形式。

在实证研究方面，该著作亦突出了时代性，这具体体现在对当前研究生的思想政治现状进行的调研和分析。当下的研究生出生在改革开放年代，成长于社会转型时期，与之前的历史阶段相比，心理状况、思想状况都发生了很大变化，思想活动的独立性、选择性、多变性和差异性明显增强。这些都是这一代研究生身上所具有的时代烙印。针对这一研究生群体的时代特点，以思想政治教育的专业思维做出有效的应对分析，就成为作者必须付出的努力，也成为本研究具有时代性的题中应有之义。正是基于这一要求，该著作结合时代特征给出对策和建议，尤其在理论研究部分，明确提出要关注和把握思想政治教育的理论和实践前沿，探索新的思想政治教育理论实践方式，提出基础研究、应用研究与咨询研究的结合，以及开展跨学科研究，认为研究生的思想政治教育应当聚焦于当前思想政治教育中所面对的重要现实问题。所有这些认知，既体现了作者的一种研究自觉，也为该著作应该体现时代性提供了认识论基础。

第三，该著作体现了作者理论上的深入思考。上面我讲到该著作具有较强的现实感，作为科学研究应该关注和回应现实诉求，但这并非意味着在理论上的要求可以有所降低。恰恰相反，为了能对现实进行有效的反思和引领，必须在理论上做出更加多的探索。对此，张兴春博士也是做了很好的努力。

这一努力首先表现在对研究生思想政治教育的历史反思方面。诚然，该著作所论之"新"是针对当下现实而言的，但同时又应该是对过往的一种超越，而要有效实现对过往的超越，就逻辑地需要对研究生思想政治教育进行历史的反思。对此，张兴春博士是具有一种自觉的意识的。并且，他具体地设定了决策反思、管理反思和研究反思三个向度。由于决策是一种顶层设计，所以决策反思应该体现为对思想政治教育目标和内容设置合理性的追问。管理反思是对于思想政治教育在基层实践中的探索进行反思，主要应反思教育管理活动是否合乎科学性和规律性。研究反思主要回望学科研究能否把握教育存在的本质问题，能否为教育活动提供启迪和导向作用。应该说，该著作关于这种反思向度和主要问题的设定，对于研究生思想政治教育有效实现对过往的超越，是从宏观上做了很好的准备的。

这一努力也表现在对研究生思想政治教育目标设定的思考方面。目标设定对于研究生思想政治教育尤为重要。因为，目标具有导向的意味，其科学性不仅关乎教育的前进方向，对教育的效益也具重要意义。对此，该著作将研究生内在的思想政治素质的提升和研究生对思想政治行为准则的信守作为所设定目标的两个向度，并且认为研究生思想政治教育目标的实现就取决于社会在研究生思想政治素质和思想政治规范这两个维度上进行卓有成效的建设。应该说，这一认知具有很好的深度，对于实际工作也是颇具启迪意义的。

这一努力还表现在对研究生思想政治教育合理性的追问方面。上面讲到，研究生思想政治教育的目标对实际工作而言是一种重要的导向，而为了实现所设定的目标，就必须施之以行之有效的教育，这就有一个教什么的问题，而这自然地要追问所教内容的合理性问题。因为，教育活动和人类社会的发展是同步的，思想政治教育也是人类进入阶级社会以后就有的普遍现象，但这种教育包括思想政治教育是否是一种善教，却是一个值得人们发问的问题。而之所以值得并应该发问，乃在于这种教育有时是一种不好的教育，如有悖于事理、伦理（包括情理）和法理的教育，就不可能是一种好的教育。对此，张兴春博士专门探讨了设置合理的研究生思想政治教育内容问题，这一见地是颇为深刻的。这一设置的意义在于，它有利于使得研究生思想政治教育从"源头"上而言成为一种"善教"，这一设定实际上对整个思想政治教育都极富启迪。由此，张兴春博士的这种探索就具有了很好的理论意义和现实性意义。

张兴春博士在攻读硕士学位阶段师从王国聘教授，学习伦理学专业，研究方向即是研究生德育，在此期间学习了哲学和教育学的理论，具备了较好的知识基础。攻读博士学位时，他已是南京林业大学研究生招生办公室主任。由于是在职学习，难免会发生工作和学习的矛盾冲突。但他非常勤奋，并且妥善地处理好了两者之间的关系。一方面出色地完成了工作任务，另一方面又认真地进行专业学习，并且利用一切可以利用的时间搜集整理资料，晚上下班以后、双休日和寒暑假则是他的集中写作时间。就是在这种坚持不懈的努力中，他很好地完成了博士阶段的学习。现在，他的著作即将出版，我和他一样感到高兴。在此，谨向他表示学术上的衷心祝贺！同时，也殷切地希望他保持勤奋努力的优良品格，对研究生思想政治教育这一课题进行更为深入的研究，不断取得新的学术成就。

是为序。

2018 年 10 月 8 日于金陵

前　言

　　研究生思想政治教育作为研究生教育的重要组成部分，承担着为社会培养高素质人才的重要责任。在经济体制深刻变革，社会结构深刻变动，利益格局深刻调整，信息技术高速发展的时代，顺应和准确把握时代发展对思想政治教育提出的现实问题及要求，并以此进行创新和发展是研究生思想政治教育卓有成效的基础。本文旨在通过对新形势下研究生思想政治教育所面临的新情况、新挑战、新问题的分析，对如何加强和改进研究生思想政治教育工作提出新思路、新办法、新路径。

　　伴随着研究生教育事业的发展，研究生思想政治教育经历了起步与规范、恢复和改革发展等阶段，研究生思想政治教育取得了可喜成就。但时至今日，研究生思想政治教育所处的形势发生了变化，面临着新的机遇和挑战。首先，思想政治教育对象发生了变化，研究生群体有了新特点，如群体规模的快速增加、研究生个性变化、就业压力方面的情况变化，对思想政治教育提出了新要求。其次，思想政治教育所处的环境发生了变化。如经济全球化加剧、社会文化多元化凸显、信息技术的迅猛发展等，空前的社会变革和技术变革，在给我国经济社会发展带来巨大活力的同时，也给思想政治教育带来一系列新情况、新问题。最后，社会发展赋予了研究生思想政治教育新使命。因此，研究生思想政治教育在指导思想、教育目标、教育内容、教育方法上也必须有所变化和发展以适应新形势。

　　当前，研究生思想状态主流积极健康，但也存在价值取向多元化、责任感缺失、道德认知与道德行为脱节、心理健康问题频发等问题。这些问题的出现，一方面归咎于社会大环境的不良影响和研究生自身的缺陷和不足，另一方面，研究生思想政治教育未能保持与当前形势足够的与时俱进，亦成为制约研究生思想素质提高的主要原因。总体上看，研究生思想政治教育在理念认识、目标内容、方式方法、队伍渠道、组织制度等方面尚存在亟待解决的问题。

　　研究生思想政治教育在新形势下要有所作为，必须与时俱进，进行创新和发展。理论创新是研究生思想政治教育发展的先导，研究生思想政治教育应在坚持马克思主义的指导之下，批判继承中国传统文化，合理借鉴西方德育理论，进行综合创新，建立适应新形势所需要的新型研究生思想政治教育模式。研究生思想政治教育各要素的优化是研究生思想政治教育的现实。研究生思想政治教育要在坚持开放性、互动性和平等性原则下，制定明确的思想政治教育目标，设置合理的思想政治教育内容，采取有效的思想政治教育方法。研究生思想政治教育路径创新，是研究生思想政治教育实践有效性的必由之路。

目　　录

绪　　论

一、研究背景与研究意义

（一）研究背景和问题的提出

与时俱进是思想政治教育强大生命力的灵魂。解决由时代发展和科技革新所影响到的人的思想、政治和道德问题是思想政治教育所承担的重要任务，顺应和准确把握时代发展和社会变革对思想政治教育提出的现实要求，是思想政治教育卓有成效的基础。

目前，我国研究生教育发生了巨大变化，即由以往的小规模培养发展到规模化培养。过去的普通高等学校的人才培养多以本科生培养为主，研究生数量大大小于本科生数量。随着社会发展，我国对高层次人才需求的不断增加，教育改革的步伐也在加快，各科研院所和高校把研究生教育作为发展的重点，研究生教育得到空前发展，随着科研和研究生教育的发展，各高校增加研究生招生比例，自 2001 年至 2008 年全国每年以近 30% 的增长速度扩招研究生。2014 年全国高校本、专科生总招生规模为 701 万，而当年的硕士研究生招生规模达 56 万人，博士研究生招生规模为 7 万余人，本、专科生与研究生的比例近 10∶1。从 1950 年到 1998 年间，我国共培养研究生近 47.3 万人，而仅 2014 年一年，全国研究生的招生就远远超过了过去 40 年的招生人数之和。研究生招生数量的快速增长，使得研究生教育质量暴露出一些前所未有的新问题，研究生思想政治教育问题就是其中一个重要方面。

相对研究生培养规模的发展，研究生的思想政治教育较为滞后。在培养规模较小的情况下，研究生群体特征不明显，研究生的思想政治教育问题还不突出。随着研究生招生规模的不断增大，研究生思想政治教育对象日益复杂化，研究生的培养规格和培养形式也趋于多样化。尤其是规模化培养条件下的研究生，一方面他们多是从大学毕业生中选拔出来的优秀者，接受过连续多年系统的大学教育，或者是已经接受过多年的社会实践锻炼，其自身素质积极向上，既充满对真理追求的欲望，又具备探索真理的能力；另一方面，因为他们在年龄、阅历、社会经验等方面的多元化，又使得他们身上蕴涵着诸多的困惑与矛盾。目前研究生思想政治教育工作中面临诸多问题：有的理想、信念动摇，不相信马克思主义，对社会主义的前途信心不足，一些人文社会科学专业的研究生学术观点和倾向不健康；有的社会责任感差，思想境界不高，过分看重和追逐个人利益；有的精神空虚，在各种封建迷信活动中寻找寄托；还有的不注意加强个人道德修养，缺乏艰苦奋斗、脚踏实地，为攀登科学高峰献身事业的精神，等等①。新形势下，面对这些问题，进行规模化培养的研究生思想政治教育研究，具有很强的实践意义。

研究生思想政治教育是一项复杂的系统工作。马克思主义哲学认为，事物的发展一般要经历若干过程和阶段，区分这过程或阶段的基础，就是它们各自的矛盾的特殊性。任何一个事物在量的积累过程中，都必然是要毫不例外的依附、受制于孕育其的原事物；与此同时，新事物又都在无时无刻地积蓄着否定原事物的因素，积累自己的新的因素，一旦成熟，新的事物就会从原事物中独立出来，完全具有了只属于自己的质的规定性。基于这种理论，原有的研究生思想政治教育"用大学生思想政治教育的方法去解决研究生的思想政治教育问题"的做法，已经明显不适应于当前的需求。时至今日，随着我国社会的政治、经济、科学技术、文化教育的全面进步与发展，国家综合实力的快速增强，研究生教育事业有了前所未有的大发展——规模空前、培养层次独立，这就迫切需要构建相对独立的研究生思想政治教育体系。

面对新形势、新情况，研究生思想政治教育工作在继承和发扬优良传统的基础上必须在内容、方法、形式、路径、机制等方面进行综合创新和改进，尤其要在体现时代感，增强针对性、实效性和主动性上努力。因此，必须加强研究生思想政治教育研究，完善其理论体系。

（二）研究生思想政治教育的意义

重视思想政治教育和思想政治教育经验的丰富，是构成中华民族优秀文化的重要组成部分。培养什么样的人，怎样培养人，历来为我们党所高

---

① 《关于加强和改进研究生德育工作的若干意见》，《中华人民共和国国务院公报》，2000 年29 期。

度重视。在各个历史时期，中国共产党人和有识之士批判地继承和发扬了我国优秀的道德文化传统，在推动新中国社会的进步和发展上，彰显了思想政治教育的重要作用。在党的领导下，几代领导人一贯特别重视对青年教育工作。例如，毛泽东早在抗日战争时期起就明确提出"青年运动的方向"的问题，在新中国成立后又对爱国主义、人生观等问题提出了很多经典论述。邓小平也特别重视德育中的政治教育，曾明确提出"学校应该永远把坚定正确的政治方向放在第一位"。

中共中央、国务院在《关于进一步加强和改进大学生思想政治教育的意见》中指出："加强和改进大学生思想政治教育是一项重大而紧迫的战略任务"。社会主义事业能有今天的成就，是因为培养和造就了一批又一批社会主义事业建设者和接班人，而要把中国特色社会主义事业不断推向前进，必定需要一代又一代人的不懈努力和奋斗。大学生是宝贵的人才资源，是民族的希望，祖国的未来，在今后的时间里，将是全面建设小康社会、实现中华民族伟大复兴的中坚力量，所以党和人民对他们寄予厚望，希望并要求他们不仅要大力提高科学文化素质，而且更要大力提高思想政治素质。只有这样，大学生才能与时代同步，与人民同呼吸共命运，在社会主义现代化建设的事业中施展才华，实现远大抱负；只有培养和造就千千万万这样的人才，我们才能在日趋激烈的国际竞争中立于不败之地，才能确保国家长治久安，把中国特色社会主义事业代代相传。①

中共中央国务院在《关于进一步加强和改进大学生思想政治教育的意见》中将大学生的范围定义为包括专科生、本科生和研究生在内的约2000万的在校学生。研究生作为这个群体中的最高层次，研究生教育是学校教育的最后阶段，成为控制人才合格的最后关口，因此更加负有为实现中华民族伟大复兴，培养、造就和输送高层次人才的历史重任。在研究生的全面素质之中，其思想素质如何，将直接关系到我国科教兴国战略目标能否实现，关系到我国社会主义现代化事业的成败。因此，研究生思想政治教育工作作为研究生培养中的重要组成部分，在研究生的全面培养中具有不可替代的作用，这就要求我们应当从建设中国特色社会主义和建设和谐社会的战略高度，充分认识研究生思想政治教育工作的重要意义。

建构社会主义和谐社会，是我们党从全面建设小康社会、开创中国特

---

① 中共中央、国务院：《关于进一步加强和改进大学生思想政治教育的意见》，人民日报，2004年10月15日，第一版。

色社会主义事业新局面的全局出发提出的一项重大任务，民主法治、公平正义、诚信友爱、充满活力、安定有序、人与社会和谐相处的深刻内涵，体现了广大人民群众的根本利益和共同愿望，反映了我们党对中国特色社会主义事业发展规律的新认识。在构建社会主义和谐社会进程中，作为高层次人才的研究生担负着重要历史责任。因此，我们必须站在历史和时代的高度，不断分析和掌握研究生思想政治状况，进行思想政治教育，引导他们树立正确、科学的价值观、道德观、政治观。

首先，研究生思想政治教育为构建社会主义和谐社会输送高素质人才。大学的根本任务是培养人，要坚持以人为本原则。中国自古以来就强调"尊德性"与"道同学"并重，"大学之道在明明德，在新民，在止与善"，"学者，所以学做人也。"西方大学的理念也是将人的全面发展作为教育的核心，爱因斯坦说："学生离开学校时是一个和谐的人，而不是一个专家。"这些思想都强调，大学所培养的人，不仅仅是某一领域的技术匠人，更应该具有以专业知识为根基的人性化理念和道德价值取向及精神追求。要通过调动研究生的内在的精神需求力量，引导研究生去思考"人生的目的"和"生活的意义"等根本性问题，从而建立起自己的精神境界，最终成为德智体美全面发展的高素质人才。

其次，研究生思想政治教育为构建社会主义和谐社会增强创新活力。创新是一个民族发展的灵魂，是一个国家兴旺发达的动力。社会主义和谐社会的构建，必须广泛充分地调动一切可以调动的力量，发挥社会各层面的创新活力，努力推进经济、文化、思想的发展。高等学校作为知识和高素质人才的集中地，作为优秀文化的传承者，民族创新精神的形成有赖于大学的推动。从高校中流溢出的科学文化精神，从高校中培养出的富有创新能力的人才，其自身所散发的创新活力，播散到社会的各个角落，将在很大程度上影响一个国家，一个民族的创新能力。

再者，研究生思想政治教育为构建社会主义和谐社会奠定思想文化基础。研究生思想政治教育在社会文化的构建中，不应一味地坚守自身"象牙塔"的高尚与纯净，而是要以一种守望的精神，入世的态度，勇敢地承担起社会教化的责任。研究生思想政治教育作为大学文化是社会主义先进文化的一部分，在构建社会主义和谐社会中，其自身所蕴含的文化力量，在与社会文化相融合的过程中，起着引领和整合的作用，同时作为一种文化辐射，在不断地丰富人们的精神世界，不断增加人们的精神力量，为构建社会主义和谐社会奠定良好的文化基础。

最后，研究生思想政治教育为构建社会主义和谐社会塑造科学精神。

在构建社会主义和谐社会过程中，科学精神协调着人与人、人与社会、人与自然的和谐关系。科学精神是以自然科学和社会科学为基础，包含有人文精神的实事求是、探索求知、崇尚真理和勇于创新的精神境界。研究生思想政治教育在服务构建社会主义和谐社会中，担负着塑造高层次人才的科学精神的重要使命。当前，研究生思想政治教育在参与构建社会主义和谐社会的过程中，更为强调社会科学精神的塑造，这种融入人文精神的科学精神来源于高等教育优良的科学传统。"五四"时期的新文化运动所提出的"民主"和"科学"两大口号，即在指出以科学技术发展生产力、富民强国的同时，强调科学在建立新思想、新文化，反对愚昧迷信过程中的重要性。

二、相关研究综述

（一）国外研究综述

20 世纪 60 年代起，欧美等发达的资本主义国家普遍发生了剧烈的社会变化，出现了很多新情况和新问题，例如环境问题、民权运动、女权运动、恐怖活动、贫困、吸毒、堕胎等，人们越来越清醒地认识到经济的快速发展和科技的高度发达并不能解决所有的问题，相反还会产生一些新的问题："一方面是社会发展变化带来的大量道德问题，一方面是传统道德价值观念的崩溃和衰落，新的道德观难以确立，人们的道德素质普遍下降。"① 在这种情况下，各资本主义发达国家开始认识到学校思想政治教育的重要性。同时，大多数发达资本主义国家的高等教育在 20 世纪 50 年代就基本上实现了大众化的发展，其研究生教育也有悠久的历史。尽管从目前掌握的资料来看，各个国家公民的道德教育在内容、方法等方面存在区别，其教育政策也较少特别指出针对研究生教育，但可以发现，各国对学生的思想品德的塑造都十分重视，其各项教育政策与研究也影响到了研究生教育。首先表现为各个国家政府的高度重视，制定和发布了相关的规定；其次很多学者也进行了相关的研究，其研究成果散见于其道德教育、政治教育、公民教育的有关论著中，如美国拉瑞·P·纳希的《道德领域中的教育》、柯尔伯格的《道德教育的哲学》、英国彼得斯的《道德发展与道德教育》、约翰·威尔逊的《道德教育新论》等。以下分别做一些介绍。

面对社会道德滑坡的现状，老布什在《重视德育教育》一文中指出，

---

① 李义军：《国外学校思想政治教育现状分析及启示》，《国外理论动态》，2008 年第 9 期。

学校教育的目的不仅仅是培养学生的智力，而应是智力和品德的全面发展，他提出"必须把道德价值观的培养和家庭参与重新纳入教育计划"①。为了提高公民的道德水平，美国相继成立了"品德教育联合会""重视品德同盟会"等，要求学校加大品德教育。2002 年 3 月美国发布的"美国联邦教育部 2002—2007 年工作要点"强调要培养具有爱国主义精神的公民。为此，美国很多大学都强调学生爱国主义精神的培养，注重培养学生的"责任公民"意识。

法国也注重公民的道德教育，学校的道德教育"在形式上，一是与各科教学相结合的道德教育（把道德教育寓于相关科目教学中），二是相对独立于各科教学的道德教育（公民道德教育课或宗教课）。在途径上，除了课堂教学外，还组织课外活动、劳动锻炼、学习交流、参观访问、假日旅游、社会调查等社会实践活动。"② 同时，学校道德教育也根据不同的年龄分为不同的层次，大学及其以上阶段的教育是中小学阶段的扩大和深化。

英国在 2000 年出台的国家课程目标中规定，"国家课程的目标是：（1）促进精神、道德、社会和文化发展；（2）推动个人、社会和健康教育、公民教育；（3）发展技能。"③ 从规定中可以看出，国家对学生道德和文化等方面的发展十分重视，学校的课程教学是培养学生道德的重要途径。

德国实行的是文化教育的联邦主义，各州拥有文化教育的主权，因此各州的教育法规也不尽相同，但这并不是说德国高校没有道德教育目标。《联邦德国教育总法》中提出要"培养学生在一个自由、民主和福利的法律社会中……对自己的行为有责任感。""使学生具有必要的思想品质和行为标准，使他们具有为发展社会生活、发展科学技术而献身的精神。"④ 同时，德国的道德教育主要通过政治养成教育和宗教教育开展，带有鲜明的个人主义和宗教色彩。

日本的道德教育举世闻名，早在明治维新时期日本的学校就设立了修身科。日本在其规划的《21 世纪教育目标》中认为：只有重视思想素质的

---

① 戴艳军：《思想政治教育案例分析》，高等教育出版社，2001 年版。
② 许国彬：《法国学校德育教育简况及其启示》，《教育管理研究》，1996 年第 1 期。
③ 林亚芳：《当代英国学校德育述评》，《思想理论教育导刊》，2003 年第 9 期。
④ 汪宗田、傅安洲、阮一帆：《德国大学思想道德教育及其启示》，《思想教育研究》，2011 年第 4 期。

培养，才能保证人才的健康成长。在道德教育的过程中，日本非常注重民族精神和传统道德观念的教育。同时，日本实现大一统制的道德教育体制，学校的道德目标充分体现了国家的意志。另外，日本的道德教育还非常重视学校、家庭、社会的有效结合。

不仅各个资本主义国家的政府越来越重视对学生的道德教育，很多国外的学者也非常重视对这个问题的研究；同时，随着社会的发展及其研究生教育大众化的普及，其研究也越来越细化。由于掌握的资料以及篇幅有限，以下仅介绍部分国家学者的研究成果。

关于学校道德教育模式研究。各国的学者都结合本国的实际情况提出了不同的道德教育模式。例如，法国的教育学家涂尔干提出了"个体社会化理论模式"，他认为，使个体社会化的最主要方式就是教育，而学校道德教育的目的，就是要使学生在道德方面实现社会化，具备社会所需要的道德品质。苏联教育学家苏霍姆林斯基提出了"全面和谐发展德育模式"，他认为和谐发展的教育包括德育、智育、体育、美育和劳动教育五个方面，而道德教育在教育中占有主导性的地位，"道德是照亮全面发展一切方面的光源"。英国的教育专家彼得·麦克菲尔与他的同事创建了"体谅德育模式"，所谓"体谅"，一方面是指教师要多关心学生，少对学生进行评；另一方面是指道德教育也要使学生学会多体谅别人。这种教育模式有配套的系列教材——《生命线》和教师指导用书——《学会关心》。除此之外，美国的道德教育模式派别众多，例如价值澄清模式、道德认知模式、社会学习模式等，这些模式"大都以科学的调查研究为依据，以人文科学、社会科学等知识为依托，通过大量的实证、实验、分析后得出来的。这种深厚的理论基础使道德教育有了客观依据，使教育对象明确'为什么这样做'"[1]。

关于研究生学术道德教育的研究。美国高校注重对研究生开展负责任研究行为教育（Responsible Conduct of Research），其教育分为科研伦理和科研诚信两部分。[2] 开展这一教育的目的，是为了减少科研不端行为。1995 年，美国科研诚信委员会在一份名为《科研诚信与科研行为》的报告中，建议开设负责任研究行为教育项目。美国学术界认为，研究生进入学

---

① 周晓波：《美国思想政治教育模式的分析与借鉴》，《辽宁工业大学学报（社会科学版）》，2009 年第 6 期。

② 李素琴、边京京、李淑华：《美国研究生负责任研究行为教育最佳实践——RCR 教育项目研究》，《学位与研究生教育》，2014 年第 09 期。

术研究生涯，要成为一名合格的学者，需要对科研诚信问题具有敏感性的认识，既需要学习本国的学术规范，还需要了解各国不同的学术文化背景和国际通用的学术准则。在这样的背景下，美国国家科学基金会（National Science Foundation，NSF）和美国科研诚信办公室（Office of Research Integrity，ORI）资助开展了研究生负责任研究行为教育项目。

在这一领域的专著，具有代表性的，是麦克里那（Francis·Lmacrina）博士的著作《科研诚信：负责任的科研行为教程与案例》，该书在美国广受欢迎。[①] 该书倡导负责任的科研行为，维护科研诚信，是诸多大学和科研院所开设相关课程和讨论班的教材。全书共分 11 章，每章都附有案例、思考题和参考材料，内容涵盖科学研究各主要环节中的核心科研诚信议题，包括：科研方法与态度、道德标准等基本要求；师生关系、论文与署名、同行评议、利益冲突管理、合作研究、数据所有权、知识产权保护和实验记录保存等实务问题；还包括人体实验、动物实验和基因技术伦理等特殊问题。该书的特色，是实务和启发式的教育方法，通过典型案例分析、情景模拟、问题研讨、问卷调查等多种方式，使读者身临其境，强化阅读效果。

（二）国内研究综述

大学生思想政治教育问题一直是众多教育专家、学者研究和探讨的热点问题之一，已有许多成熟的研究成果出现，并应用于实践，但专门针对研究生这个特殊的群体而做的研究还不能满足当前研究生教育发展的需要。随着研究生教育的快速发展，研究生思想政治教育过程中存在的问题与矛盾逐渐显现出来，引起社会的普遍关注，不少专家学者已开始探索研究，也出现了一些颇有价值的研究成果。从 1997 年以后，对研究生思想政治教育的研究日益增多，相关的论文和专著也较为丰富。

从专著来看，薛天祥的《研究生教育学》是从整体的研究生教育体系的角度来加以论述。[②] 全书共分十二章，包括：学习和创造知识、研究生专业、研究生教育、研究生教育的基本规律研究、研究生教育原则、研究生教育目的和途径、德育论、课程论、科研论、学位论、研究生教育模式论、导师论。从该书的框架结构可以看出，研究生的思想政治教育是被纳

---

① （美）麦克里那：《科研诚信：负责任的科研行为教程与案例》，高等教育出版社，2011 年版。

② 薛天祥：《研究生教育学》，广西师范大学出版社，2001 年版。

入研究生整体教育体系的一个环节。他提到的研究生的思想政治教育内容包括：创新意识、可持续发展观、网络道德、情商教育。

刘顺厚的《绩效与评价，研究生德育探析》，不是全景式的作品，而是针对研究生德育工作中的某一个问题——德育绩效与评价——进行深入研究，作者主要探讨研究生德育工作所具有的经济价值和它的衡量尺度。该书的逻辑结构为：对研究生德育绩效的一般考察、理论支持与借鉴、研究生思想政治状况调查、研究生德育绩效现状、提升研究生德育绩效的对策、构建研究生德育绩效评价体系。

赵青山的《实践与探索：研究生德育工作研究》是一本基于实证研究开展的专著，该书针对北京地区高校研究生的思想现状进行了调研，并在此基础上探讨如何开展新世纪、新形势下的研究生德育工作。① 该书的前两部分是对北京地区部分高校研究生思想状态调查和对研究生导师进行问卷调查分析，接下来的章节内容包括：对经济全球化背景和信息时代德育面临的机遇与挑战的分析，对新时期研究生德育工作的思考，以及研究生德育内容的优化与创新、建立研究生导师德育责任制、加强研究生组织建设、重视研究生德育主体性的培养、社会实践、网络德育、德育管理体制、德育评估等。

王传中主编的《研究生思想政治教育理论与实践》一书是源自武汉大学研究生思想政治教育研究课题（2008）的研究成果，分为实证研究和理论研究两个部分。实证研究的内容包括：研究生党员思想政治状况调查研究报告，研究生心理健康状况调查研究报告，研究生学术道德与学术规范状况调查研究报告，

研究生学术科技活动状况调查研究报告，研究生择业观、创业观调查研究报告，

两年制理科硕士生的择业取向与职业指导探析，研究生培养机制改革有关问题调查研究报告，研究生廉洁价值观调查研究报告，实证视角下关于大学生行为的调查研究报告，武汉大学研究生思想政治状况调查研究报告（2008），武汉大学研究生思想政治状况调查研究报告（2010），研究生心理危机的个案分析与对策。理论研究的内容包括：工程硕士思想行为特点与对策研究，和合文化视域下研究生网络思想政治教育模式的构建，研究生心理危机干预与心理问题解决，解决实际问题，提高研究生思想政治

---

① 赵青山等：《实践与探索——研究生德育工作研究》，北京邮电大学出版社，2006年版。

教育工作的效果，浅论研究生思想政治教育体系构建，研究生"三助"工作育人功能探讨，浅议研究生思想政治教育工作中需要注意的几个方面，用科学发展观指导研究生党建工作，以研究生学术科技活动为依托的创新教育探索与实践，拓展高校育人空间服务地方经济发展。① 这本书的特点是属于论文和研究报告的合集，没有自己的理论逻辑体系。该书的优势在于立足于武汉区域研究生的实证分析，展现了研究生思想政治教育的第一手资料，具有较强的参考价值。

近年来，关于研究生思想政治教育的论文较多，论文的研究主题主要集中于以下方面：

关于研究生思想政治教育的社会环境与时代背景研究。如潘剑波、李安萍的论文《网络环境下研究生德育工作应对之策》，讨论怎样利用网络来开展研究生德育工作。② 关于当前研究生的思想政治状况研究。刘春鹏、姜华的论文《农业院校研究生思想道德状况调查分析——以东北农业大学为例》，针对农业院校研究生思想政治状况的特点进行了调查和分析。

关于研究生思想政治教育理论的研究。戴继天的论文《论研究生德育理论体系的独立建构》，着重论述独立构建研究生德育理论体系的必然性和重要性。孙扬的论文《新时期研究生德育模式研究》，是从德育模式的角度来研究，对研究生德育模式的形成、发展、建模和实践进行了分析论证。关于研究生思想政治教育制度的研究。许晓芳的论文《研究生道德失范的制度分析》，探讨了研究生道德示范产生的制度因素，并从加强制度建设的角度提出对策和建议。关于研究生思想政治教育内容的研究，比如学术道德建设。贾佳的论文《硕士研究生学术道德研究》，在对硕士研究生学术道德现状进行调研的基础上，分析了学术道德失范的原因，提出了加强学术道德建设的对策和建议。赵毅的论文《研究生道德能力及培养》，从培养道德能力的角度来论述研究生德育建设。关于研究生思想政治教育实践研究。陈勇的论文《社会主义核心价值体系与研究生德育工作机制的创新》，强调要以社会主义核心价值体系来指导研究生的德育工作，该书重点关注于研究生的党建、就业、助困、心理工作。关于研究生思想政治教育效果的影响因素研究，比如研究生导师在德育工作中的作用。李祖超等人的《导师指导的研究生德育模式探析——基于创新人才培养的视角》

---

① 王传中：《研究生思想政治教育理论与实践》，武汉大学出版社，2011 年版。
② 潘剑波、李安萍：《网络环境下研究生德育工作应对之策》，《江苏高教》，2012 年第 5 期。

一文认为，导师既是研究生专业学习和学术研究的导师，也是研究生思想政治教育的导师。因此应当构建导师主导型的研究生德育教育模式，要充分重视导师在研究生德育教育中的重要作用。

（三）国内外研究评析

1. 国外研究评析

（1）思想政治教育的重要性得到广泛认同。第二次世界大战结束后，各主要资本主义国家百废待兴，迫切需要发展经济。随着第三次科技革命的兴起，战后各国的经济和科技都获得了飞速的发展。然而随着社会的变迁，也出现了许多道德滑坡现象，在高校中也是屡见不鲜，例如暴力事件、吸毒、同性恋、堕胎、学术腐败等。在这种情况下，社会各界开始认识到思想政治教育的重要性，各主要资本主义国家都制定了相关的政策，高校也加强了学生的思想政治教育。

（2）思想政治教育的意识形态性强。西方国家的思想政治教育具有明显的意识形态性，将思想政治教育作为宣传资本主义主流意识形态和主流价值观的一个重要手段。西方发达的资本主义国家，大部分实行的是民主政治制度和自由市场经济制度，为了更好地维护资本主义的统治，促进资本主义的发展，其思想政治教育大肆宣扬资本主义制度的优越性，倡导以个人主义为中心的价值观教育，培养诚实的具有责任感的公民，同时注重爱国主义精神的教育。

（3）思想政治教育方法多样，渗透性强。思想政治教育的方法会直接影响教育的实效性，尤其是国外主要发达资本主义国家，其教育的现代化发展较早，具有完备的教育理论和方法体系，其思想政治教育方法呈现出多样化和隐蔽化等特点。一方面，随着现代化的发展，资本主义国家越来越注重对公民自由、民主等思想的培养，学校思想政治教育也越来越关注学生的主体性发展，为此，思想政治教育倡导"通过具体的途径培养个体在价值多元状况下的道德判断和原则能力"[①]，在此基础上教育方法也多种多样，包括渗透式的教育方法、以活动为教育载体的方法、环境熏陶法、学科协调法、道德认知发展法、"七结合"和"六顺"的德育方法、心理咨询法等。[②] 另一方面，在各种方法的运用中，也更加凸显其"隐蔽性与

---

① 侯丹娟：《论当代西方思想道德教育方法发展的三个阶段》，《思想理论教育》，2010 年第 7 期。

② 王洪飞：《国外思想政治教育方法借鉴》，《沈阳航空工业学院学报》，2008 年第 12 期。

渗透性、层次性与连续性、实践性与社会性相结合"①。

2. 国内研究评析

（1）研究内涵不断丰富，研究视角还需拓展。随着研究生的扩招，研究生的思想政治教育也变得越来越重要，从中央到地方，从各大高校到科研院所，从研究生管理部门到思想政治教育的师资队伍，都日益重视对研究生思想政治教育的研究，主要涉及研究生的思想政治现状研究、研究生思想政治教育的内容、方法、机制、载体、队伍、实效性等方面的研究，研究内涵不断丰富，为研究生的思想政治教育提供了理论基础和经验借鉴。同时，也可以看出，当前的研究多集中于研究生思想政治教育的外部环境的研究，比如社会环境、学校文化、家庭教育等方面，对研究生本身的心理和思想特点以及所处的实际问题研究较少，在研究生的学习、婚恋、就业、社会责任等方面的研究还需进一步拓展。

（2）理论性研究成果较多，实证性研究成果较少。当前，研究生思想政治教育研究的理论成果比较丰富，包含了研究生思想政治教育的内容、方法、规律、特点、评价、原则、主客体、模式、面临的问题、实践创新等主要方面。然而，具体分析可以发现，其中宏观性的理论研究较多，而叙事性的研究较少；务虚性的学理研究较多，关注实际问题的实证性研究较少。一些学者对思想政治教育的规律、原理等进行了非常系统的深入研究，然而对研究生的思想政治教育关注较少。一些学术论文也喜欢做"大"论文，高谈理论构建，缺乏实效性的研究，往往言而无物，甚至多有重复。

（3）偏向于全国性的研究，比较研究缺乏。从目前获得的材料分析，当前的研究生思想政治教育研究，多着眼于研究全国研究生思想政治教育的总体特征、存在的问题、产生的原因、应对的措施等，然而区域的研究、国内外的比较研究很少。这样一来，虽产生了一定的成果，但总体上，由于笼统的研究较多，也使得研究成果缺乏针对性和可操作性。

三、研究思路及框架

本文立足于对新形势下研究生思想政治教育的研究，着重形势之新。首先是回顾过去的历史时期研究生教育的发展和思想政治教育的现实情况，展现了新中国成立之后研究生思想政治教育的发展历程。在此基础

---

① 胡恒钊：《西方思想政治教育方法特点及其借鉴意义》，《学术论坛》，2010 年第 5 期。

上，从决策、管理和研究三个维度对研究生思想政治教育进行了历史的反思。这有助于我们认识到研究生思想政治教育曾经走过的弯路以及存在的问题和缺陷。这是确定历史坐标，过去的路径如何，如今我们走到了哪一步，沿着这一步该如何出发。

基于第一章对于新中国成立后研究生思想政治教育工作的回顾，本文的第二章着眼于当前时代背景的"新形势"，主要有：思想政治教育对象的新特点、思想政治教育环境的新变化和研究生思想政治教育的新使命。新形势下研究生思想政治教育的特点，与之前的时代都有很大的不同，正是这种差异性决定了当前思想政治教育工作必须要有新思路、新突破。

在本文的第三章，通过调查研究，总结了研究生思想政治状况和研究生思想政治教育存在的主要问题，并紧密结合"新形势"探讨了研究生思想政治状况主要问题产生的根源，为研究生思想政治教育对策的提出提供客观的现实依据。

从第四章起，针对研究生群体特点的客观实际、研究生思想政治教育存在的问题，结合新形势下社会发展的历史要求，提出了研究生思想政治教育的新对策、新思路。

本文的第四章，论述研究生思想政治教育理论资源的整合。思想政治教育要以马克思主义理论为指导，批判继承中国传统优秀文化，合理借鉴西方德育的优秀理论资源。在研究生思想政治教育中，马克思主义的指导地位毋庸置疑，中国传统文化的理论资源非常宝贵，应当予以批判继承和发扬，西方当代德育的几个重要流派的理论，也颇具借鉴的价值。思想政治教育理论资源的整合创新，应该是研究生思想政治教育工作的一个重要组成部分，不然思想政治教育就是无源之水，无本之木。

第五章论述研究生思想政治教育各基本要素的优化，包括思想政治教育原则、目标、内容与方法。这一部分紧扣研究生思想政治教育的实际情况，根据新形势的客观要求和研究生的思想政治教育特点开展论述，提出了"开放、互动、平等"的教育原则。根据这一原则，制定明确的研究生思想政治教育目标，设置合理的研究生思想政治教育内容，采取有效的思想政治教育方法。始终将思想政治教育对象——研究生群体的特点充分突出，在整个思想政治教育基本要素的论述中，都充分考虑到研究生思想政治教育的特点，这是区别于其他思想政治教育群体的关键。

最后是对当前研究生思想政治教育路径的创新。分为三部分，第一是深化理论研究，第二是拓展思想政治教育途径，第三是实现制度的合理安排。从理论研究、思想政治教育途径和思想政治教育制度三个方面来论述，其中思想政治教育途径是强调思想政治教育的实际工作开展方式，这样，在理论、实践、制度三个方面都给予了富有建设性的对策与建议。

四、主要研究方法

1. 文献研究法。在全面搜集与研究生思想政治教育相关的文献资料的基础上，经过归纳整理、分析鉴别，对新时期研究生思想政治教育的相关内容进行系统、全面的叙述和评论。

本文收集了研究生思想政治教育方面的政策，如《中共中央关于进一步加强改进学校德育的若干意见》《公民道德建设实施纲要》《2003—2007年教育振兴行动计划》《中国普通高等学校德育大纲》等政策资料；收集了思想政治教育方面的研究资料，如儒家伦理关于德育的研究资料，西方德育研究理论；收集、梳理和分析了近30年来德育目标主要阶段的划分；收集了某一阶段高校德育课程的规定内容，如"形势与政策"教育的教学要点。

2. 历史研究法。历史研究法是运用历史资料，按照历史发展的顺序对过去事件进行研究的方法，亦称纵向研究法，是比较研究法的一种形式。本文全面回顾了我国研究生思想政治教育的历史沿革，将研究生思想政治教育的发展阶段分为二个阶段建国最初40年和研究生扩招后，分别对这两个阶段的研究生思想政治教育进行了归纳、总结和论述。以此来展现研究生思想政治教育的总体发展历程和各个阶段的特点。

3. 案例分析法。案例分析法指结合文献资料对单一对象进行分析，得出事物一般性、普遍性的规律的方法。本文多处采用了案例分析法，通过对特定案例的分析，来说明具有普遍性、规律性的问题。如在思想政治教育对象分析中，以南京林业大学作为样本，根据2013年的统计数据，分析出该校硕士研究生较为集中的年龄段和博士研究生较为集中的年龄段，从而分析出当前研究生群体总体的年龄分布情况。

4. 问卷调查法。问卷调查法是用书面形式间接搜集研究材料的一种调查手段，通过向调查者发出简明扼要的征询表，请示填写对有关问题的意见和建议，以间接获得材料和信息的方法。为了准确了解和把握研究生思想政治现状，本文设计了《关于研究生思想政治状况的调查问卷》。调查对象选取南京高校的在读研究生，共发放问卷1000份。调查对象从学科上分，涉及除军事学外的12个学科门类的研究生。问卷调查的数据处理，采用SPSS统计软件来进行统计分析。为了弥补问卷调查中样品覆盖的不足，还借助了文献研究法，综合其他文献中的相关数据，与本次调查结果做对照比较。

第一章 新中国成立以来研究生
思想政治教育的历史回顾

　　探讨研究生思想政治教育的发展历程，首先需要探讨的是我国研究生教育本身的发展历程。脱离了研究生教育本身的发展来谈研究生思想政治教育的发展，如同无源之水、无本之木。新中国成立后的半个多世纪，是我国现代研究生教育制度的形成和思想政治教育的探索、发展阶段。新中国成立后，我国高等教育事业获得较大发展，研究生教育也受到重视，尽管经历了"文革"十年的停滞时期，我国的研究生教育事业仍然在探索中不断前进。1978年以后，随着研究生招生的恢复，研究生教育再度迎来大好局面，思想政治教育领域也获得长足发展。

第一节　研究生教育制度的形成与发展

　　新中国成立后的40年，即从1949年至1992年，这一段时间，是研究生教育制度初步形成和思想政治教育在曲折中发展的阶段。建国初期的17年，经过全国性的院校调整，研究生教育取得了较好成绩。

一、研究生教育的起步（1949—1966）

　　1949至1956年是全国性的院校调整时期。新中国成立后，中央政府全面接手和改造各种类型的高等教育机构。1950年6月，在全国高等教育会议上，苏联专家阿尔辛杰夫倡导学习"苏联模式"，从而成为高校改革的方向。1952年秋，教育部按照苏联模式制订了进行院系调整的原则与计划，以培养工业建设人才和师资为重点，发展专门学院，整顿和加强综合性大学，展开了全国高等院校院系的调整。从1952年到1953年，我国综合性大学减少了41所，师范院校增加了11所，并调整新设了钢铁、地质、矿冶、水利等专门学院。

　　研究生教育在这一阶段获得发展。1953 年 11 月，高等教育部发出了《高等学校培养研究生暂行办法（草案）》，明确招收研究生的目的是培养高等学校师资和科学研究人才，规定研究生学习年限为 2~3 年。1955 年 9 月，北京大学颁布了《北京大学培养研究生暂行条例（草案）》详细规定了导师的工作量：培养两年制研究生，每位苏联专家指导 30 人为宜；培养三年制研究生，每位专家指导 7 人为宜；北大本校的教授、副教授每人培养 6 名研究生为宜。1956 年颁布的《中华人民共和国高等学校研究生条例（草稿）》，第一次提出了试行副博士研究生学位设置，学制四年。

　　这一时期，高校的在校学生人数获得较大增长，尤其是研究生的培养数量大幅度增加。

　　详细数据参见下表：

表1-1　1949 年至 1956 年中国高等教育发展状况

年　份	高校数	在校学生人数	
		本科生	研究生
1949	205	116504	629
1950	193	137470	1261
1951	206	153402	2168
1952	201	191147	2763
1953	181	207932	4249
1954	188	252978	4753
1955	194	287653	4822
1956	227	403176	4841

数据来源：据陈武元、洪真裁《建国后 17 年中国高等教育发展评价与启示》[①]

　　据表1-1 数据，1949 年，全国高校在校研究生为 629 人，经过全国性的院系调整后，到 1956 年，全国高校在校研究生为 4841 人。研究生教育获得了较大的发展，从研究生的培养数量上亦可以见到。

　　从 1957 年至 1965 年这段时期，由于经过院系调整，高校内部变动大，尚未形成稳定的体系，同时受到大跃进、浮夸风等影响，高校的数量、在校学生规模都出现了大幅度的波动。如 1957 年的高校数量为 229 所，到 1960

---

　　① 陈武元、洪真裁：《建国后 17 年中国高等教育发展评价与启示》，《东南学术》，2007 年第 3 期。

年激增至 1289 所，随后又逐渐回落至 1965 年的 434 所。高校数量的波动，也很大程度反映了新中国成立后的高等教育体制还处于不稳定的状态。

1959 年，《关于高等学校培养研究生工作的几点意见》对建国后到 1959 年的研究生培养进行了总结，尤其对 1958 年的"大跃进"等混乱情况进行了纠正。此后，各个学校重新开展研究生的招生、培养工作。

1961 年，中央发布了《教育部直属高等学校暂行工作条例（草案）》（简称"高校六十条"），规定高等学校应该重视培养研究生的工作，要根据教师条件和科学研究的基础，招收研究生，以培养科学研究人才和高等学校师资。要求培养研究生，必须选拔优秀人才，严格保证质量，宁缺毋滥。同时规定，学校可以选拔在校工作两年以上、成绩优良的教师为在职研究生。

"高校六十条"同时对研究生的培养工作进行了详细的规定，包括：规定研究生都要有指导教师和具体的培养计划，指导教师由学术水平较高的教师担任，教学研究室负责领导和检查研究生的培养工作；研究生在导师指导下，学习专门课程，掌握某一专题范围内科学的最新成果，并且进行科学研究工作，科学研究时间应该占整个学习时间的一半左右；科学研究成果必须写成论文，并且进行答辩；研究生毕业论文的答辩，由国家考试委员会主持；少数有条件的高等学校，经教育部批准，可以试办研究院，培养较多数量的研究生。这是新中国的研究生教育走向规范化、制度化的有益尝试。

从 1962 年起，我国开始培养 3 年制研究生。1963 年，教育部召开了新中国成立后的第一次全国性研究生教育工作会议，讨论通过了《高等学校培养研究生工作暂行条例（草案）》以及相关配套文件，针对研究生招生、培养、领导与管理、待遇与分配等做出了明确规定。这表明，新中国在探索研究生教育的制度建设方面做了大量的工作，取得了一定的成绩，也标志着我国研究生教育制度，特别是培养制度已经初步建立。从这一时期的招生规模来看，1957 年在校研究生有 3178 人，1961 年达到 6009 人，此后有所回落，但仍然保持在 4000 人以上的规模。

表 1-2　1957 年至 1965 年中国高等教育发展状况

年　份	高校数	在校学生人数	
		本科生	研究生
1957	229	441000	3178
1958	791	659627	1635

（续表）

年　份	高校数	在校学生人数	
		本科生	研究生
1959	841	811947	2171
1960	1289	961623	3635
1961	845	947166	6009
1962	610	830000	－
1963	407	750118	4938
1964	419	685314	4881
1965	434	674436	－

数据来源：同表 1－1

二、研究生教育的恢复与改革发展（1978—1999）

1966 年 6 月，中共中央、国务院发出《关于改革高等学校招生考试办法的通知》，提出改革现行的高校招生办法，改革考试制度。但在废除原有制度的同时，新的制度尚未建立起来，产生了混乱，导致了全国高等学校停止按计划招生。1970 年 6 月，中共中央批准《北京大学、清华大学关于招生（试点）的请示报告》，提出招收工农兵学员，并先在两校进行试点，至 1972 年，大部分高等学校陆续恢复"推荐与选拔相结合"的招生，即招收工农兵学员。在研究生教育方面，1966 年 6 月，高等教育部发出通知，因"文化大革命"运动，1966、1967 年研究生招生工作暂停。自此，研究生的招生全面停止，至 1978 年才恢复，中断了 12 年。

1977 年 10 月，国务院批转教育部《关于高等学校招收研究生的意见》，研究生教育得以恢复，1978 年正式恢复招收研究生。同年，经国务院批准，中国科学技术大学研究生院在北京成立，这是国内最早的一所研究生院。1980 年，全国人大常委会审议通过了《中华人民共和国学位条例》，规定我国实行学士、硕士、博士三级学位制度。1981 年，国务院批准了《中华人民共和国学位条例暂行实施办法》，进一步明确了学位授予的负责单位、学位申请的原则程序、学位的课程学分要求、论文答辩的流程规范等。这标志着我国学位制度正式确立，研究生教育获得进一步发展。

1982 年，教育部颁布了《关于招收攻读博士学位研究生的暂行规定》，我国博士生招生和培养工作开始走上正轨，包括北京大学、清华大学等高校在内的重点院校和科研院所从当年开始招生博士研究生。同年，中国科学技术大学、复旦大学等国内几所高校首次举行博士论文答辩会，有6人获得博士学位，成为新中国成立后的第一批博士研究生。这标志着我国的学位制度走向完善。1985年7月，国务院批准了中国科学院建立博士后科研流动站的申请，我国正式实行博士后制度。

新中国成立后的高等教育发展，经历了两次影响深远的改革，一是新中国成立之初效仿苏联模式的改革，二是90年代初在"科教兴国"战略指导下、面向市场经济体制的改革。1992年，邓小平南方谈话和党的十四大召开，标志着改革开放进入新的阶段——计划经济体制向市场经济体制转变。在经济体制发生深刻变化的背景下，高等教育体制也随之进行转变。党的"十四"大首次提出将教育摆在优先发展的战略地位，努力提高全民族的思想政治素质和科学文化水平。此后，一系列关于高等教育改革的重大举措密集出台，包括：

1992年，制定《关于加快改革和发展普通高等教育的意见》，提出加快高等教育改革开放的步伐，探索办好有中国特色的社会主义高等学校的新路子。在研究生教育方面，提出要根据社会主义建设和学科发展的需要，加快研究生教育的发展，改善结构和布局，进一步明确不同类型研究生的培养目标和规格，在满足教学、科研岗位所需人才的同时，着重加强应用人才的培养，注意吸收在职人员接受研究生教育，在一些行业试行专业学位制度。要理顺研究生教育和学位授权体系的关系，加快下放硕士学位授权点和博士生指导教师审核权的试点工作，同时建立和完善质量监督、评价制度。改进研究生招生办法，进一步完善培养过程，继续进行和扩大研究生兼做助教（协助教学）、助研（协助科研）、助管（协助管理）的试点，改善研究生培养的物质条件，提高教育质量，在本世纪内力争有一批学校和重点学科的研究生教育进入世界先进水平。①

1993年，国务院印发《中国教育改革和发展纲要》，从这一年起，全国各高等院校开始招收自费生，高中毕业生升学率发生了量级变化，同时也导致大学毕业生质量和就业形势的巨大变化。《纲要》同时提出要完善研究生培养和学位制度，通过试点，改进硕士学位授权点和博士生导师的

---

① 《国务院批转国家教委关于加快改革和积极发展普通高等教育意见的通知》，《中华人民共和国国务院公报》，1993年1月11日。

审核办法，同时加强质量监督和评估制度。在培养教学、科研岗位所需人才的同时，大力培养经济建设和社会发展所需的应用型人才。鼓励有实践经验的优秀在职人员采用多种形式攻读硕士、博士学位。研究生学习期间，实行兼任教学、研究和管理等辅助工作的制度，其待遇视学校内部管理体制改革的进展、所兼工作的实绩，参照在职人员的水平，由学校确定。①

1994 年国家教委启动"高等教育面向 21 世纪教学内容和课程体系改革"，面向 21 世纪社会、经济、科技、文化的发展，改革我国高等教育中与其不相适应的教学内容和课程体系，这对于提高人才素质具有重要的战略意义；对于我国高等教育事业以及经济、科技、文化等各项事业的发展，具有深远影响。

1995 年提出"科教兴国"的战略。这一战略思想在《中共中央国务院关于加速科学技术进步的决定》中首次提出。

1998 年，《中华人民共和国高等教育法》颁布，这是继《教育法》之后的又一部关于教育的根本大法，提出高等教育发展过程中要以法律为依据，规范管理，加强教育执法与监督，促进高等教育的健康发展；要以提高人才培养质量为中心，深化高等教育教学改革。

1999 年，国务院印发《面向 21 世纪教育振兴行动计划》，指出要落实科教兴国战略，并决定从 1999 年开始，每年评选百篇具有创新水平的优秀博士论文，对于获奖后留在高等学校工作的博士，连续 5 年支持其科研、教学工作。同时，还提出稳步扩大高等学校博士后流动站的数量和规模。

同时，我国硕士研究生的管理体制日趋走向成熟，尤其是在职研究生制度和专业学位研究生培养制度的确定。1988 年，由国家教委制定的《国家教委关于高等学校招收定向培养研究生暂行规定》发布，标志着在职研究生培养制度的初步形成。1996 年，原国家教育委员会发布了《国家教育委员会关于招收攻读硕士学位研究生管理规定》，将硕士生分为国家计划培养硕士生、国家计划定向培养硕士生、委托培养硕士生和自筹经费硕士生 4 类；招生选拔办法则分全国统一考试、单独考试、推荐免试 3 种。

---

① 《中国教育改革和发展纲要》，《人民教育》，1993 年 5 月 1 日。

这一时期，我国也开始探索专业学位研究生培养制度，以促进学术学位研究生和专业学位研究生的共同发展。1992年国务院学位委员会批准授予专业学位，自此，我国学位类型被分为两类，即学术学位和专业学位；授予方式也分为两种，即学术学位按学科门类授予，专业学位按专业学位类型，这标志着专业学位制度的正式建立。总体上看，这一阶段我国研究生教育发展平稳，研究生规模随着我国高等教育和经济社会的发展逐步扩大，研究生教育在我国高等教育体系中的重要性逐步凸显。

三、进入新世纪后研究生教育的快速发展（2000年至今）

1. 高校扩招与自主招生

以1999年公布的《面向21世纪教育振兴行动计划》为指导，十年间，高校不断扩大招生规模。就在开始扩招的1999年，全国普通高校招生160万人，比1998年增加了52万人，增幅高达48%。2000年，北京、上海、安徽进行春季招生的改革，2001年，教育部出台新政策，允许25周岁以上公民参加高考，彻底放开高校招生的年龄限制。到2013年，全国普通高校计划招生690万名，比1999年扩招的人数多了331.25%。另外，2001年，江苏省3所高校率先实行了"自主招生"的试点工作，至2013年，已有近100所高等院校开始自主招生。2006年，教育部也开始允许香港高校在内地自主招生。这些政策和举措，进一步扩大了招生规模，增加了招生人数。

2. 研究生的大规模扩招

随着全国普通高校的扩招，研究生的招生规模也从1999年开始呈现较大幅度增长。从1999年开始扩招至2006年，研究生招生规模增幅，每年均达到10%以上，只是到了近几年，其增幅才开始趋缓。根据教育部、国家发展改革委印发《关于下达2014年全国研究生招生计划的通知》，《通知》公布了2014年全国研究生招生计划（"双证"部分）。根据公布的计划，2014年全国博士研究生招生规模达71020人，硕士研究生招生规模达560000人。

博士招生计划在1999—2002年间增幅明显，均达到20%以上，但从2003年以后，博士生招生计划增长速度放缓，其增幅每年在3%上下浮动。到2009年，博士生招生人数超过6万人，2014年博士生招生计划则超过7万人。

1999—2013年硕士研究生招生人数

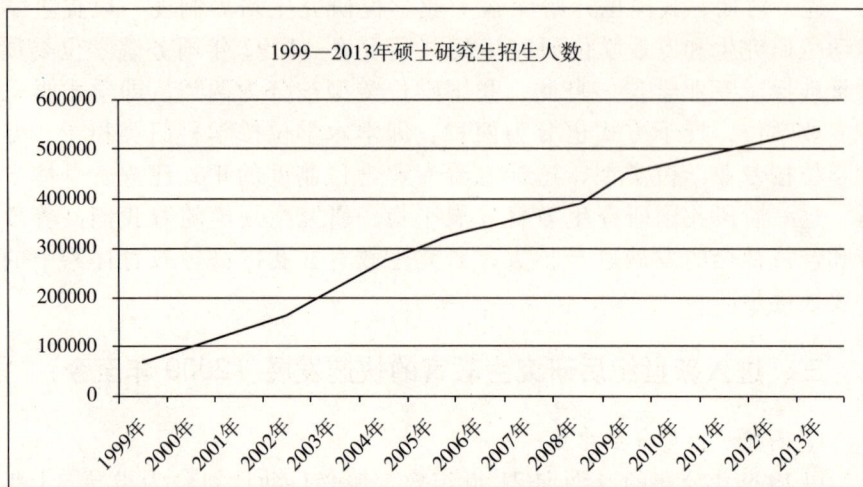

表 1-3　1999—2013 年全国硕士研究生招生人数

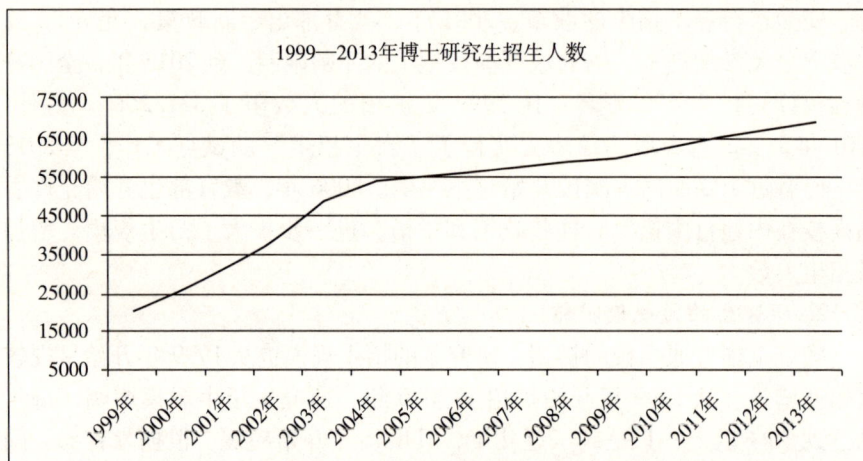

1999—2013年博士研究生招生人数

表 1-4　1999—2013 年全国博士研究生招生人数

3. 研究生教育的深入改革

　　研究生的大规模扩招，使得学生的数量出现了大幅度的增加，相应的，研究生的教育也面临更多复杂的形势，例如研究生的知识结构差异、心理素质的差异以及研究生就业形势越来越严峻等，使得教育的难度也相应加大。为此，随着研究生的扩招，关于研究生的教育管理模式的改革也在一直进行。2013 年出台的《关于深化研究生教育改革的意见》，就是一个全方面的对研究生进行教育改革的指导意见，并明确提出将立德树人作为研究生教育的根本任务。

深化研究生教育改革的总体要求是：优化类型结构，建立与培养目标相适应的招生选拔制度；鼓励特色发展，构建以研究生成长成才为中心的培养机制；提升指导能力，健全以导师为第一责任人的责权机制；改革评价机制，建立以培养单位为主体的质量保证体系；扩大对外开放，实施合作共赢的发展战略；加大支持力度，健全以政府投入为主的多渠道投入机制。通过改革，实现发展方式、类型结构、培养模式和评价机制的根本转变。到 2020 年，基本建成规模结构适应需要、培养模式各具特色、整体质量不断提升、拔尖创新人才不断涌现的研究生教育体系。

新一轮的研究生教育改革，从招生选拔制度、创新人才培养模式、健全导师责权机制、改革评价监督机制等方面进行。改革的方向包括：发展专业硕士教育，推进校所、校企合作，加强高等学校与科研院所和行业企业的战略合作，完善校所、校企协同创新和联合培养机制；完善奖助政策体系，建立长效、多元的研究生奖助政策体系。

2013 年 2 月 28 日，经国务院同意，财政部、国家发改委、教育部联合印发了《关于完善研究生教育投入机制的意见》，作为研究生教育改革的配套政策，从财政拨款制度、奖助政策体系、收费制度三个方面完善了研究生教育投入机制，对研究生奖助政策体系进行了全新、系统的设计，形成了公平与效率并举的机制。

第二节　研究生思想政治教育的探索与发展

新中国成立后的 40 年，即从 1949 年至 1992 年研究生扩招以前，随着研究生教育制度的形成和学位制度的完善，思想政治教育也完成了从曲折探索到稳定发展的成长历程，高校在研究生教育中增加了马克思主义政治理论课程，并成为思想政治教育的重要内容，思想政治教育的泛政治化倾向明显。虽然"文革"期间研究生教育陷入停滞，但为改革开放后的全面恢复积累了经验。1978 年后，研究生教育恢复并稳定发展，学位制度开始逐步完善，研究生的管理体制也臻于成熟，思想政治教育工作逐渐走上正轨。

一、研究生思想政治教育的起步与规范（1949—1966）

建国初期的 17 年，受苏联教育模式的影响，高等教育成为社会上层建筑的一部分。国家非常注重教育的社会功能尤其是政治功能，思想政治教育要为无产阶级的政治统治服务，具有明显的政治性。

（一）马克思主义政治理论课程的开设和高校思想政治教育的加强

这一时期高校思想政治教育的最大特色，是增设马克思主义政治理论课程，并成为思想政治教育的重要内容。1949年10月，华北专科以上学校开始开设"辩证唯物论与历史唯物论"和"新民主主义论"课程。1950年7月，《教育部关于实施高等学校课程改革的决定》指出，全国高校要废除政治上的反动课程，开设新民主主义的革命的政治课程，借以肃清封建的、买办的、法西斯主义的思想，发展为人民服务的思想。由此，高等学校废除了原有的国民党训导制度，取消了国民党党义等课程，建立起马克思主义的思想政治理论课程。

1950年，马克思主义理论的相关课程推广到全国。到1953年6月，教育部颁发了《关于改"新民主主义论"为"中国革命史"及"中国革命史"的教学目的和重点的通知》，对于马克思主义理论课程的教学进行有针对性的指导，强调要理论结合实际，使学生认识、了解中国革命的基本问题和中国共产党的总路线、总政策，提高学生的思想与政治水平，树立和巩固革命的人生观。1956年，教育部根据前几年实践的情况，将高校政治理论课的课程调整为"马列主义基础""中国革命史""政治经济学""辩证唯物主义与历史唯物主义"四门课程，并对不同的专业提出不同的要求。

总体上看，这一阶段高校马克思主义理论教育的内容基本是以讲授马克思主义基本原理为主，但根据党的主要任务，已经开始把中国化的马克思主义中关于新民主主义的理论作为思想政治教育的重要内容，并初步将中国革命历史进程与马克思主义理论中国化的历史进程结合起来。

随着中苏关系的逐步恶化，我们党对世界形势和国情的判断出现失误，党的指导思想也逐步出现偏差。从60年代起，高校思想政治理论教育中开始突出反对修正主义的内容，"左"的偏差日益明显，1961年以后，高校马克思主义理论教育走上了以阶级斗争为中心内容的道路。

据1961年发布的《教育部直属高等学校暂行工作条例（草案）》第十条规定：高等学校各专业都必须加强政治理论课程的教学，指导学生认真学习马克思列宁主义、毛泽东著作，学习国内外形势和党的方针政策，进行共产主义道德品质的教育。政治理论课程的教学时间，理、工科占总学时的百分之十左右；文科一般占总学时的百分之二十左右。

中共中央在发布此条例时指示说：从 1958 年起，三年以来，高等教育工作的成绩是显著的，主要是：在学校中确立了党的领导；贯彻执行党的教育方针，建立了我国社会主义的高等教育的根本制度；师生的政治面貌起了很大的变化，他们对待生产劳动的态度，对待劳动人民的态度，有了显著的改进；教师队伍壮大起来；一批新专业从无到有地建立起来；科学研究取得不少成果；数量上发展很大，为国家培养了大批干部。

从当时党中央所认为的高校教育工作的成绩列举来看，思想政治工作是摆在首位的，确定党的领导、贯彻党的教育方针、改造师生的政治面貌均在其中。由此可见，在新中国成立后，高校的思想政治教育工作被放到了极为重要的位置。当时所认定的高校学生的培养目标，也是强调思想政治，设定的培养目标为：具有爱国主义和国际主义精神，具有共产主义道德品质，拥护共产党的领导，拥护社会主义，愿为社会主义事业服务、为人民服务；通过马克思列宁主义、毛泽东著作的学习和一定的生产劳动、实际工作的锻炼，逐步树立无产阶级的阶级观点、劳动观点、群众观点、辩证唯物主义观点；掌握本专业所需要的基础理论、专业知识和实际技能，尽可能了解本专业范围内科学的新发展；具有健全的体魄。

北京大学等高校依据"高校六十条"对研究生的培养工作进行了改进，为研究生全体开设了公共课——政治理论课和外语课，并对研究生的生产劳动进行统一组织。1963 年 4 月，教育部通知试行《高等学校培养研究生工作暂行条例（草案）》，特别提到了研究生的培养目标是培养德、智、体全面发展的人才。

（二）思想政治教育的泛政治化倾向

这一阶段的思想政治教育，体现出了"泛政治化"的倾向，忽略了基础道德教育。这一阶段思想政治教育泛政治化倾向的表现，包括：

1. 思想政治教育目标高深、单一和失衡：思想政治教育目标过分理想化和政治化，不仅违反了学生的心理特点和认知规律，有时思想政治教育目标伴随政治风潮而摇摆不定；同时，对政治素质的要求越来越高，而对道德品质的要求越来越少。

2. 思想政治教育内容抽象和摇摆不定。思想政治教育的目的服从于国家意识形态和政治形势。思想政治教育完全演变为政治教育，其内容与党内路线斗争和国际共产主义运动紧密联系，内容变动大，飘摇不定，令师生无所适从。

3. 思想政治教育囿于革命战争年代道德建设服从于政治斗争的需要的

成功经验，一成不变。政治教育是解决立场、方向、道路问题；思想教育是解决世界观、人生观、价值观等思想观念问题；道德教育是解决处理各种社会关系、人际关系的基本道德品质问题，三者应相互联系，协调统一，不能顾此失彼。在革命战争年代，为了适应对敌斗争的要求，在处理以上关系中政治态度、政治立场问题为首要问题，只有立场和态度问题明确了才能分清敌我，才能更好地保护自己，打击敌人。在当时那种形势下，将政治教育放在思想政治教育之首是形势需要，但时下，我们的工作重心已经有所转移，政治经济形势也已经发生了较大变化，主要矛盾已不再是敌我矛盾。

二、研究生思想政治教育的恢复和改革发展（1978—1999）

"文革"期间，由于原有的招生考试制度被废除，作为过渡时期的政策，高等院校自1970年起开始招收工农兵学员，但研究生招生自从1966年停止，直到1978年才恢复，1978年招收硕士研究生，1982年诞生了首批博士，随后研究生招生人数不断增加，学位制度不断走向完善，研究生的管理体制也臻于成熟。

"文革"后，随着各行业开始稳定发展，社会秩序恢复，学校思想政治教育目标也经过了较大的调整，从"以阶级斗争为纲"调整为培养社会主义的建设者和接班人，思想政治教育内容逐步完善，规范化的思想政治教育体系开始建立，研究生思想政治教育也进入稳定发展时期。

（一）学校教育目标和内容得到深化改革

1978年4月召开的全国教育工作会议，否定和抛弃了"文革"中以阶级斗争为纲的教育目的，将现代化的实现确立为教育的主要目标。从1978年后，高等教育重新回到正确的发展轨道，学校的思想政治教育也抛弃了以阶级斗争为纲的思路，将实现现代化确立为发展目标，即教育为社会主义现代化建设服务。

1985年《中共中央关于教育体制改革的决定》，指出"高等学校担负着培养高级专门人才和发展科学技术文化的重大任务"。这被视为是中国高等院校的一次重大转型，即脱离原来的苏联模式，而放眼寰球，参照世界各国大学发展经验，走上自主探索、建设中国特色社会主义高等教育模式的道路。同时，提出建立中国特色的社会主义思想政治教育模式。

值得一提的是，这一阶段开始提出整体规范学校思想政治教育体系的思路，思想政治教育开始重视构建学科建设的系统和体系。最初关于学校思想政治教育体系的研究，主要研究大学与中小学德育的衔接问题以及初等、中等、高等学校德育体系的实施。可以说，80 年代是整体规划学校德育体系理念的开创阶段，90 年代则是提高德育学科建设理论一体化水平的建构阶段。

深化教学改革、提高教育质量，是高等教育改革的核心。改革的总体方向是"面向现代化，面向世界，面向未来"。根据这一方向，高校全面兴国的战略，全面推进教育的改革和发展，提高全民族的素质和创新能力。为此，提出扩大高等教育规模，高等教育的入学率要达到 11% 左右，且计划到2010 年，高等教育入学率接近 15%；若干所高校和一批重点学科进入或接近世界一流水平。同时，高等院校开始扩招，研究生的扩招也从这一年开始。这一年也提出要进一步提高博士生培养质量，逐步建立了与社会主义市场经济体制相适应、符合学生成长规律、具有竞争活力的教学制度，努力提高教育质量。同时，高校不断加强和改进思想政治教育工作，在实践中体现为积累和创造改革开放条件下学校思想政治教育工作的新经验，探索改革开放和面向市场经济体制转变时期的学校思想政治教育实践。

思想政治教育的重要性多次被提到首位。同时，也要求把坚定正确的政治方向摆在首位，用马列主义、毛泽东思想和建设有中国特色的社会主义理论教育学生，提出培养有理想、有道德、有文化、有纪律的社会主义新人，是学校德育即思想政治和品德教育的根本任务。1994 年《中共中央关于进一步加强和改进学校德育工作的若干意见》，明确提出要整体规划学校德育体系，同时遵循青少年学生思想品德形成的规律和社会发展的要求。

在教育目标和教育内容上，进一步转变了教育观念，克服了学校教育不同程度存在的脱离经济建设和社会发展需要的现象。要按照现代科学技术文化发展的新成果和社会主义现代化建设的实际需要，在教育过程中，更新了教学内容，调整了课程结构；加强了基本知识、基础理论、基本技能的培养和训练，重视培养学生分析问题和解决问题的能力，注意发现和培养有特长的学生。同时，为了适应社会和人的发展的需要，教育进一步改善了专业设置偏窄的状况，拓宽了专业业务范围，加强了实践环节的教学和训练，发展了同社会实际工作部门的合作培养，促进了教学、科研、生产的结合。

高等学校的思想政治教育特别强调中国特色社会主义理论的重要性。1996 年 10 月，党的十四届六中全会通过了《中共中央关于加强社会主义精神文明建设若干重要问题的决议》，提出要"加强思想道德建设，发展教育科学文化，以科学的理论武装人，以正确的舆论引导人，以高尚的精神塑造人，以优秀的作品鼓舞人，培育有理想、有道德、有文化、有纪律的社会主义公民，提高全民族的思想道德素质和科学文化素质"①。因此，对于马克思主义理论教育和思想政治教育的改进，即体现在用建设中国特色社会主义的理论武装学生上，充分加强党的基本路线教育及爱国主义、集体主义和社会主义的教育。

同时，强调理论联系实际，主要体现为以马克思主义理论紧密联系社会主义建设实际，加强社会实践，使学生坚定建设中国特色社会主义的信念，走与工农相结合的道路，逐步树立科学的世界观和为人民服务的人生观，增强抵御和平演变、抵御资本主义和封建主义腐朽思想侵蚀的能力，珍惜和维护安定团结的政治局面。

（二）道德规范得到具体落实

原国家教委于1982年、1989年两次颁布《高等学校学生行为守则》，守则体现出党和国家对高等学校学生在政治、思想和品德等方面的基本要求并要求高等学校学生自觉遵守，同时要求各高等学校要依据《行为守则》，对学生的政治、思想和品德进行考核、鉴定。与"文革"以前的过于宏观的德育目标不同，《行为守则》对学生的日常行为规范提出了具体的要求。以1989年颁布的《行为守则》为例，对高等学校大学生、研究生的日常行为要求，包括十五条规范，具体参见表1-5。

表1-5　1989年版《高等学校学生行为守则（试行）》

规范类型	爱国主义	社会主义道德规范	个人美德	社会公德
行为要求	维护国家利益。不得参与任何有损祖国尊严和荣誉、违背四项基本原则、危害社会秩序的活动，反对破坏安定团结的行为	坚持集体主义。个人利益要服从国家、集体利益；同学之间团结友爱，互相学习，互相帮助；关心集体；反对极端个人主义	热爱劳动，积极参加社会实践。积极参加公益劳动、生产劳动和勤工俭学活动，虚心向工人、农民学习；不参与经商活动	遵守宪法和国家的各项法律、规定

---

① 《中共中央关于加强社会主义精神文明建设若干重要问题的决议》，北京：人民出版社，1996年版，第7页。

（续表）

规范类型	爱国主义	社会主义道德规范	个人美德	社会公德
行为要求	维护各民族的平等、团结、互助关系。尊重不同民族的风俗习惯和宗教信仰，反对损害民族团结的行为	坚持实事求是原则。说话要有事实根据，办事力求从实际出发；正确开展批评和自我批评	注重个人品德修养。服饰整洁，讲究卫生；诚实守信，谦虚谨慎；说话和气，待人有礼；男女交往，举止得体；尊敬师长，尊重他人；敬老爱幼，乐于助人；勇于同不良行为作斗争	维护教学秩序，遵守学习纪律，考试不作弊。维护公共秩序。遵守公共场所的有关规定，不扰乱秩序，不起哄；遵守学校校园管理制度，不打架斗殴，不赌博，不酗酒，不观看、传播反动、淫秽书刊和声像制品；不在禁烟区吸烟
行为要求		发扬艰苦奋斗精神、勤俭节约。不浪费水、电、粮食；不向学校和家庭提出超越实际可能的生活要求	积极参加体育锻炼和健康的文化活动	遵守宿舍管理规定。按时熄灯就寝，不喧哗、打闹，不影响他人的正常学习和休息；不损毁和私自拆装宿舍设备；不留宿异性；未经有关部门同意，不留宿校外人员
行为要求			勤奋学习、刻苦钻研。在努力完成各项学习任务中树立科学性和革命性相结合的学风	遵守外事纪律。在涉外活动中不做有损国格、人格的事；与外国留学生平等友好相处；对外籍教师和国际友人以礼相待，不卑不亢

从内容上看，包括爱国主义、社会主义、个人美德和社会公德，总体涵纳了高等学校学生行为规范的要求。这一行为守则的颁布，标志着高等学校德育建设开始走向细致的规范阶段，德育目标的设定，从原来的大而空，转为细致的日常生活行为要求。相对于 60 年代的德育目标而言，这是一大进步。

（三）制度建设得到进一步加强

在 20 世纪 90 年代之前，研究生思想政治教育的制度化建设还较少被关注，为此，在思想政治教育的实践领域，研究生思想政治教育的改革大多关注教育的目标、内容、方法等方面，较少从制度改革的角度思考。但，"任何一种德育，都要根据一定的德育思想建立起一套实践体系，其核心就是德育制度。没有制度体系保障的德育思想，是不会成为实际的教育行动的，因而没有制度化的现代德育思想，也就不会有现代化的德育实践。"① 为此，随着思想政治教育理论和实践的发展，思想政治教育制度化建设成为这一阶段的主题，尤其是在思想政治教育的系统化开展方式上。

具体表现为：提出加强和改进思想政治工作体系，充实思想政治教育内容、改善思想政治教育工作的形式和方法，努力建设以精干的专职人员为骨干、专兼职结合的思想政治教育工作队伍，提倡教书育人、管理育人、服务育人，把建立优良的校风、学风，优化育人环境作为经常性工作落到实处。同时，提出思想政治教育体系建设问题，要求从各级各类学校的实际出发，分层次地确定思想政治教育工作的任务和要求，改进思想政治教育教材和思想政治教育方法，注重实效，使思想政治教育落到实处。

完善政策导向，加强学校管理。在招生、毕业生就业、评奖评优、教师职务评聘、工资晋级和出国留学等方面，坚持德才兼备的原则。教师从事思想政治教育工作和参加社会实践的成绩，应与其他业务工作成绩同等对待。严格执行校规、校纪，教育学生遵守行为规范，建设健康的、生动的校园文化，树立良好的校风、学风，使学校成为建设社会主义精神文明的重要阵地。

建立各级各类教育的质量标准和评估指标体系。教育部门把检查评估学校教育质量作为一项经常性的任务。对高等教育，采取领导、专家和社会用人部门相结合的办法，通过多种形式进行质量评估和检查，重视了解用人单位对毕业生质量的评估。

---

① 班华：《现代德育论》，合肥：安徽人民出版社，2001 年版，第 56 页。

二、研究生思想政治教育的全面发展阶段（2000 年至今）

进入新世纪后，研究生思想政治教育引起社会各界的逐渐重视，研究生思想政治教育正朝着制度化、系统化、规范化的方向发展。思想政治教育工作初现成效，积累了一定的理论和实践经验，但随着形势的不断快速发展变化，现阶段的思想政治教育工作尚不能满足社会的期待。

（一）拓展德育的有效途径

2013 年出台的《关于深化研究生教育改革的意见》，将立德树人作为研究生教育的根本任务。要求拓展思想政治教育的有效途径，加强中国特色社会主义理论体系教育，把社会主义核心价值体系融入研究生教育全过程，把科学道德和学风教育纳入研究生培养各环节。广泛开展社会实践和志愿服务活动，着力增强研究生服务国家、服务人民的社会责任感。加强人文素养和科学精神培养，培育研究生正直诚信、追求真理、勇于探索、团结合作的品质。认真组织实施研究生思想政治理论课课程新方案。加强研究生党建工作。加强研究生心理健康教育和咨询工作。

学校思想政治教育体系研究自 90 年代中期逐渐进入学科建设阶段，思想政治教育的理念和思维也发生了较大的转折：出发点由"泛政治"转向人的发展；从唯书、唯上的教条主义转向现实基础和可能；价值尺度从片面抽象的集体主义转向个人与集体相结合的集体主义。

（二）重视传统文化教育

弘扬中华优秀传统文化，最为重要的就是弘扬在几千年文明当中形成的优秀价值，如"百善孝为先""己所不欲，勿施于人"等，就被当代的伦理学家视为处理一切伦理问题的"金律"，对当代人的伦理生活，依然有着重要的指导意义。

根据国务院发布的《面向 21 世纪教育振兴行动计划》，提出加强和改进学校的德育工作。继续加强爱国主义、集体主义、社会主义理想教育，遵纪守法和社会公德教育，进行中华民族优秀传统和革命传统教育，实施劳动技能教育以及心理健康教育，培养学生具有良好的道德、健康的心理和高尚的情操。对学生加强党的基本路线教育，爱国主义、集体主义和社会主义思想教育，近代史、现代史教育和国情教育，引导学生运用马克思主义的立场、观点、方法认识现实问题，走与工农结合、与实践结合的成长道路，逐步树立科学的世界观和为人民服务的人生观，增强学生抵制资产阶级自由化和一切剥削阶级腐朽思想的能力，坚定建设有中国特色的社会主义的信念。

加强传统文化教育，不仅是将传统道德的理论融合到道德教育之中，而是真正增强学校德育内容体系的民族特色，提高传统道德的认同感，增强丰厚度与感染力。

（三）重视和加强德育队伍的建设

进入新世纪后，随着整体构建学校德育体系目标的提出，加强德育队伍的建设成为新世纪德育工作的一大主要着力点。在德育实施过程中，德育人员具有主导性的地位，是最活跃、最重要的德育因素，因此建设一支结构合理，思想性和业务性相结合，专职和兼职相结合的德育队伍，便显得尤为重要。

德育是一个系统性较强的工作，需要各方面的参与，形成全员育人的德育网络。尤其是高等学校，努力加强德育队伍建设，德育队伍以精干的专职人员为骨干、专兼职结合。首先是德育管理队伍。建设一支政治素质好、管理能力强的德育工作管理队伍是抓好学校德育工作的关键。在实际工作中，德育队伍中的大多数教师没有经过思想政治教育专业的系统培训，针对这种情况，应该不断为他们创造进修的机会，帮助他们不断提高自身的业务能力。

其次是德育骨干队伍。学校德育骨干主要是指思想政治课教师、班主任、政教处、团队组织人员等。他们是学校德育工作的中坚力量，德育活动的实施、德育内容的落实、德育目标的实现主要靠他们来完成。建设学校德育骨干队伍，首先要把好入口关，选派德才兼备、具有创新精神和较强工作能力的人员作为学校德育骨干，以切实增强学校德育工作的亲和力。

还有德育科研队伍。德育科研是德育创新的动力之源。学校要推进德育特色化发展，打造德育特色，全面推进学生健康成长，就必须走德育科研之路。因此，在德育队伍建设中，学校还要建立健全德育科研工作机制，进一步加强德育科研队伍建设，从而推动学校德育工作的创新，带动学校德育工作的整体提升。

第三节　研究生思想政治教育的历史反思

从 1950 年至 1978 年，我国总体的高等教育体系都处于不稳定状态，与此相应的，思想政治教育体系也呈现出变动多、起伏大的状况。从 80 年代开始，伴随着高等教育体制开始步入正轨，思想政治教育也才真正实现了正规化和体系化。对这一阶段的思想政治教育发展状况进行反思，具有积极的意义和历史借鉴价值。

反思过往，这对于思想政治教育极为重要。反思中所得到的经验可以借鉴，即使是失误也可以令人们少走弯路，从这一意义上而言也是一笔财富。思想政治教育的智慧不是天成的，虽然它和教育者的天资、悟性有关，但它肯定是后天形成的，是教育者对思想政治教育的实践不断进行反思的结果。没有反思，思想政治教育者就难以不断地超越现实，超越自我，而思想政治教育者不能实现这一超越，就很难得到自我提升，也就养成不了自身的智慧。①

对于这一阶段思想政治教育的反思，可以从三个维度来进行：决策反思、管理反思和研究反思。

一、决策反思

决策是一种顶层设计，体现为思想政治教育目标和思想政治教育内容设置的合理性。思想政治教育以政治思想教育为核心与重点，以思想教育为主干，但是，这两项不是思想政治教育的全部，思想政治教育还包含道德品质教育和心理教育。② 新中国成立后的最初 30 年，在思想政治教育目标、思想政治教育内容上，存在着诸多不合理的设置，主要表现为一种泛政治化倾向和脱离实际的非理性思维模式，忽略了道德品质教育和心理教育。80 年代之后，这种泛政治化和不理性得到逐步纠正，从而使思想政治教育目标和思想政治教育内容更为符合学科发展规律和高校学生的实际情况。

（一）教育目标的反思

在 80 年代以前，高校思想政治教育目标的设置，都呈现出过分理想化和政治化，不符合学生的心理特点和认知规律。思想政治教育目标被政治目标所替代，是新中国成立后至"文革"时期的基本状况。思想政治教育完全成为政治的附庸，沦为一种"泛政治化"的目标。

首先，政治目标等同于思想政治教育思想政治教育目标。如政治目标

---

① 刘云林：《智慧视域中的思想政治教育》，《学校党建与思想教育》，2014 年 19 期，第 8—10 页。

② 陈秉公：《思想政治教育学原理》，高等教育出版社，2006 年版，第 3 页。

为实现共产主义，则思想政治教育目标为"具有共产主义道德品质"，如"为共产主义奋斗终生"。对于"共产主义道德品质"这样的一种提法，却没有明确的诠释内容，思想政治教育目标过于空洞、抽象，不仅导致学生难以理解，且在实际操作中缺乏有效的指导价值。其次，教育目标经常伴随政治风潮的变化而变化，缺乏持续性、稳定性。政治时局是可能出现起伏波动的，如果教育沦为政治的附庸，则教育本身也会变幻不定，如政治形势是"反对修正主义"，则教育目标也变为反对修正主义。等反对修正主义的思潮过去，又开始"以阶段斗争为纲"，教育目标又变为服从阶段斗争的需要，如此，则变幻不定，无所适从。

80年代开始，对于"以阶级斗争为纲"的教育目的给予了坚决地否定，而将现代化的实现确立为教育的主要目标，高等教育的教育目标也由此调整为"培养社会主义现代化的建设者和接班人"。1985年《中共中央关于教育体制改革的决定》，指出"高等学校担负着培养高级专门人才和发展科学技术文化的重大任务"，这从根本上确立了高等教育的目标：培养人才、发展科技文化。

这一教育目标的调整，与"文革"之前相比，更为务实。思想政治教育的泛政治化和意识形态化在整个80年代都有所淡化，但是教育目标依然是具有较强的功利性，对于教育的重视，是基于经济、科技、国防等现实功利的考虑，而忽视教育的非功利价值。如果说前一阶段的教育目标沦为政治附庸，则这一阶段的教育目标沦为了经济和社会建设的附庸，忽略了教育本身的价值和规律性。

因此，客观评价，这样的教育目标同样具有一定的狭隘性，缺乏尊重、关注个体生命价值的人道意识，也缺乏对于继承和发扬文化传统的关注。这在一定程度上体现出了一种教育理念的狭隘性。

（二）教育内容的反思

从思想政治教育内容设置来看，60年代、70年代高校思想政治教育课程主要以马克思主义理论教育、时政教育为主，政治教育占绝对主导地位，且跟政治时局结合得非常紧密。从60年代起，高校思想政治教育突出反对修正主义，出现极"左"的倾向，此后则走上了以阶级斗争为中心内容的教育路径。思想政治教育内容存在受政治意识形态影响而变动较大的情况。其积极作用在于，充分体现了思想政治教育的紧跟时代潮流、与时俱进，但负面作用在于，政治时局的变幻不定，极大地影响了教育的权威性和内容的稳定性。

80年代，思想政治教育内容设置上，政治教育依然占主导地位，同时思想教育、道德教育、心理健康教育、法制教育等内容也逐步受到重视。总体而来，政治内容仍然是思想政治教育的主要部分，其他内容所占的比例较弱。从课程设置上看，思想政治教育的课程名称、内容，较之"文革"前的屡作变动情况有所改变。

对于传统伦理道德不遗余力地批判，是"文革"时期道德教育的一大特点。如何正确地对待中国传统道德文化，特别是作为其主体内容的传统道德规范体系，自五四运动以来便是一个争论不断的重大问题。几乎所有的重要研究，其背后都隐含着关于道德继承问题的价值立场。在"文革"时期，经过"破四旧""批林反孔"等一系列政治运动，传统文化像过街老鼠一样，被人人喊打，传统文化中的优秀伦理道德也被摒弃。

80年代至90年代的学校思想政治教育，存在一种历史虚无主义，对传统文化既不旗帜鲜明地批判，也不态度明确地继承，从而导致了历史虚无主义，使传统的伦理道德如同"魅影"，既不能否认其存在，又没有真实地继承。伦理道德是社会风俗与传统的长期的积淀，是民族文化的历史延续。完全抛弃、割裂道德的历史文化传统的做法，是有悖道德的客观发展规律的。80年代以后，一批德育工作者也认识到问题的严重性，重启了对传统文化的评估、借鉴之路。然而，由于特殊的社会历史现状，这一时期，由于对传统道德文化的继承较为欠缺，从而在一定程度上导致了道德继承上的历史虚无主义，以儒家道德为主体的道德信仰式微。

二、管理反思

管理反思是对于思想政治教育在基层实践中的探索进行反思，主要在于反思教育管理活动是否合乎科学性和规律性。这一阶段，思想政治教育的基层实践层面所体现出来的问题，就是教育方法和评价单一，可操作性差。

（一）教育方法的反思

90年代以前，学校思想政治教育的方法都较为单一，主要体现为正面的、直接的、灌输式的显性思想政治教育方式占主导地位。这是新中国成立后在高校思想政治教育实践中长期形成的一种方式。这种思想政治教育方法的特点在于，在教育实施过程中，教育者以比较强势的形式，在固定集中的活动场所，按照预先设定的内容和教育方案，开展有明确意识的、直接的教育活动，用刻板的、固定的教育方式进行灌输式教育。

显性的教育方式虽然取得了很大的成效，但是存在很大的局限，即：侧重知识和理念的灌输，而忽视了对学生的情、意、信等非智力因素的开发；侧重教育的权威性，而忽视教育对象的个性心理特点，忽视教、学双方的主体互动性。

面对逐渐多元化且数量庞大的研究生队伍，单一的思想政治教育方式已经明显展现出对于时代发展变化的不适应。

在五六十年代，学校思想政治教育致力于贯彻党的方针、改造师生的政治面貌，因此思想政治教育方法是照搬战争年代的对敌工作经验，以处理政治立场、政治态度为首要问题，一切服从于阶级斗争的需要，要分清敌我，保护自己，打击敌人。这样的一种战争时期的工作方式，用于和平年代的思想政治教育，则导致了诸多问题与弊病。

而在八九十年代，在应试教育的体制下，政治理论课等同于思想政治理论课，在学校教育的实际操作中，政治课基本代替了道德教育的全部内容，忽视了基础道德教育和心理健康教育。在整个学校教育的教育体系中，政治课即是思想政治课，被当作一门课来上，作为考试科目来抓。思想政治教育方法刚从阶级斗争中解放出来，又陷入了应试教育的泥潭。

（二）评价标准的反思

50、60 年代的思想政治教育评价标准单一，完全以政治品质为导向，政治因素决定一切。阶级划分代替了道德评价，社会各阶层按照经济地位被给予严格的划分，如农村人口被划分为贫农、中农、富农、地主这样的几个不同的阶层。出生的阶级决定了人的道德品质，如贫农、中农的阶级成分，意味着道德高尚，而地主富农，则意味着道德低贱、十恶不赦。没有客观、公正的道德评价体系产生，因而也无法对学生做出客观的道德评价。

"文革"之后，思想政治教育评价不再依据出生的阶级成分，而是看重学生个体的客观表现。但思想政治教育评价单纯依靠考试分数，存在评价方法单一，缺乏系统性、全面性。对于学生的思想政治教育状况的综合测评、素质拓展等内容，在思想政治教育评价中都处于基本缺失的状况。这在很大程度上是因为思想政治教育内容的缺失，如思想政治教育内容中缺乏社会规范性教育的内容，故而日常行为规范养成教育、文明礼貌教育、纪律教育、法制教育、环境教育、社会实践教育等内容，都没有纳入对学生的思想政治教育测评中。

单一的思想政治教育评价方式，在实际教育中，容易产生一些不合理的教学和学习方式，也不利于学生思想政治素质的真正提高。例如，在教学方面，某些教师的教学以填鸭式灌输为主，不充分考虑学生的认知水平、心理状况和接受能力，导致学生产生严重的逆反心理，极大地影响了教学效果。

三、研究反思

研究生思想政治教育的研究反思，主要反思学科研究能否把握教育存在的本质问题，为教育活动提供启迪和导向作用。从 80 年代开始，思想政治教育选择了科学的发展路径，思想政治教育的研究，也经历了从科学到学科的发展路径。从研究情况看，这一阶段，经验研究在思想政治教育中占据着重要地位，思辨研究依然是思想政治教育研究的主流，实证研究开始进入思想政治教育研究领域，但明显存在实践研究不充分、不足够的情况。

这一阶段，思想政治教育领域的研究者，在运用多元整合的方法来开展研究，拓展学科领域、丰富学科内涵、增强学科特色上进行了积极的探索和有益的尝试，但依然存在思路较狭隘、研究方法单一、研究视角不够全面，同时个案研究偏少的情况。思想政治教育领域的较为典型的研究方法，如经验总结提升法、逻辑思辨法、历史分析法、比较论研究法、权威经典解读法、学科交叉研究法等，已经开始逐渐采用，但研究者普遍存在对于中国传统德育理论的忽视。

1997 年至 2007 年间这十年，研究生思想政治教育理论研究所存在的问题包括：论文数量呈不断攀升的趋势，但相关的专著较少；研究方法以思辨居多，实证性的研究较少；研究内容比较宽泛、笼统的论文居多，有针对性的较少，定量的研究很缺乏、研究生道德失范问题的研究很缺乏、有关中外研究生德育比较方面的研究也很缺乏。

2008 年至 2015 年这八年间，随着研究生思想政治教育问题备受学界关注，之前十年所存在的一些理论研究方面的缺陷得到了较大的改善。如关于研究生道德失范问题，收到众多学者的关注，不仅研究成果更加系统和专业，其研究视野也大大拓展，取得了一定的研究成果。既有关于研究生道德失范的原因分析，例如从德育制度的建构层面来探讨研究生道德失范的问题，又有研究生道德失范的现实表现及其成因和对策研究，例如研究生学术道德失范的表现、原因、对策研究等。

同时，实证性的研究有所增加，如西南大学高等教育研究所的研究生所做的《中国研究生道德意识与科学精神的调查研究》，对国内 31 个省、自治区和直辖市的 1072 名研究生进行了道德意识和科学精神的调查。以专业性院校为案例进行的实证研究，如《外语院校研究生德育存在的问题及对策探析——以四川外语学院研究生德育为例》。[①] 以区域性高校为案例进行的实证研究，如《新疆高校研究生德育现状的调查》以问卷调查的形式对新疆五所高校研究生中随机抽出 1500 名在校硕士研究生进行抽样调查，了解其德育状况。

但是近年来的理论研究，仍然存在相关专著较少、实证性的研究相对较少，且实证研究开展不充分，缺少在较大的规模和范围内进行充分调研、科学性较强的实证研究。这说明，关于研究生思想政治教育基础理论的研究，依然是很不够的，需要进一步增加基础理论研究的力度，夯实基础。

为此，当前对于研究生思想政治教育的基础理论研究，不能停留在宽泛笼统的阶段，要进一步加强针对性，有针对地、非常系统地开展理论研究，同时需要加大实证研究的力度，不仅需要有立足于特定区域、特定类型的高校进行有针对性的实证研究，也需要有较大规模的、大范围内的实证调查研究。

思想政治教育是一种十分复杂的社会实践活动，需要从各个不同角度进行研究，如果用单一的方法开展进行，其研究结果将会比较片面。只有在多元的基础上，充分发挥各学科研究的优势，才能形成思想政治教育特定学科的研究方法。

---

① 李云辉：《外语院校研究生德育存在的问题及对策探析——以四川外语学院研究生德育为例》，《出国与就业（就业版）》，2010 年 15 期。

第二章　研究生思想政治教育面临的新形势

　　当前研究生思想政治教育所处条件与过去有着明显不同，主要表现在以下三个方面：第一，思想政治教育对象不同。随着高等教育的快速发展，教育对象—研究生群体本身发生了很大变化，如群体规模的快速增加、培养目标的变化、研究生个性变化、就业压力方面的变化等。这些情况的变化，对思想政治教育提出了新要求。第二，思想政治教育所处的环境不同。在经济体制深刻变革，社会结构深刻变动，利益格局深刻调整，信息技术高速发展的时代，空前的社会变革在给我国经济社会发展进步带来巨大活力的同时，也给思想政治教育带来一系列新情况新问题。为了更好地提高教育的实效性，研究生的思想政治教育工作应更好地体现时代性、把握规律性、富于创造性。第三，目前教育任务不同。在民主革命时期和建国初期，党的任务是开展民主革命和社会主义革命教育，进入新世纪后，情况发生了深刻变化，目前我们的教育任务是"培养德智体美全面发展的社会主义建设者和接班人"。任务不同，于此相适应的思想政治教育在指导思想、教育目标、教育内容、教育方法、上也必须有所发展和变化。

　　进入新世纪后，面对飞速变化发展的教育环境变化，研究生思想政治教育工作承载了新的时代使命与重要作用。进一步关注和加强研究生的思想政治教育，是教育适应经济全球化的客观要求，是构建和培育社会主义核心价值观的客观要求，也是高等教育及研究生教育体制发展的客观要求。

第一节　研究生群体的新特点

　　思想政治教育对象的特点，直接决定了教育的方式与方法。只有准确把握研究生的思想脉搏，充分认识其群体特点，才能切实提高思想政治教育的预见性、目的性和针对性。而对于教育对象特点的分析，主要从三个维度来考虑，即：教育对象的生物规定性、思维规定性和社会规定性。根据这三方面的内容，研究生群体的共性特点包括：研究生的生理特点、心理特点、思想特点。

一、年龄跨度较大

（一）研究生的主要年龄阶段

教育部于 2013 年 9 月下发的《2014 年全国硕士学位研究生招生工作管理规定》，取消了硕士研究生报考者"年龄一般不超过 40 周岁"的规定。而在此之前，硕士研究生的报考年龄原则上限制为 40 岁以下，博士研究生的报考年龄原则上限制为 45 岁以下。

据教育部以及各省份的单独统计数据，报考硕士研究生的主力为应届本科毕业生，应届生报考的比例占考生总数的 60% 左右。如辽宁省 2012 年考研的应届生占 63.9%，湖北省 2012 年应届生考研的占 61.3%。硕士研究生的生源主要来自应届毕业生，决定了硕士研究生的年龄段主要集中在 22～25 岁。

以南京林业大学作为样本分析，据 2013 年的统计数据，该校硕士研究生较为集中的年龄段为 21 至 25 岁，有 2179 人，占硕士生总数的 85.11%，其中尤以 23 岁、24 岁的人数所占比例最大，20 岁以下的也有 5 人。博士研究生年龄则较为分散，主要分布于三个年龄段：26～30 岁（占 25.71%）、31～35 岁（占 31.75%）、36 岁以上（占 37.64%）。总体而言，博士生的年龄在 30 岁以上的有将近 70%。

表 2-1　南京林业大学 2013 年在校硕士研究生的年龄结构

年龄结构	20 岁以下	21～25 岁	26～30 岁	31～35 岁	36 岁以上
人数	5	2179	332	29	15
%	0.03	85.11	12.96	1.13	0.58

表 2-2　南京林业大学 2013 年在校博士研究生的年龄结构

年龄结构	20 岁以下	21～25 岁	26～30 岁	31～35 岁	36 岁以上
人数	0	34	179	221	262
%	0	4.88	25.71	31.75	37.64

数据来源：南京林业大学研究生院

同时，通过分析其他院校和学者的一些数据，我们也能大概看出研究生群体的年龄阶段分布：

表2-3 武汉体育学院2008级硕士研究生的年龄结构分析①

年龄结构	21~25岁	26~30岁	31~35岁	36岁及以上
人数	225	47	8	2
%	79.79	16.67	2.84	0.7

陈年芳等通过研究指出，"武汉大学公共卫生学院2006—2011年间硕士研究生的生源数据和2007—2011年间博士研究生的生源数据显示，硕士研究生报考人员的平均年龄范围为23~26岁，博士研究生报考人员的平均年龄范围为31~33岁。"②岳洪江等对管理科学2001—2005年5年间发表论文的数据统计，"通过对有关作者年龄的2723条数据的研究，统计出管理科学类期刊全部博士生作者的平均年龄为32.7岁。"③李江霞统计"山西省高校在校硕士研究生年龄多数在21~25岁，占60.8%，研究生以未婚未育的人数居多，以应届考取研究生的人数居多，大多研究生处于身体发育未完善阶段。"④

根据年龄划分的国际标准来看，2000年，联合国世界卫生组织将人的一生分为五个年龄段，即："44岁以下为青年人，45岁至59岁为中年人，60岁至74岁为年轻的老人，75岁至89岁为老年人，90岁以上为长寿老年人"。

根据以上各高校以及学者们研究的数据可以看出，高校的本、专科生绝大多数处于青春期，而研究生的生理阶段，根据调查可知，无论硕士研究生还是博士研究生，基本处于青年时期，年龄差异较大，但大部分都已经过了青年前期，其中一部分进入青年中期，另有部分博士生处于青年末期。

（二）生理发育成熟

人身体各器官发展到完成状态时可以认为生理达到了成熟阶段。在身

---

① 吴向宁：《攻读体育院校研究生生源的诸项指标分析及启示——以武汉体育学院2008级、2009级硕士研究生为参照》，《体育科技文献通报》，2012年04期。

② 陈年芳等：《武汉大学公共卫生学院公共卫生与预防医学专业研究生生源变动趋势分析》，《数理医药学》杂志2011年06期。

③ 岳洪江等：《中国管理科学研究队伍的年龄结构研究》，《科研管理》，2011年04期。

④ 李江霞：《山西省高校在校硕士研究生体育行为现状的调查研究》，北京体育大学2007年硕士毕业论文。

体机能方面，人体内血液循环的动力器官——心脏，经过青春期的发育，已达到成人水平，血液循环和呼吸系统发生相应的变化，心率减慢，呼吸深度增加。研究生由于脑力劳动强度较大，精力消耗也随之增加，对体力和能量的需求增大，从而要求必须保证足够的营养摄取和足够的运动量，以确保学业和科研工作的顺利进行。

正常人到 22 岁以上，生理机能进入成人阶段，大脑各项机能均趋于成人水平，生殖器官及性功能已经成熟。如果说本、专科生的性意识处于逐渐增强的阶段，则年龄在 22 周岁以上的硕士研究生，性意识已经走向稳定，并且已经过了对异性较为敏感的时期，性冲动的行为较青春期已逐渐减弱。处于 30 岁以上的研究生，其中部分已经组建家庭或形成了稳定的恋爱关系。

正常人在 22 岁以后，骨骼基本定型，身体形态定型，体内各器官、各系统的机能完善，神经系统发育成熟，生殖系统的发育也结束，总体的生理发育阶段已经过去，进入了生理上的成熟期，其思想和行为也趋于稳定，理智行为占据行为模式的主导。

生理成熟是心理成熟的自然前提。在生理发育成熟的情况下，更容易有成熟而健全的心理状态。同时，生理成熟也影响人的智力和情绪、意志活动。

总结以上，处于青年期的研究生的生理特点是：身体形态基本定型，各器官系统的机能已经完善，神经系统的发育已经成熟，生殖系统的发育也已结束。研究生生理发育的成熟，为其心理活动和思想行为的发展奠定了良好的物质基础。

二、心理发展个体差异增大

研究生生理发育的成熟，必然引起心理的变化。虽然生理的成熟并不意味着心理的成熟，生理发育的成熟与心理发展并不同步，但生理发育的成熟为心理发育提供了坚实的物质基础。

（一）心理发展处于动荡期

生理活动对心理活动起着保障和动因作用。在生理机制中，人脑是物质发展到高度完善的产物，只有人脑对客观现实的反映才能达到心理的最高水平—意识。

生理成熟度与心理成熟度之间存在着正相关性。研究生的各项生理机能已基本发育完成，趋于成熟、稳定，从而为他们的学习、生活、人际交往等提供了必要的生理条件。尽管生理成熟与心理成熟存在一定的差异性，确实存在部分个体由于某些原因出现心理发育滞后于生理发育的情况，但总体而言，进入生理成熟期的研究生个体，心理成熟程度都较此前阶段更为进步。虽然与从事其他职业的同龄人在横向中比较，研究生群体的心理的成熟度较差一些，但从纵向的比较而言，较之个体此前的情况，则其心理成熟度高一些。

心理成熟度是一个人的心理承受力、耐受力和适应性的表现。心理成熟度的高低，与个体的社会化程度密切相关。个体通过和社会环境及其周围人群的互动，逐渐融入社会，心理也逐渐成长。如果心理成熟度差，则不容易适应环境变化，在人际关系中易出现障碍。而心理成熟度高的个体，对变化的适应程度强，较容易根据外界的变化调节自己的行为，其自控能力和心理承受能力都比较好，可以通过自我调节保持心理上的相对平衡。

不容忽略的是，研究生群体中一部分学术型研究生，特别是由应届直接攻读硕士、博士学位的学生，由于长期在学校中生活，接触到的生活面较为狭窄，社会化程度不够，可能出现心理成熟度低于生理成熟的情况。有过工作经历的研究生，相对来讲，心理成熟度高一些。

（二）自我意识增强

研究生随着自我意识的增强，处处希望展示自己的能力，渴望决定自己的事务，规划自己的将来，反对他人的约束和干涉。但由于涉世不深，经验不足，他们处事时也容易自我武断，自以为是，甚至很难听进他人的意见和忠告。

自我意识是人对自己身心状态及对自己与客观世界之间关系的意识。自我意识包括以下三个层次：对自己状态的认识；对自己肢体活动状态的认识；对自己思维、情感、意志等心理活动的认识。具体包括认识自己的生理状况如身高、体重、体态等、心理特征如兴趣、能力、气质、性格等以及自己与他人的关系，包括自己与周围人相处的关系，自己在集体中的位置与作用等。自我意识不仅是人脑对主体自身的意识与反映，而且由于人的发展离不开周围环境，特别是人与人之间关系的制约和影响，所以自我意识也反映人与周围现实之间的关系。

正确的自我意识，是建立在正确的自我认知、客观的自我评价、积极的自我提升和关注自我成长的基础之上。研究生作为高学历的群体，总体而言，在自我认知、自我评价、自我提升和自我成长上，均有良好的表现。

1. 自我认知与自我评价

在自我认知上，研究生由于学业表现优秀，术业有专攻，易于获得亲友、师长的肯定，对于建构良好的个人形象具有优势条件，从而有利于形成积极向上的自我形象。同时，研究生群体的自我观察能力较强，能够注意到自身的优势和缺陷。为此，多数研究生有较为客观的自我评价，对自身的优势和劣势能够有较为客观的判断。

李林娜关于西南大学研究生校园形象的调查显示，无论是对内在特点的评价，还是对外在表现的评价，相关公众都对研究生持比较肯定的态度。同时，研究生对自我校园形象的认同度也较高。而存在的问题主要在于，无论教师还是学生，都认为西南大学研究生缺乏活力，教师普遍认为研究生对学校活动的参与意识弱，研究生认为自己衣着服饰过于保守、沉闷，理论水平有待提高；与本科学生、成教学生、自考学生交流不多；研究生期望自己的人际交往和自信能进一步提高。根据现实情况考量，这一调查结果具有一定的代表性。

自我认知与评价，同样也与社会认同感存在一定的相关性。研究生群体中的博士研究生，被外界认为是居住在象牙塔顶端的一群人，他们在自己所从事的研究领域，达到了常人所不能完全理解的层次，因而其群体形象具有一定的神秘感，尤其是部分专业的博士，由于不被大多数人理解，其所获得的社会认同感较低，这也会影响他们的自我认知与自我评价。

2. 自我体验与自我控制

大多数研究生群体在学业发展的过程中，逐渐发现并培养了自己的优势领域，为此，容易产生积极的自我悦纳与自我体验。同时，大多数研究生群体有着良好的自我控制能力，这主要是因为长时期的求学经历和受到优质教育的经历，需要有效的自我控制，才能坚持下去。尤其是学术型研究生，需要承担一定的学术任务，并需要长时期地坚持和持续不断地付出，才能取得成果，正所谓"板凳一坐十年冷，文章不叫半句空"，许多研究生面临的是较为孤独而艰辛的求学之路，必须要有恒心、毅力，通过有效的自我控制，才能完成学业。为此，这一群体在自我监督、自我控制与自我教育方面的能力，明显强于普通的研究生群体。

韩静宜关于硕士研究生自我管理学习状况的调查研究显示，硕士研究生的总体自我管理学习情况属于中等偏上的水平，群体内存在着显著的个体差异：男生的自我管理水平显著优于女生，有过工作经历的也显著好于直接读研的学生，统考录取和推免录取的硕士要好于调剂录取的学生，原专业读研的自我管理水平要优于跨专业读研学生。[①] 这些数据，在实际的研究生群体中，具有一定的代表性。

3. 自我提升与自我发展

研究生由于学业期望值高，成就动机强，自我提升能力也较强。对于攻坚克难的任务，大部分研究生会尽自己最大的努力去完成；当面临挑战时，研究生群体也会表现出更强的坚持力，从而也增加了他们成功的可能性。同时，这一群体也具有较强的克服自我障碍的能力，能主动克服因对自己能力程度的焦虑所带来的不安全感，扫清自我障碍。许华关于科研院所硕士研究生自我效能感的调查显示，作为国家未来科学研究的后备力量，这一群体的研究热情和研究能力表现较好，学习心理状况也比较乐观。尽管研究压力大、科研工作强度高，但科研院所硕士研究生的自我效能感与专业承诺水平普遍比较高，学业倦怠水平较低。[②]

在自我发展上，研究生群体对自我发展有较强的渴望，同时敢于进行积极的自我提升与自我尝试，并在此过程中寻找到个人发展的新支点，但同时，硕士研究生群体也存在自我定位与自我发展的困惑。朱贺玲关于硕士研究生自我发展定位的调查研究显示，根据对厦门大学 300 名在校硕士研究生的问卷调查，发现硕士研究生普遍存在自我发展定位的困惑，且不同性别的硕士研究生对于未来计划的明确度、读博及放弃读博的原因、有无工作经验之于自我定位的影响等问题表现出显著的差异。[③]

（三）思维品质良好

研究生具有良好的思维品质。思维品质是人的思维的个性特征，思维品质反映了个体智力或思维水平的差异，主要包括深刻性、灵活性、独创性、批判性、敏捷性几个方面。研究生由于从事专业的科研工作，受到专业训练，因此具有良好的思维素质。

首先，研究生思维的抽象性较强，思维的深刻性高。随着研究生知识量的增加以及专业训练强度的不断加大，其抽象思维在整个思维活动中占据主导地位，为此，这一群体在思考问题时，不满足于事物的表象，而善

---

① 韩静宜：《硕士研究生自我管理学习状况的调查研究》，四川师范大学 2011 年硕士研究生毕业论文。

② 许华：《科研院所硕士研究生自我效能感、专业承诺与学习倦怠的关系》，华东师范大学 2011 年硕士毕业论文。

③ 朱贺玲：《我国硕士研究生自我发展定位现状调查研究——以厦门大学为例》，《学园》，2012 年 02 期。

于探求本质性、规律性的东西，看问题更有深度，而不再流于表面。

其次，研究生思维的灵活程度也较高。具体表现为：思维起点灵活，即从不同角度、方向、方面，能用多种方法来解决问题；思维过程灵活，从分析到综合，从综合到分析，全面而灵活地作"综合的分析"；概括—迁移能力强，运用规律的自觉性高；善于组合分析，伸缩性大。灵活性强的人，智力方向灵活，善于从不同的角度与方面起步思考问题，能较全面地分析、思考问题，解决问题。

再次，研究生思维的独创性较强。相对于本、专科阶段的学生，研究生阶段更强调创造性解决问题的能力，面对科研问题或学术任务，需要寻求独立的、具有个性化的解决之道。在实践中，研究生群体善于发现问题、思考问题、创造性地解决问题。

最后，研究生群体思维的批判性与敏捷性也较好。学术研究要求不能循规蹈矩、人云亦云，而是要独立思考、善于发问，要对问题进行有策略性的综合分析和独到见解，寻求更合理的解决之道，而不是满足于现有的解决途径。研究生群体的思维敏捷性，使他们在处理问题和解决问题的过程中，能够适应变化的情况来积极地思维，周密地考虑，正确地判断和迅速地作出结论。

具有优良思维品质的研究生群体，既是我国研究生招生所希望的对象，也是研究生教育的基本目标，更是研究生个体发展和社会发展所不可或缺的重要品质，对研究生个体发展和社会来说，都至关重要。

教育部发布的《2014 年全国硕士学位研究生招生工作管理规定》，对于招生对象的规定："掌握本学科坚实的基础理论和系统的专业知识，具有创新精神、创新能力和从事科学研究、教学、管理等工作能力的高层次学术型专门人才以及具有较强解决实际问题的能力、能够承担专业技术或管理工作、具有良好职业素养的高层次应用型专门人才。"[1]

高校是我国国际科技论文和国内科技论文主要产出地，调查显示：我国研究生论文的选题 90% 以上都与导师承担的各类课题有关，培养单位中约有 75% 以上的科研项目有在校研究生参与。以研究生为第一作者或以研究生的指导老师为第一作者、研究生为第二作者发表的国际科技论文约占我国国际科技论文发表数量的 70%。[2]

---

[1] 教育部：《2014 年全国硕士学位研究生招生工作管理规定》。
[2] 燕京晶：《中国研究生创造力考察与培养研究》，中国科学技术大学 2010 年毕业博士论文。

研究生参与的高等院校的科研群体是我国科研创新的主力军。以 2012 年度的国家科学技术进步奖为例，全国高校获得特等奖 2 项、一等奖 7 项，二等奖 103 项，另外国防科学技术大学高性能计算创新团队和第二军医大学肝癌临床与基础集成化研究创新团队获得创新团队奖。①

三、群体规模迅猛增长

自 1981 年开始正式实施学位制度以来，我国的研究生教育获得了较大发展，研究生的招生规模也不断扩大。1999 年开始扩招以来，研究生的招生规模更是迅速增长。根据统计，硕士研究生的招生数量自 1999 年至 2006 年前增幅均达到了 10%，博士研究生的招生数量在 1999 年至 2002 年间增幅均达到 20% 以上，只是近年来，研究生的增幅才出现缓和，但总体数量还是较大。2013 年，我国硕士研究生的招生计划人数已达到 53.9 万人，博士生招生计划也达到了 7 万多人。②

研究生扩招带来了研究生群体的急剧扩大，培养模式由精英化走向大众化，客观上要求研究生的管理体制要采取有效的应对措施，包括怎样提升研究生的培养质量，解决师资、科研力量、经费等一系列问题，加强对在校研究生的管理等。与本、专科教育的扩招相比，研究生教育扩招所受到的诟病更大，如果研究生教育也走向"粗放型"模式，则带来的人才和资源的浪费会比本、专科阶段更为严重。

研究生扩招也是为了应对扩招带来的管理上的压力，许多高等院校都选择了设立研究生院，通过校-院-班三级管理体系对在校研究生进行管理。而教育部在 2011 年发布公告称，截至 2011 年，教育部仅批准设置了 56 所研究生院，其余研究生院则属于所在高校自行设置，未经教育部批准。这一情况反映出教育部的现行管理体制与研究生教育的实际发展规模之间存在一定的差距，需要拟定措施予以调整和改善。

研究生群体不再只是象牙塔中的小众人群，而是真正进入了大众视野。与研究生相关的各类问题，如研究生的婚恋问题、德育问题、就业问题等，也日益显现出来，成为高等教育体系中所要面临的新的问题。研究生德育工作问题便是在扩招的大背景下凸显出来的。

---

① 数据来源：教育部科技发展中心发布《高校获 2012 年度国家科学技术进步奖通用项目目录》，发布时间：2013 年 1 月 18 日。
② 数据采用中国教育在线的《2014 年全国研究生招生数据调查报》，http：//www.eol.cn/html/ky/report/a2.shtml

四、个性趋于多样化

相对于本、专科阶段，研究生阶段的学生，在个性上具有从兴趣的广泛性转向兴趣的专业化的特征。具体表现为：这一群体趋向于不再对广泛的事物发生兴趣，而是将兴趣转入某一个或某几个领域，兴趣偏重于专业学习以及与未来职业相联系的社会活动，并具有较强的针对性和持久性，可能持久关注某一领域，并将此作为此后人生的发展与奋斗方向。

研究生阶段学生个性的多元化表现更为明显，这一方面是因为研究生生源的多样性，另一方面，不同专业、不同年龄段的研究生，在个性上也呈现出较大的差异性。所学专业对于人的影响，目前所开展的针对研究生个性特征的调查，大都以特定专业、特定院校为主。现列举部分他人的研究成果：

（1）周旺成关于体育专业研究生个性特征的调查研究。该调查以16PF卡特尔个性因素测验表，对田径、球类、游泳、体操和体育理论等专业的研究生进行测试，结果显示：与全国大学生比较，体育专业研究生在乐群性、聪慧性、兴奋性、敢为性、幻想性、自律性方面比较突出。[1]

（2）陶辰等关于军校医学研究生心理健康状况和个性特征的分析。该调查采用症状自评量表（SCL90）、艾森克个性量表（EPQ），流调中心用抑郁量表（CESD），对198名军校医学硕士研究生进行调查研究。结果显示，性别因素不是影响医学研究生心理健康状况的主要因素，研究生的个性特征影响其心理健康状况。[2] 邢晓辉等对于医学研究生人格特征的分析则显示，医学研究生的人格特点包括：学习能力强，情绪稳定，做事能持之以恒，精神上更为独立，但也表现出对事对人更具有怀疑倾向，挑剔、冷漠、过分现实、缺乏创造力。[3]

（3）韩茹宇关于中医药类硕士研究生新生人格特征分析，结果显示：研究对象群体特征呈高稳定性、高世故性、高自律性，及低怀疑性、低实验性、低紧张性，心理健康状况良好，但学习成长能力不足。在性别角色表达上，该类群体的表达性特质表现在高乐群性、高敏感性、高幻想性及

---

① 周旺成：《体育专业研究生的个性特征及其评价》，《北京体育学院学报》，1988年第3期。

② 陶辰等：《军校医学研究生心理健康状况和个性特征的分析》，《第四军医大学学报》，2004年第9期。

③ 邢晓辉等：《医学研究生心理健康状况和人格特征分析》，《学位与研究生教育》，2005年第3期。

高紧张性上，工具性特质表现在高稳定性上。结论：中医药类研究生整体上具有良好的顺应性，有一定的环境适应能力，心理健康状况良好，人格特征与专业性质相符，但是缺乏积极进取的精神及创造力，对于中医药事业的发展虽无阻碍，却也不具积极的推动作用。①

（4）张金鲜等对东华大学艺术类研究生的研究表明，艺术类研究生在恃强性、兴奋性、敏感性、幻想性、怀疑性、感情用事与安详机警性、新的环境成长能力等方面，与非艺术类研究生存在显著差异。②

（5）吕玲玲等对千余名高等农业院校硕士、博士研究生进行卡特尔16种人格因素测验，结果显示，与全国常模相比，男生在聪慧性等因素上得分较高，具有统计学意义。同时硕士、博士研究生在16种基本人格因素中有7项存在显著差异；男女生之间存在显著差异。结论是该群体的博士研究生的人格素养明显优于硕士研究生，女研究生敏感、更易焦虑忧郁等，女研究生的心理状况尤为值得关注和重视。③

通过以上对相关研究成果的分析，可以看出教育对象多样化的个性特征，也成为研究生思想政治教育工作不同于本、专科生教育工作的最重要的特点之一，也是开展研究生思想政治教育工作所必须要重视的特点之一。

五、就业压力增大

随着研究生的不断扩招，就业压力也逐渐凸显出来。据中国教育部统计数据显示，从2009年起，研究生的就业率就一直在80%左右徘徊，与本科生的就业率相差无几，在部分地区更是出现了就业率与学历倒挂的趋势。根据广东省教育厅的统计数据显示，2012年各层次的高校毕业生中，研究生初次就业率最低为90.09%，已持续七年不如本科和专科生。④

在高等教育体系中，研究生已经成为就业压力最大的一个群体。麦可思发布的2013届毕业生求职压力分析，调查显示，硕士毕业生求职压力大

---

① 韩茹宇：《中医药类硕士研究生新生人格特征分析》，南京中医药大学2011年硕士毕业论文。

② 张金鲜等：《基于艺术类研究生特征的基层党支部特征研究》，《东华大学学报（社会科学版）》，2011年第3期。

③ 吕玲玲等：《高等农业院校硕士、博士研究生人格因素调查分析》，《中国健康心理学杂志》，2010年08期。

④ 据MBA环球网2013年1月24日报道《中国教育部统计数据：研究生就业率》。

的比例要超过本专科生。2013届未签约大学毕业生的调查显示，硕士毕业生认为目前求职压力大的比例（70%）最高，其次为本科毕业生（67%）、高职高专毕业生（66%）。①

研究生出现较大的就业压力，被认为是结构性的压力。从研究生自身来看，研究生群体在教育上的投入更多，在学校求学的时间更长，经济成本更高，因此本身的就业期望值更高，更容易出现现实工作与自身期望值不匹配的情况，从而造成较大的心理落差。

从专业设置来看，部分专业存在专业设置与社会需求脱节的情况，特别是文科类的、纯理论型的专业，这部分研究生如果面向社会寻求工作机会，往往不受用人单位的青睐，会出现较大的就业压力。调查显示，硕士研究生中，法学（79%）、农学（77%）和文学（77%）专业毕业生认为目前求职压力大的比例较高。相对而言，工科类、应用型的专业就业机会比较多，因此，偏文科类的专业就业难度和压力要相对大一点。②

从就业去向来看，吸纳研究生就业的单位发生了较大的变化，五六十年代的研究生主要定位为"师资研究生"，即为学校培养师资。而随着研究生教育向市场化体制的转变，师资研究生早已经不是主要的培养方向，面向社会择业成为现实的选择。而社会单位在招聘时，通常更看重实际工作经验与工作能力。中国研究生教育过去是为了培养科研和学术高层次人才，而现在有很大比例是培养应用复合型人才，到生产一线去工作，因此在研究生教育上的投入没能换回应有的社会和经济效益。

从总体的就业形势来看，全球范围内都出现了就业低迷的情况。根据麦可思研究院的跟踪调查，受宏观经济形势影响，目前中国国内的企业用人规模缩减，通过分析2013届毕业生的求职情况，就可以看出其求职难度比往年有所增加。麦可思的调查从2012年12月12日开始，到2013年1月11日结束，共收回有效答卷10940份。其中高职高专毕业生3439份、本科毕业生3699份、硕士毕业生3802份。调查方式是挂网调查。结果显示，被调查的2013届高职高专毕业生签约率为35%，低于上届同期9个百分点；本科毕业生为38%，低于上届同期8个百分点；硕士毕业生为29%，低于上届同期7个百分点。③

---

① 据网易教育2013年4月9日报道《研究生就业压力山大，问出身问到中学》。
② 同上。
③ 据2013年2月14日《光明日报》报道《2013届毕业生求职难度增加，本科年前签率约38%》。

第二节 研究生思想政治教育环境的新变化

研究生思想政治教育的外部环境，其变化反映了整个社会大系统的结构变化，主要包括社会经济、政治以及意识形态、价值观等。研究生思想政治教育要充分关注当前教育环境的变化所带来的挑战和机遇，包括经济形势的变化、社会文化多元化和大数据时代的来临，这些都为研究生思想政治教育带来了挑战和机遇。

一、经济全球化加剧

（一）经济全球化的变化

自进入新世纪后，宏观经济形势已经与改革开放之初的 80 年代、90 年代有了很大的变化。从国际上来看，90 年代之后的宏观经济形势，以全球化的加速为主要特征，包括贸易自由化的范围迅速扩大、金融国际化的进程加快、跨国投资的现象普遍等。全球化加深了世界各国间的经济联系，在全球化的过程中，伴随着新兴经济体的迅速崛起，部分发达国家经济增长也出现了缓慢乃至衰退的现象。2007 年由美国次贷危机引发的金融危机波及全球，最终形成了全球性的金融危机，称为 2007—2008 年全球金融危机。作为这次金融危机的后遗症，欧盟部分国家又陷入了严重的主权债务危机。从 2007 年开始，次贷危机、金融危机、欧债危机的相继爆发，导致了以美国和西欧为代表的西方发达经济体产生经济大衰退，并引发了一系列政治和社会问题。

与此同时，以中国为代表的新兴经济体迅速发展，并在国际政治经济体制中占据更为重要的地位。2011 年 2 月，日本内阁发布数据显示，2010 年日本名义 GDP 为 54742 亿美元，比中国少 4044 亿美元。① 这也标志着，从 2010 年开始，中国的 GDP 首次超过日本，成为仅次于美国的世界第二大经济体。中国已经成为综合实力最强的发展中国家，并在国际政治、经济中扮演越来越重要的角色，正在走向国际舞台的中心。

从国内来看，经过 30 多年改革开放，我国呈现出一片繁荣昌盛、国泰民安的景象。改革开放取得的主要成就包括：社会主义市场经济体制初步

---

① 据新浪财经 2011 年 02 月 14 日报道。

建立、综合国力跃居世界前列、人民生活水平不断提高。长期的繁荣稳定局面，民生问题得到较大改善，百姓的物质需求得到较大程度的满足，对于精神文明的发展也提出了更高的要求。随着国际地位的提升，中国人的民族自尊心和自信心也大大增强，民族凝聚力提升，爱国情感更强，对于民族文化、民族传统的认同更强。同时，民众对于社会民主、公平、公正的要求也越来越高。

（二）经济形势全球化的挑战和机遇

处在这样一个大发展、大变化、大调整的时代，原来旧的思想政治教育模式已经不适应时代的要求，思想政治建设面临新的挑战：怎样在一个更加富裕、强盛、开放的时代，既要保持主旋律的权威性，又要适应开放社会下经济发展与多元文化的要求。中国人既要从物质和精神的层面进入现代，但同时又必须尽可能超越工具理性、个人主义、价值相对主义等西方文明的局限。社会主义核心价值体系的构建也正是在这样的背景下提出来的。

当前的时代大环境，既不同于冷战时期的两极格局，也不同于改革开放初期，而是处于世界政治经济一体化联系越来越紧密、国内的文明与富裕程度也日益提升的状态之下。对于学校思想政治教育而言，充分认识到时代大环境的特点，顺应其发展趋势，并在大环境中有所作为，是重中之重。为此，要充分认识到这样的时代环境所带来的机遇，并积极改善原有的不适合时代发展和人的发展所要求的教育模式与教育思维，高校研究生的思想政治教育要与时代接轨，与世界政治经济形势共同发展。

二、社会文化多元化凸显

（一）社会文化多元化的变化

文化多元化是指一个国家或民族在社会发展的过程中，在继承本民族的优秀文化基础上，兼收并蓄其他国家或民族的优秀文化，从而形成以本国或本民族文化为主，外来文化为辅的百家争鸣的和谐社会氛围。自20世纪80年代以来，随着经济全球化的不断发展，世界文化多元化已成为发展趋势，而信息时代所带来的各地区人们交往的便捷，既激发了人们对民族意识和对民族文化的认同感，也增加了人们对非本民族文化的理解。

文化多元化是一个社会开放包容的表现，多数学者对于多元化持积极评价。以前存在着"文化一元论"和"文明冲突论"，"文化一元论"认为文化有优劣之分，劣等、次要、落后的文化应该服从于优等文化的领导;"文明冲突论"则认为文化的多元化虽然是未来的大趋势,但由此带来的文化冲突不可避免,如美国学者亨廷顿即是其中的代表。这两种观点目前都存在较大诟病,更多的学者则选择了支持文化多元化,并给予积极的评价与富有建设性的意见。

(二)社会文化多元化变化的挑战和机遇

作为一个多民族、幅员辽阔的国家,中国本身具备文化多元化的社会基础。同时,我国历来就注重多元文化的并存与发展,早在春秋战国时期,我国就出现了"百花齐放""百家争鸣"的文化大繁荣。改革开放以来,进一步的思想解放以及各国文化思潮的涌进,使得我国文化多元化的走向更加明显了。然而,多元文化的激荡也容易带来一系列的问题:

第一,维护意识形态安全的问题。比如西方宗教的大规模传播,西方意识形态的逐渐渗入,传统封建迷信思想的卷土重来……我们需要的不仅仅是抵御一些腐朽、落后、带着敌意和入侵意识的文化意识形态,同时更重要的是要在全球文化软实力的竞争中保持优势,保护民族自身的文化传统。

第二,多元价值观选择的困境问题。价值体系的多元带来了价值冲突和道德相对主义,不断冲突的多元价值观带给社会主体的是价值选择的困难。而这一选择困难既使个人产生无所适从的感觉,也使学校思想政治教育陷入了与社会影响的巨大差距、矛盾和冲突之中。在价值观的冲突中,传统文化与现代文化、本土文化与外来文化的矛盾均显现。学校思想政治教育如何适应和超越社会精神结构的变迁,是一个值得关注的问题。

第三,道德失范问题。道德失范的产生,往往是随着旧有的道德观念和行为规范被普遍否定,因而逐渐失去对社会成员的约束力,而新的道德观念和行为规范尚未形成,不具有对社会成员的有效约束力,才使得社会成员的行为处在一种规范真空的社会状态中。从国际经验来看,经济的快速发展,在从传统社会向现代社会的转型过程中,通常都会出现由于社会结构变化所带来的道德失范,导致社会整体的道德水平出现大幅度的下滑,如美国历史上曾出现过四次较为严重的社会整体道德下滑。我国正处于经济高速发展和社会转型的时期,这也同样是容易带来道德失范和社会整体道德下滑的时期,必须加以警惕。

在研究生的思想政治教育工作中,文化多元化的影响同样包括积极方面和消极方面。积极性的影响在于,它对于学生的现代性塑造,主体意识增加,个性进一步完善,对于全面素养的养成有着积极而深刻的作用。消极性的影响则在于，由于主导性的意识形态及其权威受到挑战，容易导致集体性的信仰危机，产生心理失衡，以及出现道德失范的现象；多元化社会体系带来的价值选择上的困惑，容易导致一些学生产生迷茫、失去方向感，没有远大理想，或随波逐流，精神家园迷失，实用主义、享乐主义、个人主义、拜金主义在青少年中都有相当的影响。

因此，高校研究生的思想政治教育工作，必须积极面对多元文化社会带来的挑战，充分重视这个问题，根据现实情况来开展思想政治教育工作。为此，教育要注重从传统的一元式思想方法转变到多元式思想方法，从绝对论转变到相对论；要弘扬主旋律，坚持社会主义的核心价值观，保持社会主义的文化先进性；同时，也要加强理论建设，大力发展民族文化，竖立起文化自觉、文化自信、文化自强的意识。

三、大数据时代的来临

（一）大数据时代

人、机、物三元世界的高度融合引发了数据规模的爆炸式增长和数据模式的高度复杂化，世界已进入网络化的大数据（BigData）时代。[①] 随着网络技术、移动互联技术等信息技术的不断发展和移动通信、社交网络的不断普及，全球数据信息量爆炸式的增长，不管我们是否承认、是否接受，人类社会已经进入大数据时代。大数据，是指那些大小已经超出了传统意义上的尺度，一般的软件工具难以捕捉、存储、管理和分析的数据。[②]

大数据不仅掀起了信息技术领域的革命，也给当今社会各个领域带来了深刻的变革。英国牛津大学教授舍恩伯格认为，"大数据时代已经撼动了世界的方方面面，从商业科技到医疗、政府、教育、经济、人文以及社会的其他各个领域"。[③] 近年来，大数据引起世界各国及社会各界的高度关注，美国政府认为，大数据是"未来的新石油"，必将对未来的科技、经济及政治发展带来深远影响，并将对大数据的研究应用提升为国家战略。2012年3月22日，美国政府宣布投资2亿美元投资"大数据研究和发展计划（Big Data Re-search and Development Initiative）"，成为美国政府宣布

① 李国杰：《大数据研究的科学价值》，《中国计算机学会通讯》，2012年第9期。
② 刘辉：《大数据时代思想政治教育的微传播化》，《思想理论教育》，2014年第6期。
③ 维克托·迈尔-舍恩伯格，肯尼思·库克耶：《大数据时代：生活、工作与思维的大变革》，译者：盛杨燕、周涛，杭州：浙江人民出版社，2013年版。

"信息高速公路"计划后的又一次重大科技发展部署。

大数据的显著特点可以总结为"4V"，即 Volume（数量浩大）、Variety（种类繁多）、Velocity（快速生成）和 Value（价值巨大）。Volume（数量浩大），是指巨大的数据量与完整的数据信息。这是它区别于传统的小型、单一、孤立传统数据的特征之一。Variety（种类繁多）可以理解为在海量和种类繁多的数据中发现其内在关联或共性。与传统的数据库不同，大数据来源于多种渠道，多种行业，是一种综合性数据，不仅有传统的结构化数据，还包括网络数据、社交媒体中的视频、音频、文字、图片等多种半结构化数据、非结构化数据。Velocity（生成快速）是指生成速度快、实时效性强。Value（价值巨大），意味着在低密度的数据信息中获取巨大价值。数据往往以数据流的形式动态、快速地产生，具有很强的时效性，用户只有把握好对数据流的掌控才能有效利用这些数据。[①]

大数据不仅仅是一种技术，更是"一种价值观、方法论"[②]《大数据时代》的作者维克·托迈尔—舍恩伯格在接受人民日报采访时说："在我看来，大数据是一种价值观、方法论，我们面临的不是随机样本，而是全体数据；不是精确性，而是混杂性；不是因果关系，而是相关关系，这是一场思维的大变革，更是一个互动的过程——你可以用不同的角度不同的方式去做大数据，并得到不一样的结果与好处。"[③]

从大数据的特点可以推断，对于思想政治教育而言，大数据具有预测和隐形沟通的价值。大数据之"大"，其意义不仅在于其收集并传播了浩瀚无边的海量数据，更大的价值在于为拥有者提供了具有前瞻性和预见性的信息和知识。大数据时代，人们的思想、活动、社会关系都能以数据形式被完整有效记录，人的行为不再被视为偶然发生的独立事件，通过对大量数据的收集、整理和分析，查找出各种行为间相互依存、相互串联的内在关系，从而达到对个人行为规律、生活习惯、心智状况的判断和将要发生事件的预估。大数据时代，通过对用户在网络中留下的数据信息的整合分析，就可以与用户进行一种隐性的沟通对话，预测用户的需求，同时加以推送服务，从而达到不断满足用户需要的目的。这种深层沟通逻辑在沟通的实现方式上与传统的沟通方式发生了巨大变化，不仅提高了沟通效

---

① 李国杰，程学旗：《大数据研究：未来科技及经济社会发展的重大战略领域——大数据的研究现状与科学思考》，《中国科学院院刊》，2012年第27卷，第6期，第148页。

② 《寻找通往未来的钥匙》，人民日报，2013年2月1日。

③ 同上。

率，而且降低了沟通成本。

目前，"大数据"的概念及其价值更多的是被 IT 业和营销领域所关注和利用，但不可否认，随着大数据时代的不断深入发展，大数据的价值利用以及大数据技术的运用也将在教育领域得到充分体现，现已端倪初现：学生生每天使用的网络交流平台，经常登录的网页，以及下载使用、阅读的材料等数据，都会产生由音频、视频、文字、照片等构成的大量信息数据。因此，高校的大学生思想政治教育工作已经具备了大数据的特征。

（二）大数据时代对思想政治教育的挑战与机遇

大数据伴随着新媒体的发展进入了思想政治教育领域，特别是微信、微博、QQ、微视等新媒介的广泛应用，孕育了思想政治教育传播的变革。对于思维活跃、善于使用网络信息技术的研究生而言，大数据对其思维方式、思想观念、学习方法、行为模式等各方面都将产生巨大影响。作为处于大数据时代的思想政治教育工作者，面对大数据巨大的变革力量，我们必须思考，大数据对思想政治教育的挑战与机遇。

大数据时代，新媒体技术的快速发展使得信息的传播渠道变得丰富多样，呈现出信息传播平台多元化，信息传递时空限制被打破，研究生能更加快捷方便地获取各类信息，快速传播的碎片化、海量化信息充斥着各类媒体，这种信息传播的碎片化、海量化的特点在为研究生提供方便的同时，也极易导致他们在面对快速传播的海量信息时的茫然，从而被动接受。一方面，信息的开放性、共享性使得，大量带有消极、错误、腐朽思想观点的侵略信息充斥着学习生活的角角落落，与思想政治工作者所传播的价值体系、道德文化、意识形态产生严重冲突，影响了他们价值观念、道德信念的健康发展，稀释了思想政治教育的浓度，减弱了思想政治教育的效果。另一方面，信息传播平台的多元化，为获取信息带来方便的同时增加了网络管理的难度，对信息真实性的鉴别难度也进一步加大，使得思想政治教育舆论引导与控制难度增加，进而弱化了舆论引导在思想政治教育中的作用。最后，研究生在网络上留下的数据信息，很容易被别有用心者所收集和掌握，导致个人隐私的泄露，引发安全问题，这也为研究生思想政治教育增加了难度。

大数据时代，新媒体技术为思想政治教育带来挑战的同时，我们也应该进一步认识到其创造的机遇。一方面信息传播平台多元化和信息传播渠道的丰富多样性带来教育平台多元化，教育渠道变得更加畅通，教育内容和手段变得更为丰富多彩，大大拓展了思想政治教育的活动范围，进一步突破思想政治教育的时空限制，使思想政治教育更为及时有效。另一方面，有效利用大数据，思想政治教育者可以对研究生的特点、思想状态和需求进行有效判断和预估，针对不同教育对象的个性和需求，有的放矢地制定教育内容、教育策略，解决研究生的各种思想矛盾与问题，拉近与他们的距离，加深与他们的感情，使他们更加认可、理解和支持思想政治教育教育者并接受思想政治教育，实现教育的个性化与精准化，提高思想政治教育效率。思想政治教育工作者可以在短时间内完成思想政治教育内容、手段的收集、筛选工作，选择那些时代性强、教育意义强的思想政治教育内容和高效的教育策略，用以提高思想政治教育工作的时效性，体现思想政治教育工作的时代要求。

四、德育思潮的发展趋势

从 20 世纪中叶以来，全球范围内掀起了重视道德教育的思潮，其根本原因在于，由于经济的发展，世界历史的发展历程进入现代商业社会，而社会结构的变化，要求道德伦理结构也随之变化，旧的伦理道德体系已经不适应新的社会发展需求，因此探索新的伦理道德秩序，成为各国社会关注的焦点，无论是西方国家，还是东亚各国，都将道德教育提升到重要高度，道德教育也因此迎来了世界性的复兴。值得指出的是，在道德教育的复兴上，东西方走了截然不同的路径，西方复兴德性伦理，东亚各国则复兴儒家伦理思想。

1. 西方德性伦理的复兴

20 世纪 60 年代之后，西方德性伦理的复兴成为当代伦理学发展的前沿领域。德性伦理的复兴可以称之为"回到亚里士多德"。在亚里士多德的《尼可马可伦理学》中，其讨论的中心问题是关于品格的。关于"什么是人的善"的问题，亚里士多德的回答是"灵魂的活动合乎德性"。在亚里士多德的德性伦理中，伦理学的核心问题是成为有德性的人。而现代的德性伦理同样复兴了这一路径，在道德教育中强调人的好的德性的培养。自 20 世纪 60 年代以来，西方各主要资本主义国家，无论是地处北美的美国和加拿大，还是欧洲的英国、德国、法国等国，都纷纷掀起道德教育的热潮，各种道德教育流派也纷纷涌现，引起社会的广泛关注，同时也产生了世界性的影响。

西方德性伦理教育的复兴，很大程度是源自道德失范与社会整体道德水平的严重下滑。道德失范在工具书中的解释：指在社会生活中，作为存在意义、生活规范的道德价值及其伦理原则体系或者缺失或者缺少有效性，不能对社会生活和个人生活发挥正常的调节和引导作用，从而表现为社会生活和个人生活的失控、失序和混乱。道德失范表征出社会精神层面的某种危机和剧烈冲突，通常是社会急剧变革或转型时期的产物。百度百科对道德失范的解释：是指旧有的道德观念和行为规范被普遍否定，逐渐失去对社会成员的约束力，而新的道德观念和行为规范尚未形成，不具有对社会成员的有效约束力，使得社会成员的行为处在一种规范真空的社会状态中。

基于对道德失范的焦虑和社会整体道德水平滑坡的反思，亚里士多德的德性伦理才重新受到重视，西方各派道德教育理论才会不断涌现。其实质，是希望在当代的社会环境之下，重新建构适应于当前的伦理道德秩序，从而引导社会道德走出困境。旧的秩序已经坍塌，新的秩序逐渐建立，这才是社会道德走向健康发展轨道的根本保障。

2. 东亚各国儒家道德教育的复兴

东亚不仅是一个区域性的概念，也是一个历史性的概念，指以中华民族为中心的华夏文明所覆盖的中心地带以及这一文明所能够辐射到的周边地区，其中包括日本、新加坡等经济发达国家和中国香港、台湾地区。东亚各国道德教育的共同特点，是具有儒家文化的背景，在具有相对一致的历史文化传统的地域中建构起来的。而东亚道德教育的复兴，很大程度是儒家文化的复兴。因东方与西方无论是文化传统还是历史发展历程上，均有较大的差别，在现代化的进程中，完全照搬西方的模式和经验显然并非上策，只能在吸取西方经验的基础之上，实现具有东方特色的发展道路，道德建设也是如此，需要从挖掘本地区的精神文化资源着手。

儒家伦理道德教育的复兴，从中国台湾开始。台湾从 60 年代开始"中华文化复兴运动"，发起这场运动的当局者认为，伦理道德为淑世之本，其最具体的行为表征，就是忠、孝、仁、爱、信、义、和、平；其最重要的哲学基础是"仁"字，号召"守经知常，创新应变"。这一文化运动虽然带有很强的政治目的，但发掘中国传统伦理道德作为当代社会精神文明的安身立命之基，这样的思路，还是值得肯定。儒家伦理道德的建设，对于稳定社会人心，发展经济起到了良好的推动作用。

新加坡从 20 世纪 80 年代开始由政府主导的儒学复兴运动，其目的是抵制西方不良道德思想的泛滥，提升社会整体的道德水平。政府号召发扬儒家的传统美德，将"忠、孝、仁、爱、礼、义、廉、耻"八种美德作为治国之纲。政府重新编撰了中学的道德教育课本，引入了儒家的伦理思想和道德规范，并将儒家伦理思想与现代公民道德教育结合。这一以儒家伦理为核心的道德教育取得了丰硕的成果，同时得到世界范围内的广泛认可。

韩国自经济发展之后，也重视德育教育，韩国德育最突出的功能是保持和传递儒学思想。不仅在家庭教育、幼儿教育中就开始灌输有关儒学的观念，更进一步的，中学的"国民伦理"课，系统讲授儒家伦理，引导学生重视道德修身，传播儒家的忠孝思想和互相团结的精神。同时，强调儒学与社会实践相结合，在社会活动中实践儒家伦理，把儒学融入民族的潜意识之中。

在中国，文化保守主义的文化纲领是"儒学复兴论"，这较早可追溯到梁漱溟的《东西文化及其哲学》。而自新文化运动完成了意识形态的构造之后，中国进入意识形态主导的激进革命时代。以儒家为本的传统的价值、信仰，士绅主导的社会结构，以及产权、经济体系，逐渐走向解体。自 20 世纪 80 年代后，受新加坡等东亚邻国的影响，儒学在中国本土重新受到评估和审视。而改革开放之后，中国社会进入迅猛的经济发展时期，经济的高速发展，同样带来了西方各国和东亚邻国所经历过的道德困境。重新审视儒家思想，成为历史的必然，但儒家伦理道德思想如何适用于当代的环境，在知识界中引起了较大的争论，"儒学复兴论"与"儒学已经过时"的论调针锋相对。但儒学受到较大的关注，同时民间出现国学热，则是不争的事实。

3. 全球伦理运动与道德教育的国际化

对任何一个国家和地区来说，德育都不是单纯的教育行为，而是受到特定的政治、经济等形式制约和民族文化传统的影响，也因此而表现出较大的差异性。但是，随着高科技信息时代的到来，这种差异性正在日益缩小。人类遇到的是越来越多的共同社会道德问题，如环境危机等，已超越国界，成为全人类共同关注的课题。德育的国际间互补，即是这种差异性在逐渐缩小的表现。

随着经济全球化的进程加快，世界范围内的全球化、一体化趋势，反映在伦理道德思想上，则是全球伦理运动，以及与此相应的"全球伦理""普世伦理"论调的产生。全球伦理运动的发起人是德国神学家孔汉思，代表性事件是他于 1993 年向芝加哥世界宗教会议提交《走向全球伦理宣言》。随着全球化的进一步加深，包括全球伦理、普适伦理在内的伦理运动的影响甚深远。尽管孔汉思所倡导的"全球伦理"带着鲜明的基督教伦理的诉求，但其所内涵的伦理文化全球化的倾向，则值得重视。以万俊人为代表的国内学者，则以"普世伦理"来代替"全球伦理"。普世伦理，可以说是 20 世纪 80 年代中国学术界一个重要的理论追求，90 年代以来更成为一个讨论热点。由此可见全球伦理运动对于中国学术界的影响。同时，他认为：全球伦理运动并不是主张通过纯粹实践理性的某种哲学推导，为全人类建构一种具有普遍意义的底线伦理主义，而是自觉地立足于以多样性为根本特征的人类文化生态，采取在客观的精神事实中归纳、综合的进路，试图通过对话的模式，在各大宗教中找到有关人类生活的伦理共识。

汤一介则认为：在讨论到民族与民族、国家与国家关系问题时，其伦理问题就不仅仅是个人伦理问题了，而是政治伦理、社会伦理、经济伦理和环境伦理等等问题。我认为，在这方面，各个民族都应可以从其伦理观念中找到有益于解决当今人类社会存在和发展的资源。①

全球化包括经济、文化、政治等等的全球化，而全球伦理运动是全球化的一个侧面。从全球伦理运动可见，伦理道德教育的国际间互补，是一个大的发展趋势。可以从世界各民族的伦理观念中，找到有益于解决当今问题的途径。这样的思路，其实质是全球范围内伦理资源的相互整合。

五、培养目标的新要求

新中国成立 60 年来，我国的研究生教育的培养目标经历了较大的调整与变化。1953 年高等教育部发布的《高等学校培养研究生暂行办法（草案)》，明确研究生教育的培养目标是补充高等学校师资和科学研究人才，因此当时的研究生被称为"师资研究生"。1981 年开始实施的《中华人民共和国学位条例》对硕士学位获得者的定位是"具有从事科学研究工作或担负专门技术工作的初步能力"，对博士学位获得者则强调"在科学或专门技术上做出创造性的成果"。无论是新中国成立初期还是"文革"后，对研究生的培养都存在偏重科研和专业素质的倾向。

当前阶段的研究生教育被认为是培养高层次创新人才的重要途径，创新能力成为研究生素质培养的关键因素。国务院于 2004 年 3 月发布的《2003—2007 年教育振兴行动计划》中，提出要推进"研究生教育创新计划"，提出要通过推动研究生教育观念、体制和运行机制的创新等各项措施，鼓励并资助研究生科研创新，促进研究生教育与生产劳动和社会实践紧密结合，提高研究生培养质量，促使拔尖创新人才脱颖而出。

教育部发布的《2014 年全国硕士学位研究生招生工作管理规定》，对

① 汤一介：《全球伦理与"文明冲突"》，《北京行政学院学报》，2003 年 2 月 10 日。

于招生对象的规定：掌握本学科坚实的基础理论和系统的专业知识，具有创新精神、创新能力和从事科学研究、教学、管理等工作能力的高层次学术型专门人才以及具有较强解决实际问题的能力、能够承担专业技术或管理工作、具有良好职业素养的高层次应用型专门人才。①

创新能力是建立在综合素质全面提升的基础之上。有不少学者指出，我国当前研究生创新能力不强在很大程度上受到其自身综合素质的影响，这种影响具体体现为理论基础不够扎实、知识面过于狭窄、只注重知识积累而忽视知识创新，缺乏实践能力的锻炼，科研能力不强，人格建构不完善，学术道德失范等方面。一些学者也注意到，理工科专业的研究生普遍存在人文素养的欠缺，这使得他们在走向更深的研究领域时受到了限制。如何松青等认为，长期以来对人文素质教育的重视不够，制约了医学专业研究生综合素质的提升，而当代医学模式实现了生物医学模式向生物—心理—社会医学模式的转变，人文素养的缺失将成为制约医学专业人才发展的瓶颈。②

因此，要培养研究生的创新能力，必须提升研究生的综合素质，包括增强知识底蕴、强调社会实践能力训练、提升思想政治素养和人格修养等方面。研究生综合素质测量项目包括：科研与专业素质、思想政治素质、实践能力等，详见表2-4。通过表2-4也可以看出，研究生培养目标从原来的单纯强调科研与专业能力，变为专业能力、思想政治素质与实践能力并重。由此，思想政治素质在研究生培养目标中占据了重要的位置。

表2-4　研究生综合测评指标体系

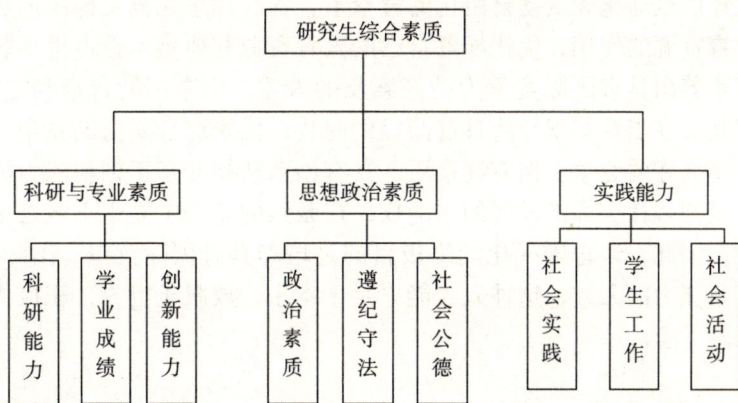

---

① 教育部：《2014年全国硕士学位研究生招生工作管理规定》。
② 何松青等：《论新时期医学专业研究生综合素质培养》，《华夏医学》，2010年第10期。

第三节 研究生思想政治教育的新使命

一、研究生思想政治教育的时代使命

（一）经济全球化的客观要求

进入新世纪后，伴随经济全球化而来的国际化趋势，是大势所趋。随着全球联系不断增强，人类生活在全球规模的基础上发展及全球意识的崛起，带来了世界政治经济格局的巨大变化，其影响包括积极影响和消极影响。不同的学者对此有不同的认识，但无论对此持何种观点，充分考虑到全球化所可能带来的影响并积极应对，则是毋庸置疑的正确态度。

教育国际化是指在世界经济全球化、贸易自由化的推动下，在国际教育贸易市场开放的前提下，教育资源在国际间进行配置，教育要素在国际间加速流动，教育国际交流与合作日益频繁，世界各国教育相互影响、相互依存的程度不断提高，各国教育相互交流，相互竞争，相互包容，相互激荡，共同促进世界的繁荣和发展，各国在人才培养目标的确定、教育内容的选择以及教育手段和方法的采用等方面不仅要满足来自本国、本土化的要求，而且要适应国际间产业分工、贸易互补等经济文化交流与合作的新形势。[①]

在经济全球化和贸易自由化的背景下，各国都想充分发挥国内和国际两个教育资源的作用，优化配置自己的教育资源和要素，抢占世界教育的顶点，培养出具有国际竞争力的高素质的人才，为本国的自身利益服务。众所周知，在当今知识经济日益凸显的时代，国家综合实力的竞争，归根到底就是人才的竞争。拥有高素质、具有创新精神和富于创新能力的人才多寡，是把握社会经济发展的主动权，在激烈的竞争中立于不败之地的根本条件。因此，教育国际化的终极目的是培养具有国际意识、国际视野、国际竞争能力的人才，这种人才能立足于本土，放眼于世界，积极主动地参与国际竞争。

---

① 张建仁：《关于教育国际化若干问题的思考》，《新疆师范大学学报（哲学社会科学版）》，2003 年第 9 期。

联合国教科文组织编写的《教育：财富蕴藏其中》一书中①，提出了教育从基层社区走向世界性社会的命题，充分考虑了人类活动的全球化对于教育的影响。"在人类活动的全球化"一节中，该书阐述：

在过去 25 年中，首先是在经济方面出现了全球化的现象。信息技术的进步加快了金融市场放开价格和打破分隔状况的步伐，很快便使人们感到这些金融市场再也不是由几个大的金融市场统治的巨大的世界资本市场内的一些相互隔离的封闭市场。所有的经济从此都得依赖于规模越来越大的大量资本的流动，即大量资本根据利率差别和对经济前景的投机性预测，一转眼便从一个金融市场转入另一个金融市场。这些全球性金融市场按照其自己的逻辑，注重短期行为，不再是仅反映某个特定国家的经济困难，而且有时似乎是按照自己的逻辑决定着各个国家的经济政策。

全球化发轫于经济领域，却不止于经济，而是从各个方面深刻地影响了人类社会，同时也带给教育以极大的影响。因此，联合国教科文组织对于全球教育发展的号召，是要求教育要充分认识到局部与全球的关系，教育要以"了解世界，了解他人"为目标。

联合国教科文组织由此提出：

教育在建设一种更加团结一致的世界方面负有特殊的责任。委员会认为，教育政策应有力地体现这种责任。教育应当有助于一种可以说是新型的人道主义的产生，这种人道主义应有主要的伦理标准并十分注重了解和尊重不同文明的文化和精神价值，这是对只从经济主义和技术主义观点理解全球化的必要的抗衡力量。归根结底，享有共同的价值观和共同命运的意识，是一切国际合作项目的基础。②

在全球化的影响下，人才的国际性流动与竞争日趋激烈，教育也向着国际化转型。由此带来了学校思想政治教育工作的挑战。邓小平同志早在1983 年就提出"教育要面向现代化，面向世界，面向未来"的方针。改革开放 30 年来，教育面向世界已经成为实际的需要。尤其是进入 21 世纪以来，国际化在政治、经济、文化等领域的影响促使教育发生全面变化，对教育发展战略、教育体制、教育观念等各方面都产生深刻影响，给各国人才培养的标准、方式和内容都带来巨大冲击。

国际化趋势下人才市场的范畴将一再扩大，不再局限于某个高校、某

---

① 联合国教科文组织总部、联合国教科文组织总部中文科编：《教育：财富蕴藏其中》，教育科学出版社，1996 年版。

② 同上。

个地区、某个国家内部，人才之间的竞争也愈发激烈。如何全方位地培养人才，使之在面对现实的开放、宏观、整体的社会竞争时能够发挥自身的比较优势，是当前各高校亟须思考的问题。此时人才培养的标准不再因各国国情的不同而五花八门，而是伴随着国际化趋势下的一种趋同，集中于思维能力、写作能力、判断鉴别能力、道德与伦理水平和专业水平等方面。

高校思想政治教育工作必须敏锐把握当前的形势和问题，深刻理解受教育群体的时代特征，深入研究思想政治教育工作的发展性、实践性、开放性和示范性等特征，及时调整更新教育内容、教育方式和教育理念，并从加强国际交流、增强实践教学、强化网络引导和实现师生平等互动等方面不断努力，实现高校思想政治教育工作创新发展。

（二）构建社会主义核心价值体系的要求

价值体系（value system）是一个民族在一定时代、一定社会中形成和发展起来的，是时代社会意识的集中反映。价值体系是一个整体系统，包含着丰富的内容和诸多要素，如指导思想、理想、信仰、信念、价值取向、价值评价等。当一个社会中存在多种价值体系时，就有可能形成一种主导价值体系，并以它为统领，建立和形成这个社会的价值体系。

社会主义核心价值体系是党的十六届六中全会首次明确提出的一个科学命题。2006年10月，党的十六届六中全会明确提出要建设社会主义核心价值体系，在全社会引起了广泛关注。社会主义核心价值体系包括四个方面的基本内容，即马克思主义指导思想、中国特色社会主义共同理想、以爱国主义为核心的民族精神和以改革创新为核心的时代精神、以"八荣八耻"为主要内容的社会主义荣辱观。

社会主义核心价值体系在中国整体社会价值体系中居于核心地位，决定着整个价值体系的基本特征和基本方向。社会主义核心价值体系为全体社会成员判断行为得失、做出道德选择、确定价值取向，提供了基本的价值准则和行为规范。更进一步的，社会主义核心价值体系为广大青年学生树立了道德价值标准，学习社会主义核心价值体系，可以了解到当前社会主义的道德标准和价值取向，了解应当反对和抵制什么。

2010年7月所发布的《国家中长期教育改革和发展规划纲要（2010—2020年）》，提出将社会主义核心价值体系融入国民教育全过程研究，主要研究内容包括：以社会主义核心价值观为统领的、适应时代发展的德育理念与整体思路；国际社会德育理念与实践的发展趋势；整合知识、能力、情感态度价值观的课程德育；德育社会实践基地和机制建设；重视实践经历的德育评价；体现育人特色的现代学校管理与制度体系；以德育专业化为目标的教师队伍建设。

2012 年 11 月，中共十八大报告再一次提出："要深入开展社会主义核心价值体系学习教育，用社会主义核心价值体系引领社会思潮、凝聚社会共识。""倡导富强、民主、文明、和谐，倡导自由、平等、公正、法治，倡导爱国、敬业、诚信、友善，积极培育社会主义核心价值观"①，第一次明确提出了"三个倡导"的社会主义核心价值观。

2013 年 12 月，中共中央办公厅印发《关于培育和践行社会主义核心价值观的意见》，明确提出，以"三个倡导"为基本内容的社会主义核心价值观，与中国特色社会主义发展要求相契合，与中华优秀传统文化和人类文明优秀成果相承接，是我们党凝聚全党全社会价值共识作出的重要论断。要"把培育和践行社会主义核心价值观融入国民教育全过程"，要"坚持育人为本、德育为先，围绕立德树人的根本任务，把社会主义核心价值观纳入国民教育总体规划，贯穿于基础教育、高等教育、职业技术教育、成人教育各领域，落实到教育教学和管理服务各环节，覆盖到所有学校和受教育者，形成课堂教学、社会实践、校园文化多位一体的育人平台，不断完善中华优秀传统文化教育，形成爱学习、爱劳动、爱祖国活动的有效形式和长效机制，努力培养德智体美全面发展的社会主义建设者和接班人。"②

研究生作为当代青年学生中的佼佼者，是我国的现代化事业的中坚力量。加强研究生的思想政治教育，既是高校思想政治教育的重要环节，也是构建社会主义核心价值体系的需要，更是培育和践行研究生的社会主义核心价值观的需要，具有重要意义。为此，要坚持从基本规范抓起，鼓励青年学生从一点一滴的小事做起，把价值认同实践体现到日常生活、社会交往之中，在完成学业的同时，为家庭谋幸福、为他人送温暖、为社会做贡献，增强价值认同，养成良好习惯，形成与社会主义市场经济相适应、与社会主义法律规范相协调、与中华民族传统美德相承接的人生观与价值观。

（三）高等教育及研究生教育体制发展的要求

进入新世纪后，我国高等教育改革发展的大趋势，从国务院发布的两

---

① 中共中央办公厅印发：《关于培育和践行社会主义核心价值观的意见》，《党建》，2014 年 1 月 1 日。
② 同上。

部重要文件：1999 年发布的《面向 21 世纪教育振兴行动计划》和 2004 年发布的《2003—2007 年教育振兴行动计划》中可以看到。

《面向 21 世纪教育振兴行动计划》提出要实施高层次创造性人才工程，加强高等学校科研工作，积极参与国家创新体系建设。高等学校要紧跟国际学术发展前沿，成为知识创新和高层次创造性人才培养的基地；要重视培养高层次创造性人才的团结、协作和奉献的精神；要造就一批具有世界先进水平的中青年学术攻坚人才，使高等学校知识和技术创新基地尽快取得创新成果。

2004 年发布的《2003—2007 年教育振兴行动计划》，又进一步提出了"建设世界一流大学和高水平大学"的重大决策，以增强高等教育的综合实力。对于高等教育的发展，提出了四个计划：首先是加大实施"高层次创造性人才计划"力度；其次是推进"研究生教育创新计划"；再次是启动"高等学校科技创新计划"；最后是实施"高等学校哲学社会科学繁荣计划"。

为创新型国家的建设培养高层次高素质的创新人才，是大学的责任；而研究生教育在培养高层次人才中承担了重要的责任和使命，培养具有国际竞争力的世界一流人才，研究生教育是其中的重要阶段。随着高等教育向着大众化阶段的发展以及沿着创建国际一流大学方向的积极努力，研究生教育日益受到重视，研究生招生规模的不断扩大，生源结构和学科结构的不断调整，以及研究生教育多元化的发展趋势，也给研究生教育管理工作，特别是思想政治教育工作带来了新的挑战。

高校作为"知识人才的集散地"，其精神文明建设的内容包括思想政治建设和科学文化建设两大部分，其中思想政治建设是核心，是科学文化建设的方向保证和动力保障。高校学生尤其是研究生的思想政治教育，是高校精神文明建设的重大任务。思想政治教育是人才培养的关键。思想教育是关于精神状态、情感倾向和心理健康的领域，也是高校人才培养工作的主线。要坚持育人为本、德育为先的原则，德才兼备，培养研究生不但具有较高的专业素质与专业技能，还必须具备良好的综合素质，尤其是思想政治素质。

二、研究生思想政治教育的重要作用

（一）在研究生教育体系中的地位

研究生教育是高等教育人才培养的最高层次，是我国社会主义现代化建设高层次人才培养的重要来源。而研究生思想政治教育，是研究生教育的重要组成部分，在研究生的全面培养中具有不可替代的作用。

随着研究生教育的不断发展，各级研究生教育主管部门和研究生培养单位重视研究生思想政治教育工作，采取了一系列措施，加强研究生党建工作，改进马克思主义理论教育工作，建立和完善导师工作制度，研究生思想政治教育工作得到不同程度的加强和改进，积累了许多有益的经验。

然而，研究生思想政治教育工作仍然存在着一些问题和困难。一些培养单位在思想上，还没有把研究生思想政治工作放到应有的重要位置，存在着重视业务素质培养，忽视或轻视思想政治素质培养的现象，研究生政治思想素质的培养工作不够落实；对新形势下研究生思想政治教育工作的任务、特点和规律还缺乏足够的认识，在工作的科学性、针对性和实效性上还存在明显的不足；研究生思想政治教育工作体制有待进一步改进，教育工作队伍建设有待进一步加强。①

（二）在提升研究生培养质量上的作用

从总体上看，当前研究生思想政治素质是好的。广大研究生热爱社会主义祖国，拥护党的基本路线，努力学习，积极进取，思想主流积极向上。但是，与国家对研究生培养工作的要求以及研究生在我国高等教育人才培养工作中的特殊重要地位相比，部分研究生的思想政治素质状况还存在明显差距。同时，社会上各种错误思潮和腐朽思想文化对研究生思想的冲击和影响也不可低估。为此，也有小部分研究生的理想、信念动摇，对社会主义的前途信心不足，一些人文社会科学专业的研究生学术观点和倾向不健康；还有的研究生社会责任感差，思想境界不高，过分看重和追逐个人利益；有的研究生精神空虚，在各种封建迷信活动中寻找寄托；还有的研究生不注意加强个人道德修养，缺乏艰苦奋斗、脚踏实地，为攀登科学高峰献身事业的精神，等等。这些问题虽然只是支流，但必须予以足够的重视。

（三）在实施"科教兴国"战略中的作用

当前，科学技术突飞猛进，知识经济已见端倪，国力竞争日趋激烈，我国正处在建立社会主义市场经济体制和实现现代化战略目标的关键时期。新的形势对加强和改进研究生思想政治教育工作既提供了难得的历史

①"关于加强和改进研究生德育工作的若干意见"，《中华人民共和国国务院公报》，2000年29期。

机遇，也提出了新的更高的要求。从国际环境看，经济全球化和世界政治格局的新变化，各种思想文化潮流间的相互激荡，西方国家通过多种途径对我国的思想和文化的渗透日趋激烈，特别是西方敌对势力对我"西化""分化"的企图从未停止，这些大大增加了我国高校研究生思想政治教育工作的难度。从国内环境看，我国正处在改革的攻坚阶段和发展的重要时期，社会情况发生了复杂而深刻的变化，使研究生思想政治教育工作面临大量新情况、新问题；同时，我国高等教育事业的迅速发展以及高校内部管理体制改革的深化德育工作，应当从建设中国特色社会主义事业的战略高度、从实施科教兴国战略的高度出发，深刻认识到加强研究生思想政治教育工作的重要性和紧迫性，全面提高研究生的思想政治和科学文化素质。

第三章 新形势下研究生思想政治状况与思想政治教育存在的问题分析

　　研究生思想政治教育作为引导研究生超越思想政治素质之"实然"趋于更高境界的活动，在教育实践过程中，一方面，应考虑到政治、经济、文化等社会生活各要素对教育的影响，另一方面，更应该准确把握研究生思想政治素质现状。换言之，现实的研究生思想政治素质状况应该作为教育实践活动的出发点。因为，只有从具体的研究生思想政治状况出发所确立的教育体系，方具有现实的客观依据和明确的针对性。要使研究生思想政治教育体系科学合理的运行，就必须关注社会现实生活而不是仅仅局限于抽象的概念和晦涩的理论，就不能只是将目光聚焦于理论研究成果上而对研究生的思想政治状况缺乏必要的关注。究其因有二：首先，我们所进行的研究生思想政治教育体系的建构是在当前形势和研究生思想政治现状这一背景下进行的，研究的是新形势下研究生思想政治教育实践行为之"应然"，无论是借鉴西方的研究成果，还是关注中国优良的传统文化，都是为了服务于中国当下的研究生思想政治教育。其次，必须在分析研究生思想政治状况存在问题的过程中寻找解决思想教育问题的办法，研究生思想政治教育价值体系和行为规范之"药"只有对研究生思想政治问题之"症"，才能收到理想的"疗效"，可以相信，只有这种基于当前思想政治教育现状所确立的研究生思想政治教育体系，才可能因其具有现实的合理性而把握研究生的特质，从而成为他们思想政治活动的航标。

　　当代的青年学生出生在改革开放年代，成长于社会转型时期，作为教育对象而言，与之前的历史阶段相比，当代学生的心理状况、思想状况都发生了很大变化，尤其是互联网等信息工具的普及使用，青年学生接收信息、学习知识、休闲娱乐的方式都发生了很大变化，思想活动的独立性、选择性、多变性和差异性明显增强。研究生群体作为这一群体的重要组成部分，也具有较强的特点，在思想政治教育领域里，对于这一不同于小学、中学和大学本专科阶段的特殊的教育对象，也需要认真分析其特点，了解其思维模式与行为模式，从而为对这一群体进行全面而正确的评价奠定基础。

第一节 研究生思想政治状况存在的主要问题

为了准确了解和把握研究生思想政治现状，本次调查采取以问卷调查为主，个人访谈为辅的调查方法。因受时间和经费问题的制约，调查对象选取在宁高校在读研究生，调查样本为随机抽取。本次调查共发放问卷1000份，收回有效问卷808份，回收率为80.8%。调查对象从学科上划分涉及了除军事学外的12个学科门类的研究生。

本次调查数据处理，采用SPSS统计软件对回收的所有有效问卷进行统计分析。由于调查的样本集中在江苏南京，地域上有所局限，为了弥补其不足之处，笔者还借助了文献研究法，将2000年以来涉及研究生思想政治状况调查的文章及相关数据进行收集整理，与本次调查结果做对照比较，从而在比较与分析、归纳与演绎、经验与思辨的基础上进行综合考察。文中所使用的数据除特别说明外，均为本人调查统计的结果。

调查结果显示，作为精英群体，当代研究生的主流思想道德状况是好的，大多数研究生思想积极向上，他们拥护党的路线、方针、政策，爱祖国、爱人民、爱社会主义，能充分认识到自己在建设中国特色社会主义中的地位和作用；他们思想解放，洞察力敏锐，具有勇于开拓和创新的精神；他们尊敬师长，勤奋好学，渴望成才；他们中的多数人已光荣加入中国共产党。但客观地说，这个群体也不是完美无缺的，我们在调查中发现，当代研究生思想道德中也存在着一定的问题，比如：在市场经济和就业市场的驱动下，研究生的生源趋于多样化，入学动机复杂化，其中，为了就业、升迁、名利和改善待遇者占有一定比例，培养过程中也就表现出依赖、安逸、浮躁、抑郁的心理；面对竞争、经济、情感等方面的压力，一些研究生在人生观、价值观取向上出现偏失；部分研究生读书动机功利、学术道德腐败、政治理想淡漠、言行举止粗俗，有的甚至走上犯罪道路。

一、价值取向多元化

在关于人生价值观的调查中，有54.7%的人认为"人生的价值在于奉献"；82.8%的人认为"人生价值在于赢得社会的承认和他人的尊重"；

14.2%的人认为"拥有财富的多寡，标志着人生价值的大小"。关于"奉献"和"回报"关系的调查，只有31.5%的同学仍然信仰"为国家、社会做奉献应该是大公无私的，不应谈回报"，13.8%的人认为"奉献是为了更多的回报"，54.7%的人认为"为国家和社会做奉献的同时应该得到回报，不能无条件奉献"。

据"九五"学位与研究生教育重点研究课题——"市场经济条件下研究生德育工作内容、方法和规律的研究"课题组对全国29所高等院校的1600名研究生进行的一次关于研究生人生价值观的调查，在考研目的选项中，首选"完善知识结构，提高自身价值"的高达61.6%，首选"为了振兴祖国"的为19.3%，首选"为了调换环境"的为7.1%，首选"为了改善生活"的占4.7%。对择业所考虑的因素中，"经济收入为最重要"的高达76.6%；同时也"看中工作环境"的占55.4%。

在问及"当个人利益与集体利益、国家利益发生矛盾时"的态度时，51.5%的研究生认为应该以国家利益、集体利益为重，39.1%的研究生认为应该"两者兼顾"，还有9.5%的研究生认为"会以个人利益为重"。

以上调查表明，当代研究生价值观的主流是把价值取向定位在义利并重、个人和社会相结合的层面上，他们积极寻求一种既符合社会标准，又能满足自身需要的价值目标。他们追求的是自我价值和社会价值的和谐与统一：一方面他们有为社会、为集体做贡献的追求，另一方面他们也要求社会和集体尊重、保护、发展他们个人的正当利益，并为实现其个人的正当利益创造条件。

对幸福观的调查中，对"你认为幸福人生必不可少的是什么"，被调查者首选为"充足的经济和物质保障"，选这一项的有43.7%，其次的选择依次为：24.5%选择"美满的家庭"，15.6%选择"较为突出的事业成就"，16.2%选择"较高的社会地位"。这说明，一方面是研究生普遍认为物质条件是实现幸福生活的基本前提，另一方面，经营好家庭也受到充分的重视。事业成就和社会地位则排到末位，说明这两个条件并不被认为是实现幸福人生的基本前提条件。

对于金钱问题，绝大多数研究生赞成"钱不是万能的，没有钱是万万不能的"这一说法。我们也应该看到有的研究生在价值观念的取向上趋于实惠，"一切向钱看"的思想滋生，见利忘义、逐利弃义之举增多，拜金主义、享乐主义和个人主义倾向仍然存在并有蔓延之势，对金钱物质和自我感官享受的追求得到部分研究生的认同。不少学生认为干活就是为了挣钱，因而他们在择业时把收入高放在第一位。

以上数据表明，以社会本位、集体本位为基本内核，以充分发挥个人聪明才智、重视个人利益为必要条件，与社会主义市场经济相适应的价值观正在当代研究生中逐步形成。然而在社会主流价值观尚未形成"道德共识"的情况下，拜金主义、享乐主义和个人主义对青年研究生的道德观、价值观的消极影响还严重存在，切实加强对他们的教育引导，防止拜金主义，享乐主义和个人主义对他们的"感染"就显得非常重要。

总结以上，当代研究生价值观的主流是把价值取向定位在义利并重、个人和社会相结合的层面上，他们积极寻求一种既符合社会标准，又能满足自身需要的价值目标。他们追求的是自我价值和社会价值的和谐与统一。以社会本位、集体本位为基本内核，以充分发挥个人聪明才智、重视个人利益为必要条件，与社会主义市场经济相适应的价值观正在当代研究生中逐步形成。然而在社会主流价值观尚未形成"道德共识"的情况下，拜金主义、享乐主义和个人主义对青年研究生的道德观、价值观的消极影响还严重存在。在处理个人利益和国家利益、集体利益、他人利益的关系上，当代研究生是这样一种现状：他们对国家利益表现出服从和效忠的态度，把国事看成大事，把忧国忧民看成是一种崇高的道德价值，但是，他们不仅站在国家利益的角度来评价社会，也站在个人立场上来评价国家；在个人与他人的关系上，多数研究生认为不应该损害他人利益，同时，关心自己也并不被研究生认为是坏事；当代研究生对所在集体的关心程度则偏低，需要加以良性引导。

二、部分研究生社会责任感缺失

责任感作为一种道德情感，是一个人对国家、集体以及他人所承担的道德责任。社会责任感则是在一个特定的社会里，每个人在心里和感觉上对其他人的伦理关怀和义务。社会并不是独立个体的集合，而是由不同个体组成的不可分割的有机整体。所以个体成员一定要有对其他人负责、对社会负责的责任感，而不仅仅是为自己而生活。

一个有社会责任感的人，具备三点品质：坚持道德上正确的主张；坚持实践正义原则；愿为他人作出奉献和牺牲。研究生作为社会培养的专业知识分子，能否树立牢固的社会责任感，不仅关系个体理想信念的实践，更与国家前途和民族命运相关。

相对其他道德意识和道德情感来说，当代研究生的社会责任感显得较为淡薄。调查显示："对研究生所担负的历史责任的认识"，选择"研究生是高层次人才，应该担负起时代所赋予的历史责任"的只占52.6%，选择

"理论上应该担负起历史责任，但实际上并不一定能够实现"和"只要能管好自己就行，担负不起时代赋予的历史责任"的共占47.4%。

从问卷调查来看，集体责任感的淡化是研究生群体存在的主要问题。研究生对集体的认同率较低，对于院系、班级开展的集体活动能踊跃报名积极参加的并不多，少数学生甚至对此毫无兴趣。虽然他们也承认要兼顾集体、个人利益，但在内心深处更注重个人利益的实现和保障。因此，培养集体认同感和集体归属感对增强研究生集体责任感甚为重要。

责任感淡薄还表现在对待爱情和家庭的态度上。对于婚前性行为的调查，59.8%的人选择了"赞同"，25.0%的人选择了"视情况而定"，只有15.2%的人选择了不赞同。说明当前的研究生普遍在婚前性行为上持宽容态度，主观意愿上并不反对。在婚恋的忠诚度问题上，关于是否对伴侣有过不忠行为，有28.7%的人选择了"曾经有过"，58.7%的人选择了"完全没有"，另有12.6%的人选择了"尚未有过恋爱经历，不回答"。有将近1/3的受访者承认自己曾经对伴侣有过不忠行为。由此可见，由于当代研究生生理早熟、自制力欠缺、情感单纯，他们往往忽视对他人及对社会的道德责任，而过分看重其个人的需求。研究生恋爱期间发生同居等婚前性行为已是一个较为普遍的现象，这说明研究生爱情的随意性、享乐性增强，恋爱的文明程度下降，缺乏应有的责任感。

对于已经步入成年阶段的研究生而言，家庭责任感的心理准备不够充分。

也许是由于求学阶段较长，家庭生活较为缺失，与自己原生家庭的关系也不够紧密，而家庭责任感本是在长期的家庭生活中形成了对自己与家庭关系的感性认识，进而萌发出对家庭的责任感。如果与原生家庭的关系疏远，必然会对家庭的感性认识缺乏，从而导致对未来需要承担的家庭责任感的心理准备不够充分。

他人责任感多被忽略，也是研究生群体存在的一个较为严重的问题。广泛地承担对他人的责任这是当代人必须具备的品质之一。研究生由于个人自主性的增强，往往倾向于夸大与他人之间的对立和冲突，而对自己和他人之间的相互依存、密切联系的认识却相对不足。因此，在追求实现个人目标的过程中，研究生群体往往忽略甚至排斥他人的存在，不关心他人，对他人的要求也比较苛刻。人际关系利益化的倾向势必影响对他人责任的践履。所以，研究生群体的利他责任感有待培养和加强。

三、道德认知与道德行为的不一致

道德认知是道德行为的基础和前提，没有道德认知的行为不具有道德意义，而脱离道德行为的道德认知也没有实际价值。道德认知与道德行为的统一，是一个人道德人格状况的重要标志。当代研究生的道德认知和道德行为在总体上是令人满意的，但是却存在知与行不统一的问题。道德认知水平明显高于道德行为的规范程度，知与行不统一，部分道德认知没有转化为道德行为，在道德人格中没有起到应有的作用。

调查显示，研究生思维开阔，文化层次较高，对社会提倡的公德规范的认知程度也较高。但是他们对道德规范的遵从却缺乏应有的自律性，道德素养较差，出现知行脱节的现象。一方面他们重视道德知识的积累和提高，有较高的道德意识，常常抱怨他人的不文明言行，对社会丑恶现象深恶痛绝；另一方面却在自身的道德实践，尤其是在日常生活中放松对自己的要求，自我约束不够，起伏波动较大。如研究生都希望建立一个互相关心、互相爱护、互相尊重的理想人际关系，可在日常生活中却以自我为中心，要求人人为我，却不愿我为人人。大多数研究生都讨厌自私自利的人格品质，但只有很少一部分人承认大公无私品质的重要性。有的研究生对见义勇为的英雄赞叹不已，可身处其境时却袖手旁观，明哲保身。有的研究生叹息中国人素质不高，自己却在墙壁上乱踩乱踏，在课桌上乱刻乱画，随地吐痰，乱丢纸屑，乱倒脏水污物，缺乏良好的卫生习惯。在恋爱目标上，研究生希望追求真正的爱情和永久的情谊，但在实际过程中却只重视漂亮的外表和恋爱频率，"只求今日拥有，不求天长地久"。更有的因失恋而失德。有的研究生赞成勤俭节约、艰苦奋斗的精神，但在生活中，却追求享受，抽好烟、喝名酒、穿名牌，不爱惜粮食，浪费水电等等。这些都说明在当代研究生中存在着较为严重的道德认知与道德行为之间的脱节。

四、科研学术道德有待提高

"学术道德"是科学工作者从事学术活动所应该遵循的道德规范和准则，是研究生思想道德体系中的重要内容。据有关调查显示，博士研究生和硕士研究生对导师课题的参与比例分别高达 93.6% 和 94.3%；导师对博士研究生和硕士研究生在课题中承担的工作量估计（均值）分别为 46.8% 和 34.3%。[①] 所以，研究生不仅仅是一般意义上的"学生"，而且是科学

---

① 中国学位与研究生教育发展报告课题组：《中国学位与研究生教育发展报告 1978—2003》，高等教育出版社，2006 年 3 月第一版，第 201 页。

研究队伍中一股重要的力量，是未来高层次学术研究的生力军。研究生的学术道德关系着我国高层次人才培养的整体水平和学术研究的传承与发展，而健康的学术氛围、科学的学术规范体系、良好的学术道德是推进学术研究发展与繁荣的基本前提和重要保证，也直接关系到研究生整体素质的提高。

然而，现阶段在研究生的科学研究中出现了一些令人担忧的道德失范行为，表现在以下几个方面：（1）有意假造科研信息，修改或伪造实验统计数据。科学必须严密、准确，才能揭示事物的本质和规律，来不得半点怠慢和虚假。但一些研究生缺乏吃苦耐劳的科学精神，为了获取学位宁愿弄虚作假，草率地修改、伪造实验数据，蒙混过关，而不愿意做枯燥的、艰苦的实验和调研。还有部分研究生利用信息技术手段，从网络资源上搜索他人的同类研究成果，然后将其得到的数据、图表稍作改动就变成自己的所谓"结论"，或东拼西凑，剪刀加糨糊式的修修改改，完成论文。（2）科研工作中急功近利，有浮躁之气。不少研究生学风浮躁，做出一点成绩便急于发表论文，甚至一稿多投，只讲数量不讲质量。（3）抄袭、剽窃他人的科研成果。不诚实守信地利用他人科研成果，有的研究生盗用别人的数据和结论，却故意改头换面，不愿加以注释。一些研究生把没有研读过的参考文献和参考书目也列出来，对参考书目加以"伪注"。有的研究生对专业课程不认真听课，必读书目也不认真研读，对课程论文东拼西凑，不认真对待，应付了事。甚至直接从网络上下载他人文章，一字不改地交给任课教师充当课程论文。对学位论文也是要么"剪刀加糨糊"，要么"扫描加剪切"对付了事。（4）在科研活动中拉关系、走后门。社会不良风气蔓延至学术界，也给研究生带来不良影响。有些研究生在论文审阅答辩中，借机接触专家学者，以请教之名，行"讨好"之嫌，取得专家好评。

学术道德与规范的缺失直接暴露出学术道德教育中的盲区，是部分研究生道德素质低下的一种表现，同时也表明在我们的研究生头脑里，遵守学术规范的道德意识非常淡漠。过于功利化的教育导致学生的理论深度不足，分析综合能力、捕捉信息能力及检索鉴别能力都没有跟上。

五、心理健康问题不容忽视

目前研究生的心理健康状况，从总体上来看，绝大部分研究生的思想心态和心理情绪表现为积极、健康、向上的状况。他们能够保持放松、开朗、自信的情绪状态，善于发现生活和学习中的乐趣快乐，对校园生活充满希望。但是，在大学和社会迅速发展转型的时期，因为时代的变化，社会文化的变迁以及学习和就业等各方面带来的困难，研究生也承受着逐渐增大的心理压力。调查显示，对于"食欲不振、容易拉肚子或便秘、入睡困难、常失眠、头晕头痛、身体倦乏、牢骚和不满多、爱操心、焦躁不安、注意力不集中、对任何事都没兴趣、情绪起伏大"等体现一定抑郁状况的选项，有55.7%的研究生选择"没有"，有29.6%的研究生选择了"有几项经常体验到"，还有14.7%的研究生选择"几乎都有"。说明有相当一部分研究生存在轻度抑郁的倾向，需要加强有针对性的心理辅导。对于自己内在的心理形象，选择更适合自己真实情况描述为"精力较充沛、情绪平稳、人缘还不错、对未来很乐观"的研究生占67.4%，选择"自己的过去和家庭是不幸的、过于担心将来的事情、父母期望过高、过于依赖别人、担心被人拒绝"的研究生占32.6%。说明有1/3的研究生自我的内在心理形象是偏消极的。在关于安全感的测试，包括"独处时感到不安、过于拘泥、做事不反复确认就不放心、缺乏耐心、不喜欢与人对视、对陌生环境的适应性较差"等选项，选择"有一、二项"的研究生占49.2%，选择"没有"的占36.3%，选择"几乎都有"的占14.5%。说明缺乏安全感是较为普遍的问题，超过60%的研究生都在一定程度上缺乏安全感，且部分人非常缺乏安全感。对于"是否有过轻生的念头"，选择"没有"的研究生占54.1%，选择"曾经有"的研究生占35.4%，选择"经常有"的研究生占10.5%。说明相当一部分的研究生曾经有过轻生的念头，乃至有部分研究生经常有这样的念头。总体的心理状况情况不容乐观。

另外有关研究显示，女性研究生心理健康状况明显差于男性研究生。对于女性研究生心理健康问题，有学者归纳为以下几个方面：1.过强的依赖心理；2.过深的自卑心理；3.过沉的郁闷心理；4.过分的嫉妒心理；5.过度的虚荣心理；6.过重的安逸心理；7.过高的求全心理；8；过多的矛盾心理。①

综上，研究生的心理问题已经成为影响到研究生成长成才的一个重要隐患，它直接影响着高校研究生的培养质量，影响着研究生的家庭的健全和社会的稳定。

---

① 马建青，陈红敏：《研究生的心理健康问题与教育对策》，《学位与研究生教育》，2005 第5 期，第20—22 页。

六、研究生思想政治状况存在问题的影响因素分析

部分研究生身上存在的问题表现出其对社会主流的价值观念、道德观念以及主流文化观念的背离，这不仅仅是由于个人的自身因素所导致，也是社会问题在研究生身上的反映。研究生群体尽管生活于高校，但他们仍然是现实社会的一部分。当代研究生思想政治方面存在的问题，除了社会环境和学校教育方面的原因外，研究生自身存在着更深层更复杂的原因。因此，我们在探讨研究生思想政治状况存在的问题时，一方面，应该把它放入社会大环境中进行分析，另一方面分析其自身存在的影响思想政治素质提高的因素。

（一）经济全球化带来的消极影响

当今世界，和平与发展成为时代的主题，世界格局多极化、经济全球化是21世纪我国改革开放和建设中国特色社会主义所面临的现实背景。特别是加入WTO，我国被推向一个更为广阔的舞台，也使得我国处于国际竞争的重要历史关口。经济全球化这把"双刃剑"在给研究生思想政治教育创造机遇的同时，也给其来了一些消极影响。

1. 经济全球化削弱了国家概念和民族意识，导致部分研究生失去对传统文化的认同感。经济全球化的开放性和渗透性使得经济活动和经济领域都超越了我国的疆域范围，资本特别是跨国资本的力量是单一的国家和民族所难以驾驭的。在经济全球化的冲击下，国家主权地位受到挑战，传统的国家职能受到削弱，从而使一些人消解了民族身份，淡漠了国家意识和爱国情感，失去对传统文化的认同感。

2. 经济全球化削弱了马克思主义的主流意识形态，使部分研究生的社会主义信念动摇。西方资产阶级意识形态的渗透，使得一些意志薄弱者或涉世不深的青少年对西方价值观念产生盲目地崇拜，从而怀疑、否定、背弃社会主义价值体系，对社会主义和共产主义的理想信念发生了动摇，出现新的信仰危机。

3. 受西方价值观念的影响，部分研究生的价值观发生改变，人生目标出现狭隘化和庸俗化倾向。这些负面影响毫无疑问将给研究生的思想政治教育带来不良影响。

（二）市场经济的负面影响

任何事物都具有两面性，市场经济一方面对研究生产生了积极的正面影响，使研究生立足现实，积极行动，勇于开拓进取，健康向上，形成强

烈的竞争意识、平等意识、民主意识和时间观念、效益观念等，这是主流。但另一方面，市场经济对研究生的思想政治教育也存在消极的影响。市场经济的负面影响是产生当代研究生道德人格问题的现实原因。

1. 市场经济容易使研究生的价值观倾向于功利性，导致道德情感的缺失。

市场经济条件下，研究生对人生价值的认识和评价也随着社会的发展而不断变化，甚至在部分研究生身上出现了偏差，主要表现为重个人价值轻社会价值、重经济价值轻道义价值、重功利价值轻奉献价值。以研究生的学习目的为例，搞文科基础理论研究的，就业不太容易，他们要求跨专业选修其他较为热门的课程，反而消极应付本专业的课程；政治理论课要以"课堂点名"为约束，即使上课也消极应付，在课堂上看其他书，以忙于各种各样的"考证"。虽然不能完全否认这种功利性的价值观，但是，如果研究生仅仅停留在这一层次上，那我们的高层次人才将成为目光短浅的庸人。

2. "集体主义"价值导向受到挑战。随着市场经济体制的建立，长期以来一直推行的"集体主义"价值导向的主体地位受到挑战，而能被研究生接受和认同的新的价值导向又一时难以形成。市场经济的冲击以及利益主体的多元化、社会价值的多样化，引起道德价值观从重社会到重个人、从重奉献到重功利、从一元到多元的变化。这些都使得社会价值导向无力，导致研究生的价值取向多元化状态不可避免。

（三）网络信息社会的不良影响

随着信息科学技术的迅猛发展，"大数据"时代扑面而来，信息网络日益渗透到人类社会生活的各个领域，深刻地影响着社会经济、政治、教育、文化和人们的学习、工作和思维方式。美国加利福尼亚大学2004年初发布的有关"World Internet Project"（简称 WIP）指出，"全球网民年龄普遍集中在青少年阶段"。[①] 同样在我国，网民也主要是青年学生，而研究生作为青年学生中的最高学历者，拥有更强的网络学习和使用能力。通过互联网他们可以快捷、方便地浏览新闻、查阅资料、获取知识，掌握科技发展的动态和前沿。在网络空间，没有辈分之分、高低贵贱之分，所有人的人格、权利、地位等都是平等的，在这种虚拟的世界中，他们可以倾吐心

---

① 岳鸿雁，等：《世界互联网发展状况的最新报告》，《新闻界》，2004年第3期，第32—33页。

声，交流思想，沟通感情。

然而，互联网是开放的，信息多种多样，既有大量进步、健康、有益的信息，也有不少黄色、腐朽、有害的内容，很难管理、控制和引导。在互联网上，各种思想跨国界交流，不同的政治立场、文化观念、道德标准、价值取向在网上自由碰撞，这就使得研究生的思想时刻处在一个开放的、变化的状态中，时刻面对各种社会意识形态、社会价值取向和行为方式的影响，这些无疑会给研究生的道德素质的养成带来不良的影响。

另外，互联网的虚拟性也影响着研究生思想政治的养成。同时生活在现实世界和网络世界的研究生，因为网络世界的虚拟性，容易导致其道德行为的失范及人格的分裂。现实生活中，研究生都知道对自己的言行负责，然而在互联网上，不少研究生却肆意漫骂、侮辱他人，编造谎言，传播流言蜚语，对自己的言行十分放纵。同时，这种虚拟世界是在人机对话的环境下实现的，无须面对面就可以交流，容易导致研究生对他人和社会漠不关心，人际情感萎缩和淡化，人际交往能力下降。

（四）东西文化交汇碰撞，加剧了研究生思想政治发展的矛盾性和复杂性

经济全球化和信息网络化的快速发展，加剧了中国传统文化与现代文化、西方文化与民族文化的碰撞与摩擦，形成了当代特定的文化氛围与文化环境，对研究生的思想政治产生了潜移默化的影响。

随着对外交流的不断扩大，西方的生活方式、文化和价值观念等也逐渐渗入我们的生活方式。西方的肯德基、麦当劳等各种商品源源不断地涌入当代中国社会，涌入人们的视野，为广大青少年喜爱和接受。西方的存在主义、实用主义、人本主义以及"民主、自由、人权"观念等在拓宽研究生视野的同时，也导致了部分缺乏辩证思考和合理扬弃能力的研究生对西方价值观的盲目崇拜。在中西文化交流、融合、碰撞的过程中，某些不同于中华民族传统的、非马克思主义的、非社会主义的价值观念、道德观念被一些人所接受和信奉。加之当代研究生对我国传统文化知之不多，更谈不上理解和合理运用，而当那些西方思潮大量涌入中国后，就扰乱了部分鉴别能力和免疫能力较低的研究生的思想，使他们出现了道德信仰的危机和道德价值世界的混乱。使得部分研究生在日常生活中，只讲个人利益，不讲集体利益、国家利益、他人利益；只顾个人需要，不顾他人需要；只讲个人自由，不要组织纪律；以及过分强调自我设计、自我选择、自我实现、自我价值等。注重物质享受和感官刺激的、不健康的生活方式也对研究生思想政治产生了不良影响。

（五）部分研究生承受挫折能力差，缺乏坚强的意志力

由于受大学本科生扩招和毕业生就业的影响，近年来，研究生中由本科直接考入的人员比例大大增加，生源结构趋向年轻化、直升化。这些"本硕连读"甚至"本硕博连读"的研究生大多是连续性地从小学读到中学再读到大学，接受的大多是学校的校园教育，参加社会实践的机会较少，更谈不上艰苦的磨炼。他们往往因为年轻气盛而具有较高的成就欲望，然而一旦达不到自己的既定目标，他们又不敢面对失败，往往由此走向另一个极端，变得消极颓废。另一方面，作为尚未完全成熟、涉世不深的研究生，仍然处于青年与成年人之间的过渡期，其显著特点就是"思想成熟滞后于生理成熟"。他们身处青年时期，心理素质不强，经验不丰富，意志不坚强，面对社会转型、经济全球化以及市场经济给人们带来的各种思想道德观念上的冲击，他们很难适应，无法作出正确的判断和选择。

（六）部分研究生心理不成熟，抗外界干扰能力差

研究生处于心理发展的动荡时期，其情感发展还不够稳定，具有较大的可塑性；然而目前学校教育对学生的智力发展比较重视，相对来说，对学生的心理健康教育重视的程度就远远不够。因而当代研究生在情感控制、心理调适、生活自理、行为自主等方面出现了不同程度上的欠缺。这种心理素质上的不成熟使部分研究生容易受外界环境的干扰，在道德认知上出现偏差，在道德情感、道德意志上缺乏应有的定力和调控能力，道德行为易变、无序、好走极端。这也是研究生道德素质方面出现问题的另一个重要原因。

（七）部分研究生现实压力大，减压途径缺乏

当前，研究生在社会现实生活中有许多难以言说的困难和压力。例如，经济生活上的窘迫、学业上的压力、面临的婚恋问题、对未来就业及个人前途的担忧等等，这些现实问题都是研究生急于解决而又难以解决的问题，因此深深困扰着为数不少的研究生，成为研究生思想政治问题产生的根源。适当的压力可以成为动力，然而，如果压力过大而又没有合适的途径减压，往往会对研究生思想政治素质的健康发展产生影响。然而，很多研究生在硕士或者博士期间有着沉重的学习和科研压力，日常生活为"宿舍—食堂—实验室"，"三点一线"式的方式，单调而枯燥，娱乐活动较少，减压途径缺乏。他们希望思想政治教育工作者能够帮助他们解决这些问题，排解这些压力。但由于研究生专职思想政治教育工作人员匮乏，日常事务较多，仅有的一些思想政治教育活动，也只能停留在表面上，缺

乏与研究生倾心相谈的机会，不能深入开展教育工作，更不能完全了解研究生真实的内心世界，因此研究生思想政治教育难以取得应有的工作效果。

（八）部分研究生注重个体利益，缺乏集体观念

随着研究生招生规模的日渐扩大，研究生的生源成分越来越复杂，研究生个体间的思想政治素质差异较大。有的研究生功利思想严重，在学习、科研甚至日常的工作中，心态浮躁，过分注重个人利益，集体观念淡薄，思想上松弛懈怠，不求上进。具体表现为：对自己放任自流；对校园文化、社团文化活动缺乏参与意识；对国家大事和社会事务不闻不问；对真与假、善与恶、美与丑等问题出现错误的认识等等。一部分研究生正是由于对自我修养、自我完善不够重视，而导致一些令人困惑的行为。这是造成研究生思想政治素质方面出现问题的主观原因。

第二节　研究生思想政治教育存在的主要问题

影响思想政治素质发展的因素是复杂的，包括生活背景、成长历程，心智特征及受教育情况。其中教育最为重要，是研究生思想政治素质形成的最主要外部因素。在研究生的思想政治素质形成的过程中，心智特征是内因，思想政治教育是主要外因，因此，必须分析这种内因和外因的内在逻辑联系，查找各自的问题的根源，建立思想政治教育的有效途径，提升教育效率，提高教育效果。在思想政治教育的过程中，教育的偏颇与失误以及教育者的问题与矛盾，既是教育存在的问题，也是导致思想政治素质存在问题的部分原因。

思想政治教育的使命在于通过塑造伦理精神，培养完美人格，改善人们的道德生活，来实现道德对人生的肯定、调节、引导和提高，同时为国家政权、社会稳定服务。以往思想政治教育工具化的倾向致使它偏离了对人自身道德建设的目的，而出现了急功近利和形式主义的倾向。与之相应的是学校思想政治教育几十年来一直沿用"应试教育"的模式，用所谓的"成才"教育取代"成人"教育，高校思想政治教育在某种程度上实际上变成了知识的传授、理论的灌输与真诚的劝导，而忽视了对学生的道德情感、道德意志、道德行为与习惯的培养。透视我国高校研究生思想政治教育的现状不难看出，在"以知为本"理念指导下的研究生思想政治教育，

特别强调知识的灌输，漠视人的主体性。在思想政治教育过程中，既没有考虑研究生群体知识层次较高、文化修养较好、自我意识较强、思想比较成熟、社会阅历丰富、思想观念开放等特点，也没有关注时代和社会发展的需要，而是以多年来固定的思想政治教育目标、内容、方法、组织方式等，为研究生进行一种程序化、公式化的思想政治教育，以至高校思想政治教育出现了很多问题。这也是研究生思想政治素质出现问题的重要原因。

研究生教育工作者，包括各门功课教师、政治理论课教师、政工干部、研究生导师、所在院系领导，以及其他教学辅助人员等，他们都负有对研究生进行思想政治教育的职责。近年来，研究生教育发展迅速，而与之相适应的师资队伍建设没有能够及时跟上。同时，研究生教育工作者中还存在着不少问题和矛盾，具体表现在以下几个方面：

一、学校思想政治教育缺乏衔接性

基础的思想政治教育问题是中小学教育阶段思想政治教育所要解决的问题，例如，培养学生的基本道德行为，遵循良好的道德行为习惯，遵守社会公德等。但很多在中小学阶段就应该培养好的道德品德，却没有有效的良好培养，而到大学阶段，教育者们认为这些问题早该在中小学阶段解决了，亦未引起足够重视，以至到了研究生阶段出现了一些令人费解的道德失范现象：食堂里随处可见的剩饭剩菜、丰富多彩的课桌文化、令人担忧的宿舍卫生状况等等，这种低水平的道德失范本不该在研究生身上发生，但现在却时常发生在我们周围，究其主要原因，在于学校思想政治教育工作的不衔接。

二、研究生思想政治教育内容空泛

"道德是一种社会现象，一定时期的道德理念必然是一定历史阶段的产物，因此，德育的内容也应与之相适应，超前与落后都是不当和低效的。"① 思想政治教育的内容，是根据社会发展的要求，以及思想政治教育目标和教育对象的思想实际来确定的，这不仅决定着思想政治教育的性质，也是实现教育目标和任务的保证。

---

① 黄英：《加强研究生德育之我见》，《道德与文明》，2003 年第 3 期。

（一）忽视道德品质的教育

目前，我国的研究生思想政治教育的内容大都是从大学本科阶段的思想政治教育内容中升华和延伸而来的，即长期以来为各高校开展的马克思主义理论教育、爱国主义教育、集体主义教育、社会主义教育以及形势政策教育等。这些传统的思想政治教育内容中有部分内容已跟不上形势的发展了，部分思想政治教育的教材过时而且枯燥，其中的很多案例已经跟不上现代年轻人的要求，与研究生的现实生活脱节。同时，在思想政治教育过程中往往强调集体利益和社会利益的需要，忽视了个体利益和个性需要，这实际上违背了社会主义的集体利益主义原则，即：使每个人全面自由的发展。另外，思想政治教育的侧重点往往过分强调政治教育，忽略了道德品质的教育，没有把道德品质教育放在应有的地位。违反了"育人为本，德育为先"，的教育原则，导致许多研究生既不重视基本道德规范的养成，又对政治教育产生反感厌烦情绪。

（二）忽视心理健康的教育

研究生思想政治教育内容重"政治教育"而忽视"心理教育"，不能把它们有机地结合起来，而单靠"政治教育"或"道德教育"，无法有效地治疗研究生的心理问题。我国当前正处于社会的转型与发展时期，多元复杂的社会空间和文化环境以及多元化的价值观、多样化的生活方式、多层次的群体分化，使得研究生的思想政治问题层出不穷，研究生的心理也难免遇到困扰和冲突。研究生存在的道德失范问题，不仅仅是政治问题、思想问题和道德问题，还有心理方面的问题。然而，在研究生的思想政治教育过程中，还存在着误区，就是片面强调道德教育，忽视了心理教育，甚至有些时候把心理疾病与道德问题混为一谈，导致了严重的后果。为此，在研究生的思想政治教育过程中，要"把心理健康教育纳入思想政治教育的范畴，并贯穿于思想政治教育的全过程，实现思想政治教育与心理健康教育的同步发展。"[1]

（三）缺乏实效性和时代性

研究生有较强的分析判断能力，希望同教师平等地探讨理论与现实问题，但目前的实际情况是，由于研究生人数多，高校的思想政治教育课不

---

[1] 崔诣晨：《浅析高校思想政治教育与心理健康教育的融合》，《学校党建与思想教育》，2012 年第 12 期。

得不采取上大课的办法。一个课堂往往有一百多人、两百多人，甚至有五六百人在一个课堂上课。任课教师很难组织课堂讨论和进行个性化教学，这样教师既不能和学生交流，也无法了解学生的思想状况。这种状况自然会导致学生对思想政治教育内容缺乏兴趣，认为思想政治教育内容"都是些大道理""空话套话"，枯燥乏味、缺乏实际的意义。其结果是，思想政治教育理论课取得的效果很差，而且它的威信也愈来愈受到影响。这些足以说明研究生思想政治教育内容缺乏实效性和时代性。

三、研究生思想政治教育方法陈旧

思想政治教育方法对提高学生思想政治有着极其重要的作用。同样的思想政治教育内容、同样的主客体，采取的方法不同，其思想政治教育效果也会存在很大的差别。研究生思想政治教育的内容要顺应新时期的要求和研究生教育的规律，而思想政治教育的方法也应不断改进，与时俱进。长期以来，高校研究生的思想政治教育方法过于简单陈旧、缺乏新意。

（一）重"教"轻"育"

一味强调教育者单方面的理论知识的传授，忽视了学生的主体性作用和思想政治素质的培养与锻炼。马克思曾经指出："人始终是主体"。人不是机械地接受道德原则和道德规范的被动客体，而是作为道德活动的创造者和实践者。时下，有的研究生思想政治教育实际上是只"教"不"育"，或是重"教"轻"育"，这势必导致学生的知行脱节，产生道德认知的闲置性问题，影响研究生健康道德人格的形成。

（二）缺乏针对性

研究生的来源复杂，思想政治素质参差不齐。但我们对研究生的思想政治教育没有区分层次，缺乏针对性，在教育过程中不能因人施教，搞"一刀切"。近年来，高校研究生思想政治教育强调要发挥学生的主动性，各学校也采用了电化教学、参观访问、社会调查等好的教学方法，但是思想政治教育的基本模式还是沿袭传统的集体灌输式方法，这种方法忽视了学生的主体状态和内在需求，发挥不了学生的能动性，因而思想政治教育效果不明显。

（三）重形式轻内容

部分研究生的思想政治教育流于形式，重视轰轰烈烈的集体活动，忽视默默无闻的个人修养。思想政治教育不能没有活动，活动可以起到造声势、广发动的作用，也可以使人身临其境，在参与活动的潜移默化中实现思想政治的升华，例如，实地的参观、考察等活动。活动总是要有一定的形式，达到一定的目的，形式要为内容服务。然而，如果过分强调活动的目的，就越容易关注活动的外在形式，反而较少考虑到活动能真正给研究生的心灵塑造起到什么作用，起多大作用。很多时候，积极参与活动的研究生，其思想上的盲目性、被动性反而较大。

四、思想政治教育队伍不健全，渠道不畅通

（一）党团队伍事务繁杂，精力不够

由于思想政治教育理念和政策导向等方面的原因，在学校工作中，一切与学生有关的具体事务，都由党团系统来完成，党团系统的思想政治教育管理干部变成了"消防员"，造成想起什么干什么、遇到什么干什么、交给什么做什么的被动工作局面，不能全身心地投入到思想政治教育教学、科研和日常工作中，从而影响了思想政治教育学科的整体建设和思想政治教育实际效果。尤其是教学、科研、评估、创收等工作与思想政治教育发生冲突时，思想政治教育作为"软"指标，往往被挤掉，思想政治教育"说起来重要，干起来次要，忙起来不要"的现象在不少高校确实存在。

（二）教育工作者缺乏激情

部分教育工作者认为，研究生思想政治教育投入的人、财、物不少，但没有看到什么显性的收获，只投入不产出，不符合价值规律，从而否定研究生思想政治教育的价值，并且在实际工作中对思想政治教育活动采取不支持，甚至歧视反对的态度，严重影响了思想政治教育工作者的工作激情，制约了研究生思想政治教育效果的提高。

（三）教育工作者自身的素质和修养缺少示范性

大学里每位教育工作者都应该是研究生的思想政治教育老师，显然大多数教育工作者可以做到身体力行、言行一致，但也确实有个别人的思想素质和道德修养较差，难以起到对研究生言传身教、为人师表的示范作用。有的教育工作者缺乏应有的责任心，不安心本职工作；有的甚至说一套，做一套。这势必会对研究生思想政治教育产生不良影响。

五、部分教育工作者理念落后

"德育理念是德育的根本指导思想，提升德育理念是德育深层次改革

的需要，是德育改革的最高境界。"① 就目前研究生教育而言，一些培养单位在思想上，还没有把研究生思想政治教育放到应有的重要位置，研究生教育行政管理部门及许多研究生培养单位惯有的重"业务"、轻"思想政治教育"的理念尚未改变。许多学校的研究生教育机构只负责研究生的招生、教学、答辩及学位授予工作，而不负责研究生的思想政治教育。一些学校的研究生教育机构虽然也负责研究生的思想政治教育，但是在人员编制、机构设置、经费投入等方面都存在着较多问题。由于研究生教育中的部分教育主体理念落后，制约了研究生思想政治教育效果的提高。同时，在观念上，存在重视本科生思想政治教育，忽视研究生思想政治教育的现象，国家教育行政部门和学校都把思想政治教育的重点放在本科生群体上。大部分学校在学生思想政治教育方面，从人员的配备、机构的设置、经费的投入、场地的使用，到学生的奖、贷、助、免等等，都是在先满足本科生教育的需要后，再来考虑研究生的需要。在实际工作中，思想政治教育就被认为是党团系统的工作，行政、教学部门很少介入，甚至不介入。从而弱化了教师教书育人和党政部门管理育人、服务育人的功能。

六、部分研究生导师教书育人的作用发挥不够

研究生培养方式的特殊性决定了导师在研究生思想政治教育中的至关重要性。研究生导师应该学为人师，行为示范，严于律己，为人师表，让自己成为学生学习的楷模，不仅向学生传授知识，更要教育影响学生的思想品德。但是，由于导师队伍建设中存在着的重学历、职称，轻思想政治素质的错误导向，使个别学历高品德低的人也进入了导师队伍，他们不能很好地履行言传身教、为人师表的职责。另外，目前研究生和导师之间存在着不和谐关系，一般说来有两种：一是雇佣型，学生如同雇员，"老板"则成了大家听惯了的学生对导师的称呼。导师将研究生看成高级打工仔和廉价劳动力；二是放任自由型，由于量化管理制度的弊端，一些导师疲于应付各种名目的考核，无暇顾及学生的思想政治教育。有的导师，忙于搞自己的科研，对自己的学生不闻不问；更有些导师身兼数职，同时指导数十上百个研究生，连专业指导都难以顾及，更谈不上思想政治教育了。

---

① 资料来源：班华：《德育理念与德育改革——新世纪德育人性化走向》，网址：http://www.nsddys.cn。

第四章　研究生思想政治教育理论资源的整合

在当前的思想政治教育理论中，影响较大且广为接受的，是张岱年先生提出的"综合创新"论。该观点认为，在当代中国，全盘接受西洋文化与谋旧文化之复活，同样都是死路一条，只有辩证的综合创造，才是中华民族文化复兴的坦途。因此，他主张以马克思主义为指导，贯通中西，既吸收西方文化中的积极因素，又发扬本民族文化中的优良基因，进行综合创新。

综合创新论的实质，是在坚持马克思主义的指导下和社会主义原则的基础上，以博大开放的胸襟和乐于兼容的态度，对古今中外文化系统的构成要素和结构形式进行科学合理的分析和审慎严格的筛选，依据我国社会主义现代化建设的现实需要，充分发扬民族的主体意识，经过客观辩证的综合，创新出一种既充满民族特色又深刻体现时代精神的社会主义新文化。

根据张岱年所概括的"综合创新"论的宗旨："必须坚持马克思主义普遍真理的指导，必须坚持社会主义原则，必须弘扬民族主体精神，走中西融合之路，必须以创造的精神从事综合并在综合的基础上有所创造。"综合创新论也被称之为"马魂、中体、西用"，以马克思主义为灵魂，以中国文化生命的继承和发扬为整体，而将西方文化视为"他山之石"为我所用。[1] 正如有文章指出：越来越多的学者赞成张岱年先生的综合创新说，主张以马克思主义、邓小平理论和"三个代表"重要思想作指导对古今中西的文化进行综合创新，以构建适应社会主义市场经济体制的新文化。中国传统思想的某些因素，可以重新发掘，创造性转化，用来补正现代性的

---

[1] 李毅等：综合创新论与"马魂、中体、西用"，上海师范大学学报（哲学社会科学版），2007 年第 11 期。

某些盲点。①

这一理论对于当前高校研究生思想政治教育的理论基础，具有积极的意义。研究生思想政治教育，从理论基础而言，应当是在坚持马克思主义的指导之下，对中西方的道德教育理论予以积极的借鉴和吸收，强调弘扬民族主体精神，走中西文化融合之路，从而进行综合创新，建立适应当前形势所需要的新型的研究生思想政治教育模式。在全球文化不断开放和融合的过程中，古今中外优秀德育文化对于思想政治教育的理论资源整合都具有重要的意义。

第一节　马克思主义哲学为指导

根据教育部 2015 年 1 月，中共中央办公厅、国务院办公厅印发的《关于进一步加强和改进新形势下高校宣传思想工作的意见》，加强和改进新形势下高校宣传思想工作的指导思想是：高举中国特色社会主义伟大旗帜，以马克思列宁主义、毛泽东思想、邓小平理论、"三个代表"重要思想、科学发展观为指导，深入贯彻落实党的十八大和十八届二中、三中全会精神，深入贯彻落实习近平总书记系列重要讲话精神，全面贯彻党的教育方针，强化政治意识、责任意识、阵地意识和底线意识，以立德树人为根本任务，以深入推进中国特色社会主义理论体系进教材进课堂进头脑为主线，以提高教师队伍思想政治素质和育人能力为基础，以加强高校网络等阵地建设为重点，积极培育和践行社会主义核心价值观，不断坚定广大师生中国特色社会主义道路自信、理论自信、制度自信，培养德智体美全面发展的社会主义建设者和接班人。②

研究生思想政治教育必须以马克思主义为理论依据。马克思主义理论教育与思想政治教育有着密切的关系，思想政治教育的基本理论，需要建立在马克思主义理论的基础之上。马克思主义的一系列重要原理为思想政治教育提供了正确的理论指导和科学的理论基础。

在马克思主义的基本理论中，社会存在与社会意识的辩证关系原理、唯物辩证法的三大规律、人的本质学说与人的全面发展理论，是当前的研

---

① 邵龙宝、李晓菲：《儒家伦理对当下中国人的影响》，《文史哲》，2005 年第 6 期。
② 中共中央办公厅、国务院办公厅：《关于进一步加强和改进新形势下高校宣传思想工作的意见》。

究生思想政治教育的重要理论基础。

一、社会存在与社会意识的辩证关系原理对研究生思想政治教育的规定

物质与意识的辩证关系问题是马克思主义哲学的基本问题。马克思在《政治经济学批判》《德意志意识形态》中系统阐述过社会存在与社会意识的辩证关系原理。在《政治经济学批判》序言中，马克思写道：

"我所得到的、并且一经得到就用于指导我的研究工作的总的结果，可以简要地表述如下：人们在自己生活的社会生产中发生一定的、必然的、不以他们的意志为转移的关系，即同他们的物质生产力的一定发展阶段相适合的生产关系。这些生产关系的总和构成社会的经济结构，即有法律的和政治的上层建筑竖立其上并有一定的社会意识形式与之相适应的现实基础。物质生活的生产方式制约着整个社会生活、政治生活和精神生活的过程。不是人们的意识决定人们的存在，相反，是人们的社会存在决定人们的意识。"[1]

物质和意识、社会存在与社会意识的辩证关系，对研究生思想政治教育的规定性体现在：

首先，研究生的思想意识和价值观念是由当前的社会存在所决定的，研究研究生的思想政治现状，不能脱离现实社会环境，要考虑到当前特定的社会背景和社会的现实状况。其次，尽管研究生的思想政治状况是对当前社会环境的客观反映，但也存在个体的复杂多样性。因此，在关注研究生群体的思想政治状况的同时，也不能忽略对研究生个体情况的研究。第三，由于研究生在高校金字塔中所扮演的特殊角色，他们的思想意识和价值观念对社会现实的能动作用比较突出，要充分重视研究生群体对于社会发展所起到的能动作用。

二、唯物辩证法普遍原理对研究生思想政治教育的指导

唯物辩证法的对立统一规律，揭示了事物内部对立和统一的矛盾双方是事物普遍联系的根本内容，也是事物变化发展的源泉和动力。正如恩格斯所说，"唯物主义历史观……只有借助辩证法才有可能"。[2] 研究生思想

---

① 《马克思恩格斯选集》第2卷，人民出版社，1995年版，第32页。
② 《马克思恩格斯选集》第3卷，人民出版社，1995年版，第691、692页。

政治教育等方面的问题，都是在自身与客观现实的矛盾中产生的，存在的问题也都是主体与客体之间相互作用的产物，是普遍存在的，也是在矛盾运动过程中进行的。

研究生的思想政治教育从根本上说，存在着诸多方面的矛盾统一：教与学的矛盾统一，内容与方法的矛盾统一，连续性与阶段性的矛盾统一，等。为此，在研究生的思想政治教育中，要正确处理好这些矛盾，既要看到主要矛盾和次要矛盾，又要看到矛盾的主要方面和矛盾的次要方面；既要看到存在的群体性的普遍性问题，又要看到研究生个体的特殊问题。矛盾是事物发展的内在动力，要引导研究生处理好自身矛盾运动的同一性和斗争性，正确处理好成才过程中的内因和外因的关系。

唯物辩证法关于质量互变规律揭示了一切事物运动、变化、发展的两种基本状态，即量变和质变以及它们之间的内在联系和规律性。质量互变规律，对高校研究生思想政治教育具有重要的指导意义。

所谓"十年树木，百年树人"，人才的培养是一个长期的过程，教育本身也具有较长的周期。思想政治教育也是一个"春风化雨，润物无声"的过程，要长期不断地坚持和积累，保持连续性和阶段性的统一，才能达到效果。为此，研究生的思想政治教育，一方面要常抓不懈，另一方面也要注重细节，从小事做起，防微杜渐。对正面的因素，要加深强化，对负面的因素，要力求控制、限制在一定的范围内，尽可能地减少其负面影响，以免引起更大的连锁效应。同时，还要把握思想政治教育工作中的"度"，把握分寸，适时、适量、适度。

唯物辩证法关于否定之否定规律揭示了事物发展的全过程和总规律。这里的否定，是辩证的否定，即克服旧事物中过时的消极的内容，保留旧事物中积极合理的因素，其实质是扬弃。否定之否定规律在研究生的思想政治教育工作，也有重要的指导意义。在研究生的思想政治教育过程中，要看到总体的趋势是好的，研究生群体总体的道德思想状况是积极向上的，努力发展的，但是其过程有时候可能会呈现曲折前进的状态。

研究生的成长本身是向前发展的，对于其思想政治教育既要充满信心，又要认识到工作的复杂艰巨性。人的成长本身是一个经常反复的过程，因此思想政治教育也要反复进行，对很多重要问题要多提醒、多注意，常抓不懈。要辩证地"扬弃"，不断补正品质、行为上的缺点，保留优点。同时，也要引导研究生加强自我教育，要引导研究生进一步认识自己，反思、内省，修正缺陷和不足，扬长避短，从而实现自我的良性发展。

根据唯物辩证法关于普遍联系的观点，在研究生的思想政治教育中，不能孤立地看待研究生群体所体现出来的各种问题和影响德育现状的各个方面，要把握环境中各要素之间的普遍联系，从整体上认识、把握研究生的思想政治教育问题。

根据唯物辩证法关于发展的观点，在研究生的思想政治教育中，要把研究生能力的提升、思想意识与价值观念的形成与发展，作为一个变化发展的过程，是随着环境的发展、变化而变化，并且始终处在发展的过程中。为此，不能把研究生思想政治教育当前的状况看成是一成不变的，而要看成是一个不断变化发展的过程，注意各个因素对其产生的影响，促进研究生的思想政治教育工作朝着更好的方向发展。

三、人的本质学说与人的全面发展理论对研究生思想政治教育的指导

马克思主义关于人的本质学说与人的全面发展理论一贯受到学术界重视。人的解放和自由全面发展既是马克思主义学说的主题，也是马克思主义追求的最高的价值目标。当前我国所弘扬的"以人为本"的思想，正是建立在此理论基础上的。

（一）马克思主义关于人的本质学说

在马克思的经典著作中，从早期《1844 年经济学-哲学手稿》到后来的《资本论》，马克思关于"人的本质"的学说经历了一个发展演变的过程，既受到黑格尔、费尔巴哈等哲学家的影响，又有其本质的不同。马克思认为，应该从实践出发来理解现实世界，他批评费尔巴哈"仅仅把理论的活动看作是真正的人的活动"[①]。马克思从唯物史观出发，从异化劳动、社会关系以及人的需求等几个角度来论述人的本质，强调人的社会性，从而真正把握了人的本质，即人区别于其他物种的显著特征。

劳动与人的本质：劳动的概念是马克思历史唯物主义的一个核心概念。马克思对劳动的理解，是指"人们开始生产他们在实际日常生活中所必需的物质生活资料"的劳动，以及由此而产生出来的人们的生活方式和生产方式，并将此看作是人类整个历史过程的基础。

人的本质是一切社会关系的总和：马克思一贯强调人的社会性，认为人的本质的规定性不是人的自然属性、生物属性，而是人的社会属性。在

---

① 《马克思恩格斯选集》第 1 卷，人民出版社，1995 年版，第 54 页。

《〈黑格尔法哲学批判〉导言》中，马克思指出："特殊的人格"的本质是人的社会特质。在《关于费尔巴哈的提纲》里，马克思针对费尔巴哈抽象的人的观点，指出："人的本质并不是单个人所固有的抽象物，在其现实性上它是一切社会关系的总和。"① 只有以实践为基础，把人放到各种社会关系中作综合的考察，才能真正把握人的本质。

需要是人的本质：在强调人的社会性的同时，还应当考虑到作为个体的人的现实性，任何人都是"现实的个人"，这也是历史唯物主义的前提。《德意志意识形态》中，马克思和恩格斯指出："已经得到满足的第一个需要本身、满足需要的活动和已经获得的为满足需要而用的工具又引起新的需要，而这种新的需要的产生是第一个历史活动。② 从这里立即可明白，德国人的伟大历史智慧是谁的精神产物。"从现实的个人出发，人的需要是人的本质的一个重要方面。

（二）马克思主义关于人的全面发展理论

马克思把唯物史观的前提确定为"现实的人"，并认为，人的全面发展是指：人的需要的全面发展、人的活动及其能力的全面发展、人的社会关系的全面发展、人的个性的全面发展。人的需要的全面发展包括：人的需要的多样性发展——即自然性需要和社会性需要的发展，既要满足衣、食、住、行等方面的需要，也要满足经济的、社会交往的、政治的、认知的、审美的、情感等方面的需要；人的需要的多层次性发展——满足生存、享受和发展创造的需要。人的活动及其能力的全面发展：人的感性活动或者说实践活动的全面发展，同时也是人的体力和智力相结合的全面发展。每个人按自己的天赋、特长、爱好自由地选择活动领域，不仅从事体力劳动，而且从事脑力劳动，不仅参加物质生产活动，而且参加公共管理活动和艺术创造活动等。人的社会关系的全面发展：在社会交往中形成丰富而全面的社会关系，并全面占有和控制这些社会关系。人的个性的全面发展：个人的独特性、自主性和创造性获得全面发展。

实现人的全面发展的前提条件：生产力的高度发展、社会关系的发展、消灭私有制和旧式分工、大力发展教育事业并实行教育与生产劳动相结合、重视精神产品的生产，是实现人的全面发展的必要条件。

---

① 《马克思恩格斯选集》第 1 卷，人民出版社，1995 年版，第 18 页。
② 《马克思恩格斯选集》第 1 卷，人民出版社，1995 年版，第 79 页。

（三）人的本质学说和人的全面发展理论对研究生思想政治教育的指导

根据人的本质学说，需要是人的本质之一，因此，研究生的思想政治教育不能脱离和忽视教育对象的基本需求：要充分重视研究生的发展需要，关心其生活、学习、就业状况，注意其个性特点，加强针对性的引导。同时，也要重视研究生思想政治教育的实效性，优化思想政治教育环境，构建和谐的教育关系和良好的教育环境。

思想政治教育要实现"知行合一"，不仅要注重提升研究生的认知能力、情感能力，更要注重研究生的实际践行，空谈口号、空想理念的做法，要予以摒弃。为此，研究生思想政治教育要注重实践性，要引导教育对象在实践中学习创造、锻炼成长，从而更好地适应社会现实状况。研究生的思想政治教育，应该关切各种现实环境和具体问题，不能只是在象牙塔中空谈，而要设置具体的、现实的情境，在引导研究生关注和处理现实问题的过程中提升思想政治教育的实效。

人是各种社会关系的总和，思想政治教育对象也是处于各种社会关系之中的，研究生的思想政治教育也就必须充分认识到教育对象的复杂的社会属性。个体生活于社会之中就必然要同社会发生各种联系。研究生群体较之专、本科生而言，社会关系相对来说更加复杂，具有较深的社会体验，因此亦会产生更多的困惑与迷茫。为此，研究生的思想政治教育也要培养研究生认识社会的能力，要引导研究生正确认识社会、适应社会，处理好同他人、社会的各种关系，建立和谐的社会人际关系，从而为自身的发展获得积极的社会支持。

马克思在 1848 年创建的《共产党宣言》中，就宣布："代替那存在着阶级和阶级对立的资产阶级旧社会的，将是这样一个联合体，在那里，每个人的自由发展是一切人的自由发展的条件。"①

根据马克思关于人的全面发展理论，思想政治教育应该对人的全面发展起到积极的促进作用。研究生思想政治教育的根本目的，是培养全面发展的高素质人才，实现研究生的需要的全面发展、活动及能力的全面发展、社会关系的全面发展、个性的全面发展。

为此，首先，从学科本身的发展来看，思想政治教育要为教育对象的全面发展提供保证。思想政治教育理论的建立要着眼于教育对象的全面发

---

① 《马克思恩格斯选集》第 1 卷，人民出版社，1995 年版，第 294 页。

展，充分了解教育对象发展的特点、过程和规律，并按照其内在发展的特点和规律去进行有针对性的教育。同时，思想政治教育理论的研究要进一步加强，要充实其他学科的理论内容，尤其是高等教育学、大学管理学、大学生思想政治工作学等涉及多个学科的交叉性内容。

其次，思想政治教育的内容，也应当是合理的、全面的、涵盖丰富的，从而保证教育对象全面发展的落实。"思想政治教育内容是否具有合理性，决定了它有无存在的根据，这种合理性的程度如何，则关乎其为教育者信奉的程度。"①

再次，思想政治教育的方法也要根据研究生的个性特点，要具有较强的针对性，因材施教。要通过多样化、系统性的方法，充分发挥研究生个体的潜在能力，使其自由、全面发展。此外，思想政治教育的形式既要重视理论教育，又要加强实践教育，切实做到理论与实践的统一。

第二节　继承和发展中国传统文化

党的十八大以来，以习近平同志为核心的新一届中央领导集体把对中华优秀传统文化的重视推向了历史新阶段。总书记指出，"中华民族伟大复兴需要以中华文化繁荣发展为条件"；"培育和弘扬社会主义核心价值观必须立足于中华优秀传统文化"；"中华文化代表着中华民族独特的精神标识"。作为四大文明古国之一，我国传统文化的宝库博大精深，有着丰富的精神文化资源可供发掘，而传统的德育理论同样是源远流长，具有深厚的文化根基。中华文化在民族历史乃至是世界历史的进程中，发挥过积极的作用，具有丰富的理论内涵与借鉴价值。对德育发展的历史研究，可以进一步深化对其发展规律的认识；同时，历史经验的当代性价值开发也是我们的责任。

一、以儒家思想为代表的中国传统德育理论

中国传统的德育体系是建立在儒家文化的基础之上的。自从汉武帝"罢黜百家，独尊儒术"之后，结束了思想界"百家争鸣"的时代，儒家

---

① 刘云林：《思想政治教育内容的合理性探析》，《学校党建与思想政治教育》，2009 年第8 期。

思想被作为统治阶级的正统思想加以弘扬，成为封建时代的主流意识形态，从而儒家的伦理道德也成为我国传统德育的主流，被视为是中国传统文化的主体与表征，融入民族文化的基因与血脉，对于中华民族文化心理的构建、文化形象的塑造，都起到了基础和骨架的作用，并深刻影响了中国人的思维方式与行为模式。

儒家一贯重视道德教育，并充分认识到其积极作用。孔子将道德教育概述为"志于道，据于德，依于仁，游于艺"，并强调"仁、智、勇"为"三达德"。由孔子开始，儒家重视个人内在道德修养的提升，倡导通过格物、致知、诚意、正心、修身、治国、平天下这样一个道德修养逐级递增的过程，实现社会人伦道德的整齐有序。

中国古代儒家德育的主要理念，提倡内圣外王的自我教育的道德提升范式。"内圣"就是通过自省、自讼等修养方法，达到圣人所应有的品格；"外王"既是经世原则和政治理想，也是应世原则和人生理想。"自省"是孔子所说的"见贤思齐""见不贤而自省"；"自讼"是自己责备自己，即自我批评。曾子说"吾日三省吾身"，指的就是"内省"。孔子强调"内省"，孟子进而强调向内用功夫，充分发挥自己的能动性，以扩充先天的善性。认为只要经过坚持不懈的努力、诚心诚意的自我修养，就可产生"至大至刚"的"浩然正气"。

《中庸》提出"道也者，不可须臾离也；可离，非道也。是故君子戒慎乎其所不睹，恐惧乎其所不闻。莫见乎隐，莫显乎微，故君子慎其独也。"[①] 有良知讲道德的人要始终表里如一，即使独处时也要十分谨慎，坚持信守自己的道德信念。稍后的《大学》也提出："人之视己，如见其肺肝然，则何益矣！此谓诚于中，形于外。故君子必慎其独也"。[②] 一个人的道德修养如何，人们看得清清楚楚。有道德修养的人一定要做到意念诚实，自律其行为。

"慎独"作为中国伦理思想史上一个特有的范畴，是古代儒家学者提出的一种道德修养。具有伦理学、教育学等学科的深刻内涵。它是以一定的道德情感、道德信念、道德自律为基础的道德修养方法。其本意是指一个人独立活动，在无人监督的情况下，能够自觉地坚守道德信念，按照道德规范行事，严于律己、保持节操，持之以恒地磨炼自己，对自己的所思

---

① 夏延章释注：《大学・中庸今译》，江西人民出版社，1983 年版，第 24 页。
② 夏延章释注：《大学・中庸今译》，江西人民出版社，1983 年版，第 10 页。

所行要谨慎负责。这不仅是一种重要的修养方法，而且是人生修养的最高境界。其"认真""诚实""守信"在中华文化的历史长河中，被普遍认知和遵从，具有普世性和世俗性，成为中华文化的一种美德。因此，作者将以儒家"慎独"思想为例，论述在研究生思想政治教育中对中国传统德育文化的继承和发展。

二、传统德育文化在研究生思想道德教育中的价值

中国传统德育文化中的"慎独"作为一种道德修养方法和境界，虽然有时代、环境和主观意识等方面的局限性，但是其坚定的道德信念、自觉的道德自律思想极具推广应用价值。我们知道道德既具有相对独立性也具有历史继承性。其道德精华应该能够为新时代所借鉴、吸取和利用。在新时期建设和谐社会过程中，在培养高层次高水平的建设者中，显示其特有的价值。

（一）有助于增强研究生的思想道德意识

随着我国市场经济的建立，整个社会进入一个全面转型期，由此带来了社会、经济、文化等的巨大变革。市场经济的导向是追求利益、效率优先，由此社会东西方多元文化等也在交融性发展。发展中的某些负面影响同时冲击和考验着社会、家庭和个人。包括某些腐败行为和现象所形成的不良影响，给研究生的道德意识造成了一定的困惑性，所有这些在校园中产生了一些不和谐的现象。如：①公德意识较差。过度崇尚自我，在教室和图书馆等公共场合随意接打电话，不顾及他人的感受；在一些高校图书馆，有时为了几毛钱的复印费，近在咫尺的复印室不去，且要撕掉几页对自己有用的书刊。这些现象发生在个别人身上，且屡有发生，折射出研究生中存在着某些缺乏遵守公共道德的行为。②诚信度下降。如国家助学贷款的还贷，少数学生不按时还贷或有意拖欠贷款等失信现象。③道德自律不尽人意。学习浮躁，考试作弊，个别人甚至于一再突破学术道德底线，抄袭、粘贴他人成果。④道德失范。不少学生存在着道德认知与道德行为脱节、知行不一的现象。一些学生在道德认知方面尚能令人满意，但其道德行为表现却令人忧虑。

以上尽管是个别或少数现象，但是其造成的负面影响不能低估。针对问题社会、学校要有刚性的制度约束，教育学生积极地维护和遵守法律的尊严、制度的约束。更重要的是要让学生自觉地进行自我教育和道德修养，真正意识到思想道德素质的特别重要性。对研究生思想道德教

育工作不能仅立足于思想道德教育工作者，着眼于对学生的"灌输与管理"，要育人为本重视学生的主体地位，重视德育工作的效果。当代研究生代表着国家和民族的未来，他们是一个不断追求专业知识进步和提高、不断完善自身思想政治修养的群体。在这一过程中，要使学生具有深厚的理论基础、专业知识、创新意识和能力，在众多的教育与自我提高中，培养学生的学习能力、批判能力很重要。要使学生在思想道德等综合素质方面有较高的修养，培养学生的批评与自我批评、自我反思、自我检查和自我激励等自律行为很重要。其中努力培养和增强研究生的"慎独"意识和能力，是有效方法和重要途径。慎独是一种良好的自我教育、自我修身的方法。某种意义上道德认识、道德情感、道德信念、道德意志、道德行为等都与慎独密切相关。一方面，提倡慎独思想方法有助于学生掌握修养的标准并明确自己努力的方向，提高修养的自觉性。另一方面，慎独修养境界可以培养学生的道德价值取向，使他们能够根据正确的价值观去分析、判断和评价现实生活中所遇到的各种人与事，并做出相应的价值选择。

（二）符合研究生道德修养的内在要求

大学阶段是人生的准备期，是人生逐步走向成熟的时期，即形成世界观、价值观的重要时期。大学里，同学们需要学习与提高自己的专业知识和职业能力；需要培养和完善独立生活的能力。以诚实守信为基础的与他人交流、沟通的合作能力；需要建立坚定正确的理想信念，还应完善自身的道德品质修养，并在实践中得以体现。

研究生的思想道德素质，直接关系到未来社会主义建设者的道德素质。受社会各种思潮、或校园育人环境中存在的薄弱环节的影响，研究生中还存在着这样那样的缺点、弱点等不尽人意之处，还有待逐步走向成熟。但是，研究生的思想道德主流是积极向上的，怀抱理想，通过大学的学习生活，使自己成为未来社会的一名有一定专业才干的人、有益于社会与国家的人、平凡而高尚的人和有作为的人。只有实现这些愿望，他们的心理需求才会得到满足。这就是研究生在思想素质、道德修养、业务才干方面不断提高自己、完善自己的内在驱动力，是自我奋斗的内在要求。为了实现人生价值，使自己健康成长，研究生在思想道德行为方面是愿意以严以律己、诚实守信来严格要求自己的。

"慎独"思想本身蕴涵一种道德主体自觉克制自己，不违背道德规范行为的精神。当代研究生能直接思考自己的认知活动，清晰地意识到自己的认知过程和认知方式。① 基于研究生在认知水平上的发展，他们对自然、社会和自我的探索及认识已经有了良好的基础。慎独内涵与研究生的内在要求、内在驱动力具有一定的相关性，因此要把思想道德教育深入到研究生心里，真正提高他们的思想道德综合素质，顺应内在需求，在研究生中提倡慎独思想方法，充分加强他们在思想道德修养方面的自觉性和坚定性，逐步实现自己的人生价值追求和内在需求，就能够达到应有的效果。

（三）有利于思想政治教育目标的实现

新时期高校研究生的思想政治教育工作就是要进行社会主义核心价值教育。把社会主义核心价值体系转化为研究生自身思想道德发展的内在需要，充分发挥研究生主体作用，使研究生对核心价值体系产生认同感并积极践行。实践表明，对研究生进行核心价值体系教育，必须通过理论传授和实践体验、有意识教育和无意识熏陶有机结合，让每一个研究生都懂得，人生的不同阶段有不同的任务，而大学阶段是自身发展、实现社会化的极其重要的关键时期，这一时期如果确立了为社会广泛倡导的正确价值观，其自身的生存状况就会顺畅快乐；反之，将会与外部适应不良，冲突不断，自身也会面临多方面的烦恼与痛楚。② 就是说学校应从学生成才的根本利益出发，促进学生身心和谐发展，全面提高学生的整体素质，为社会发展培养合格人才。但是目前高校的思想政治工作和政治理论课程或多或少与现阶段核心价值教育存在着一定的差距。以人为本、育人为本，促进人的全面和谐发展，不是思想政治教育工作中的一句口号，它是工作主体的体现，政治思想工作者必须围绕社会主义核心价值体系这一中心展开工作，把工作深入到细微之处。那些僵化教条粗放不适应时代要求的工作内容和方式，都应彻底改革。传承革命年代形成的优良传统，适应新时期改革开放、社会复杂多元发展的新要求，真正使思想政治教育工作在思想道德、政治思想、工作管理中起到引领作用。这其中思想道德是基石，研究生只有具有良好的思想道德素质修养，才有贯彻把握思想政治教育工作内容的基础，所以对研究生的思想政治工作必须从道德修养抓起。借鉴"慎独"那种严以律己的作风，又能做到宽以待人的心胸，建立长效教育和自我教育机制，使研究生身心和谐发展。

---

① 颜吾佴著：《大学生的自我认知与理想信念》，北京交通大学出版社 2007 版，第 19 页。
② 徐群祥：《对大学生进行社会主义核心价值教育实效性的思考》，《江苏高教》，2008 年第 3 期。

思想政治教育不仅要培养道德传统的继承者，还要培养适应社会发展需要的道德的开创者。因此，要将教育与学生自我教育结合起来，为学生创设自我教育的课堂环境，使学生在思想道德教育发展中的自主性得到充分的尊重。思想政治教育的目标只有成为研究生的自觉追求的目标时，才能成为现实。在这一过程中，让学生具有"慎独"功夫尤为重要，正因为如此，我们应该倡导或借鉴"慎独"这种自我约束、自我教育形式。

三、传统德育文化在研究生思想道德教育中的运用

中国马克思主义与中国优秀传统文化之间是继承发展的正向联系，中华优秀传统文化是中国特色社会主义文化之"根基"与"精神命脉"，对于研究生思想政治教育具有重要的理论与现实作用。

（一）提升研究生"慎独"内涵的价值理念

市场经济社会有其运行的规则和行为准则，但是也不同程度地存在着些负面影响，在某些群体少数人中产生着一些投机钻营、急功近利与浮躁的思想意识或行为。这些现象也腐蚀着少数研究生的思想，动摇着意志薄弱者思想道德的根基。只有内心有崇高做人的奋斗目标，坚强的意志和不断战胜自我的意识，才能不断抵御各种不良倾向的影响。研究生一般都具有自己的理想和奋斗目标，想将来为家庭、为社会、为国家做出应有的贡献，做一个高尚的人和有利于人民的人。但是在现实的学业生活和非学业生活实践中，某些人持之以恒的意志和不断践行自我的意识或多或少存在着这样那样的问题。究其根源主要是恪守"认真、诚实、守信"方面存在着某些波动。要使自己不断进步、不断接近自己的理想目标，直至社会承认自己，就要有不断进取的勇气和决心，有不断战胜困难、干扰、影响和诱惑的坚强意志。对自己的理想、对家庭、对朋友、对社会直至对国家都首先要诚信忠实，不断改进和纠正自己的不足，持之以恒地向着既定目标前进，就要树立起批评与自我批评的思想意识，把慎独这样的道德规范和伦理要求植根于研究生意识行为，用"慎独"式修养不断战胜自我、超越自我。其中的"认真、诚实、守信"是基础。在奋斗中树立起"慎独"价值观念，达到身心修养的最高境界，用自我克制、自我反省、自我监督和自我评价的能力，成为其不断进步的内在动力。

研究生对慎独的内涵、价值，对其修养境界和方法，与自我教育、批评与自我批评的关联不是太清晰。所以，培养研究生的慎独意识，通过大学课堂、日常思想道德教育工作，通过中国优秀传统文化慎独内容的教

育，使研究生树立慎独意识，引导研究生从理论和实践的结合上，深入研究讨论慎独的内涵，促进其形成运用慎独的观念和能力。需要是人对一定客观事物需求的表现，是人对各种客观事物感到必需的一种心理活动，它在每个人身上都是不可缺少的。马克思主义认为人的需要是从事实践活动的内驱力。要求积极向上不断进步的内在需要能调动研究生的智能和体能，唤起研究生需要和兴趣，激发研究生积极地实践。研究生一旦确立慎独内涵价值观和修身方法并作为自己的内在需要，他们就会把自己作为自审自控的对象，自觉地反省自己的举止，自觉地区别是非善恶，抵制各种错误的思想和行为，不断提高自身的道德修养和思想意识修养。

（二）研究生"慎独"理念关键要用于实践

研究生道德认知与道德践行要做到知行统一，更应注重道德实践教育。道德实践遵循着知、情、意、行等道德形成的内在规律，即人们需要经过道德认识、情感接受、形成自我意志和道德行为实践的转化过程。只有让研究生在道德认知基础上积极投身于道德实践活动，才能使外在的道德知识、规范要求内化为自身的道德意识和信念，形成道德行为习惯。慎独境界是道德规范转化为道德信念和行为习惯的结果。借鉴和推广慎独道德境界和方法，就是要让这种外在的"知识"内化为研究生的道德信念和道德行为习惯。实现这种转化靠的是在他们的学业和非学业生活中，面对各种具体问题的实践。只有通过道德实践，面对正反两方面的具体问题，才能将道德知识内化为坚定的道德信念和道德行为规范，进而达到慎独境界。研究生有了道德知识，懂得了道德规范，就要将其运用到自己的实践中去，通过自己学业和非学业生活中的体验和实践，把世界观、人生观、价值观和道德观内化为自身道德信念和行为准则，将来就能面对社会正确履行自己的社会责任。

研究生要通过多种多样的道德实践来提高自己的慎独境界。在学业和非学业生活中，比如：课程学习、各种考试、校园文化建设、班级活动、与人交往、个人生活、社会调研、教学实习、科学实验、军事训练、勤工俭学和志愿者服务等。都存在着诸如"认真、诚实、守信"的道德实践问题。如科学实验首先体现"认真"的问题，在认真的基础上才谈得上创新问题。认真守信就是要遵循科学规律，活跃自己的思想，进而能够有创新意识的产生。而不是束缚自己的思想，是束缚不科学的态度。社会实践、生活实践都能感知到社会、他人、自己存在的一些道德问题，从长远看，这些问题可能给社会、他人、自己造成的不利因素而加以改进，在实践中不断完善自己的内在修养、不断完善自己的道德境界。针对社会、针对问题应注重"慎欲、慎隐、慎微"三个环节，正确对待名与利，无论大事小事，无论当面背后，克服各种状况下的侥幸心理、自谅心理，做到"勿以恶小而为之，勿以善小而不为"，积小善以成大德，逐步完善道德人格。

　　（三）践行"慎独"要发挥教育者的表率作用

　　大学教育者是高等教育目标的具体实施者，提高人才培养质量，要依靠教育者。同样，增强学生思想道德等综合素质，也在于教育者的有效工作，在于教育者自身的思想道德素质和影响力。道德教育是一个潜移默化的过程，在大学整个教育过程中面对学生，承担重要角色的教育者队伍已不是一般意义上的个人，而是知识、智慧、道德、人格的化身，其每位教育者的道德品质和行为习惯，作为示范都对学生有着直接影响。特别是社会上一些急功近利等不良倾向对学校的影响，教育者在品行方面每个可能的失误对学生构成的不良影响要比其失误本身大得多，其错误信息导向将是严重的。所以"学高为师，德高为范"就是对教育队伍的写照与要求。对于社会的某些负面影响，短期内学校也许无能为力，但是对于学校对于校园文化建设，在校园形成"认真、诚实、守信"的道德氛围应力所能及，这样才能有利于育人，进而才能在一定程度上形成浓厚的学术氛围和创新氛围。使学校成为陶冶学生情操的园地。

　　在教育者队伍中借鉴和推广慎独理念和道德境界，有助于教育者队伍"德高为范"，有助于良好校园文化与高尚道德氛围的形成。"慎独"不仅是教育者防微杜渐，磨砺品格，提高道德修养的有效途径，也是教育者道德自控能力的体现。尤其是在新形势下，研究生不再盲从，对于教育者，受教育者不仅要听你说得怎样，更要看你做得怎样。要适应教育改革的深入和和谐社会建设的推进，高校教育者应当重视审视自我形象，做到率先垂范。除业务上具备的知识、学术思想和创新意识能力外，为人师表上要有良好的职业道德，强烈的敬业精神，优秀的人文素质，健康向上的人生目标；还要有严谨的治学态度，孜孜不倦的勤奋精神，努力提高教学能力和学术研究水平。让学生感受到教育者堂堂正正的人格，就在无形中增强了教育的说服力和感染力。因此，教育者提高自身慎独能力，坚持身教示范，是思想道德教育取得良好实效的重要保障和环节。正如《中共中央国务院关于进一步加强和改进大学生思想政治教育的意见》中所提出的，广大教育者要以高度负责的态度，率先垂范，言传身教，以良好的思想，道德，品质和人格给大学生以潜移默化的影响。

第三节　合理借鉴西方德育理论

西方当代社会对于德育非常重视。西方社会的德育自文艺复兴后就从宗教教育中分离出来，成为独立的学科内容，涌现了一大批潜心研究和探讨德育理论与实践的教育家，这些德育理论对西方文明和社会文明的发展产生了巨大的作用，并奠定了西方学校教育模式中重视德育的传统。20世纪60年代之后，随着第二次世界大战的结束，西方各国经济恢复并走上高速发展之路，社会结构的变迁和发展也带来了各种伦理、道德问题和一系列的社会问题。这使得西方学术界对于德育再度引起重视，以美国为核心，再度涌现出一批德育学说，并对于西方社会的道德建构产生了巨大的影响，同时这对于我国当前研究生的思想政治教育也具有较大的启发和借鉴意义。

一、西方当代德育理论流派分析

20世纪，随着西方相继开始现代化进程，自然科学和人文社会科学都获得了空前的发展与繁荣，德育领域也进入与传统德育截然不同的新阶段。各种道德教育流派纷纷兴起，其中较有代表性的是柯尔柏格的认知-发展理论、价值澄清学派的教育理论、罗杰斯的人本主义教育理论、威尔逊的理性功利主义道德教育理论、贝克的价值教育理论。对这五种道德教育理论的阐述，亦呈现了20世纪西方道德教育的发展过程。

（一）柯尔柏格的认知-发展理论

劳伦斯·柯尔柏格（Lawrence Kohlberg）是美国著名的道德教育家，道德认知发展学派的代表人物。道德发展阶段理论是柯尔柏格道德教育思想的核心，其理论以皮亚杰的"认知—发展"研究为基础。在皮亚杰的习俗道德和理性道德的基础上，柯尔柏格提出了道德发展的三种水平：前习俗水平、习俗水平、后习俗水平。"习俗"一词是指个体仅仅因为它们是社会的准则、期望和习俗，而遵守和坚持这些准则、期望和习俗。在柯尔柏格看来，道德的发展取决于规则如何被理解的过程。他认为道德发展的重要决定因素是认知的，道德判断和推理是个体道德发展的必要条件，个体道德发展水平的提高是与个体逻辑推理能力的发展密切相关的。

柯尔伯格认为，发展是道德教育的根本目的，道德教育不是为了传授一些固定的道德准则，而是要促进学生的道德发展。由此，他反对那种把灌输特定的学校、教会和国家的固定习俗作为道德教育目的的传统模式，而希望教师通过一定的指导活动，激发学生积极思考和运用自身积累的道德经验，促进道德判断和道德推理能力的发展。他认为，教师在道德教育过程中的角色，不是外部规则的强制执行者，而是学生道德发展的指导者。

柯尔柏格提出道德教育方法的三个原则：（1）必须首先了解学生的道德发展的阶段水平。（2）必须在学生中引起真正的道德冲突和意见不一。（3）要向学生揭示高于他已有的发展程度一个阶段的道德思维方式。[①]

科尔伯格十分重视道德两难问题的构建、讨论和应用，认为带有冲突性的交往和生活情境最适合于促进个体道德判断能力的发展。儿童通过对假设性道德两难问题的讨论，能够理解和同化高于自己一个阶段的同伴的道德推理，拒斥低于自己道德阶段的同伴的道德推理，因此，围绕道德两难问题的小组讨论是促进学生道德发展的一种有效手段。

（二）价值澄清学派的道德教育理论

价值澄清学派（Values Clarification）产生于 20 世纪 30 年代的美国，到 60 年代获得新的发展。价值澄清理论产生和发展之时正值社会动荡、个人价值观丧失、学校道德教育面临较多指责之时，在这种社会背景下，价值澄清学派从价值观混乱角度提出价值澄清模式，在实践中产生了较大影响。路易斯·拉斯思、梅里尔·哈明和悉尼·西蒙合著的《价值观与教学》被认为是价值澄清学派的奠基性著作。

价值澄清学派以杜威的经验论、人本主义心理学、存在主义为理论基础，抛弃了 30 年代单纯对概念的诠释，同时继承了进步主义主张的使学生产生价值共鸣的思想，以及道德认知—发展理论的相关理论，试图通过帮助学生掌握价值澄清的方法，使人们更好地适应民主政体提供的最充分的机会，在政治、宗教、种族、友谊、爱情、性、财富等方面战胜冲突，从价值混乱中解脱出来。其理论主张认为，学校价值教育的过程应该遵循一定的阶段和步骤，包括：选择——自由的无强迫的选择；从多种可能性中选择，慎重考虑后果的选择；珍视——珍视自己的选择；乐于公开承认自己的选择并愿与他人分享；行动——把选择付诸行动；重复这种行动并成为自己的生活方式。主张在明确价值过程阶段性发展的基础上，建立价值

---

① 柯尔柏格：《道德教育的哲学》，魏贤超等译，杭州：浙江教育出版社，2017 年版，第 23 页。

澄清模式，注重主体有意识地参与和反思，从而澄清价值、改变行为、确立生活方式。

（三）罗杰斯的人本主义教育理论

人本主义教育理论是伴随着人本主义心理学而兴起的一种教育理论。在人本主义心理学的基础上，形成了人本主义教学观，深刻地影响了世界范围内的教育改革，是与程序教学运动、学科结构运动齐名的 20 世纪三大教学运动之一。

根据人本主义心理学的"自然人性论"：人是自然实体而非社会实体；人性来自自然，自然人性即人的本性；每一个人都具有发展自己潜力的能力和动力，行为和学习是知觉的产物，一个人大多数行为都是他对自己的看法的结果。由此，真正的学习涉及整个人，而不仅仅是为学习者提供事实。真正的学习经验能够使学习者发现他自己的独特品质，发现自己作为一个人的特征。

人本主义心理学家罗杰斯的"非指导性教学"是人本主义教育理论的代表。罗杰斯激烈地反对传统教育中教学的指导性，认为应当采取促成个体自我实现的教学策略——非指导性。"非指导性"这一概念指的是，用于咨询、小组治疗和心理治疗的一种方法，他借鉴于个人的自我反省活动以及（或者）反应，使个体重组、改组或者改变态度与行为。教学中的非指导性策略的原型，是罗杰斯在心理治疗实践中形成的"非指导性技术"，他将这一技术用于课堂环境之中，形成了"非指导性教学"。

罗杰斯认为，人具有非常优异的先天潜能，教育无需用指导性的方式向学生进行灌输，这会压抑人的自然潜能，其效果适得其反。教育应当为学生提供宽松、和睦的环境，使其自然潜能得到充分发展。教育不能按照预定程序、利用外部要求向学生施教，不能"指导"学生如何想，如何做，而必须顺学生自然的内在心理体验的变化。据此，罗杰斯认为，在课堂教学中要贯彻"非指导性"的思想，教师必须信任学生，形成融洽、开放、相互支持的课堂气氛；教师应当与学生共同承担教学责任，鼓励与学生分享各种学习资源，形成一种促进学习的良好氛围。罗杰斯强调教学的目标在于促进学习，因此学习不是让教师以填鸭式的方式强迫学生学习枯燥的现成教材，而是让学生在好奇心的驱使下去吸收他感兴趣的知识。

罗杰斯认为，情感和认知是人类精神世界中两个重要部分，彼此融为一体，教育理想是培养躯体、心智、情感、精神、心力融会一体的人，也就是既用情感的方式也用认知的方式行事的情知合一的人。而要想最终实现这一教育理想，其现实的教学目标是促进变化的学习，培养能够适应变化和知道如何学习的人。

（四）威尔逊的理性功利主义道德教育理论

约翰·威尔逊（John Wilson, 1928—），当代英国著名的教育哲学家和道德哲学家，理性功利主义德育理论的代表。他从哲学入手来探讨道德和道德教育理论问题，他采用语义分析的方法，从分析传统道德教育中含糊的语言、概念入手，对道德教育理论中的许多问题进行了哲学论证。他认为道德是人们解决道德问题的方式和过程，一个在道德上受过教育的人必须具备一系列能够自行应付和解决道德困境的能力，即所谓"道德要素"。因此，学校道德教育应该教给学生面对道德问题、解决道德问题的方法论，而不是具体的道德价值观内容。这种观点突出了道德的自主理性，对道德教育的实践具有现实的、普遍的意义。[①]

威尔逊继承了近代西方伦理学科学理性主义的传统，崇尚理性的哲学思维方式，追求道德理性，希望将自己的理论建立在理性权威的哲学基础之上。他明确提出以理性为道德教育的权威，要求摆脱非理性的个人偏见、幻想和感情；同时，对于受教育者，他同样要求自律的道德理性，强调道德的主观方面，即个体的理性判断和自主决定的行为目的。在道德教育的方法上，威尔逊强调理性的道德思维传授的重要性，将道德教育的目标之一确定为学生独立思维能力的培养。他反对灌输，认为灌输者采取的很多方式往往是非理性的，由此带来的结果也必然是教条主义的。因此，他认为，道德教学的目的，不是向学生灌输特定的道德信念，而是让他们通过一定的途径，形成并判断他们自己的道德准则。

同时，作为英国人，威尔逊深受英国功利主义道德文化传统的影响，他涉足道德教育领域的直接目的就是为学校道德教育的理论与实践寻找出路。威尔逊积极关注现实世界，倡导"关心他人利益"的道德原则，追求道德教育理论的实际效果，崇尚理性、注重实利。

（五）贝克的价值教育理论

加拿大教育学者克里夫·贝克（Clive Beck）的价值教育理论，在20世纪八九十年代广受关注。他的理论被认为是西方多元文化现象的反映，同时也是对价值澄清理论的纠偏。价值澄清理论带来的一个问题就是增加

[①] 蒋一之：《威尔逊道德教育理论的哲学基础研究》，《全球教育展望》，2002年第4期，第30页。

了价值选择的随意性，加剧了现代人的价值迷茫。如何在多元文化发展、多种价值观盛行的情况下，进行核心价值观的引导，是西方道德教育所希望解决的问题。

贝克理论的哲学基础主要是"反省伦理学"。反省伦理学的主要特点在于试图不断地确定那些永恒的、基本的人类价值，以用于对具体道德问题的反省。贝克认为，道德教育要不断对其价值的终极目标和具体目标进行反省，反省其合理性，并进行修改和修正。

与价值澄清学派缺乏核心价值观不同，贝克提出了自己的核心价值观，即追求幸福美好的生活。他认为价值根源于"人性"或者说"美好生活"，幸福人生、美好生活包括了基础价值的实现。据此，贝克的价值教育理论体系围绕美好生活而展开。他把美好生活作为学校价值教育的导向，认为学校教育应当重视唤醒人们追求美好生活的意识，帮助形成乐观的生活态度，同时也应当提供追求美好生活的知识和技能，激发人在任何遭遇下都不放弃追求美好生活的希望和理想。

贝克倡导价值教育的整合，试图以美德伦理来缝合多元文化主义教育，在教育方法上，提倡对话式价值学习和教学。对话式价值教学的特征在于反对权威式灌输，而将教学活动中的双方置于平等的位置，相互尊重，平等对话，以最有利于沟通的方式，实现来自不同种族、持不同价值观的个体之间的交流和相互理解。

贝克的价值教育理论体现了鲜明的时代特色——西方社会在多元文化盛行的情况之下对于道德教育的重视和在价值观引导上所做的积极努力。

二、当代西方德育理论的特点

当前西方德育理论主要以美国为主，其中的一个显著特点是大都出现在第二次世界大战之后。有学者指出，"二战之后，西方道德教育不再注重激发爱国主义情感和民族凝聚力"[①]。二战后，由于科技的高速发展，社会急剧变化，诚为"千年未有之变局"，尤其以美国为代表的西方国家，在移民潮的影响下，社会结构也变得日趋多元化，由此带来价值观念的激烈碰撞，难以弘扬统一的价值观，个人主义、价值多元主义盛行。

纵观五大德育流派的理论，有如下特点：

---

① 苏振芳主编：《思想道德教育比较研究》，北京：社会科学文献出版社，2011年，第143页。

在德育目的上，重视学生道德判断和选择能力的发展，而不是掌握和服从特定社会或集团的道德规范。反对向学生直接灌输特定的道德原则，强调培养学生的反省思维和理智能力，如柯尔伯格把促进儿童的道德判断和道德品质发展作为道德教育的一种目的；价值澄清学派则主张，"他如何获得价值观"比"他获得了什么价值观"更为重要。

在德育内容方面，淡化政治教育，而强调个人主义、国家主义。受二战影响，各教育流派都有意识地淡化德育中的政治性，转而强调公民道德的重要性。在个人与社会的关系问题上，坚持个人主义，强调德育的个人价值，反对把德育的目的定位为社会价值，认为德育的目的在于促进个人品德的发展和完善，改善人的道德生活，增进人的幸福。

在德育方法上，反对灌输式教育，而强调培养学生自主的道德思维和判断模式，注重道德认知的发展。在这一点上，延续了文艺复兴以来的人文主义传统，尊重受教育者的主体地位，反对教条，反对道德灌输。与中国传统德育强调儒家经典的灌输不同，西方现代的德育理论都旗帜鲜明地反对道德灌输，反对权威式的灌输模式，而是强调培养道德判断思维，同时，注重理论与实践相结合，探索可操作性的德育模式，使德育更贴近社会现实、贴近生活，能够便于教师的课堂教学。

在德育的学科体系建设上，大量吸收了相关学科如心理学、哲学等的研究成果。道德认知学派以皮亚杰的"认知－发展"理论为基础，而价值澄清学派则以人本主义心理学为基础；威尔逊的德育理论扎根于哲学，他批判权威主义和相对主义，主张将道德教育学科建立在科学、理性的哲学分析的基础之上。这些都展示了对于相关学科研究成果的积极汲取。

三、当代西方德育理论对于当前研究生思想政治教育的借鉴意义

正确认识和理解当代西方德育理论的发展与变化并加以借鉴和运用，对于丰富我国研究生的思想政治教育理论和指导实践具有重要意义。

（一）凸显思想政治教育中的主体性价值

我国高校研究生的思想政治教育虽然取得了巨大的成绩，但也存在一定问题，特别是忽视了教育过程中主体性价值的凸显，导致思想政治教育变成了对象性教育，忽视的教育对象的主体性和现实需要。而当代西方的德育理论则强调，要充分重视学生道德判断和选择能力的发展，反对向学生直接灌输特定的道德原则，强调反省思维和理智能力。如柯尔伯格的理

论和实践掀起了美国70年代之后的"认知发展教育运动",他的思想和实践对德育学起到了部分奠基性的作用。在这之后,许多学者认为,德育应实施"参与—实践"模式,德育的重心应转向对受教育者的道德思维、推理、判断能力的培养。由此,德育中的主体性价值取向得到充分的重视。

这一理论主张对于我国当前研究生的思想政治教育也同样具有借鉴意义。对于研究生这一具有较强思考能力群体的教育,更应该充分重视其自身的主观能动性,注重培养他们的反省思维、理智能力。

(二)拓展思想政治教育的方法和途径

传统研究生思想政治教育的教学方法,偏重于道德规范的填鸭式教育,以教材为本位,以教师为中心,以灌输为主方式,注重知识记诵,教育的方法和途径较为单一,不能适应社会的发展和个人的需要,从而大大削弱了研究生思想政治教育的功能和效果。而西方当代德育理论较为注重教育方法的创新和教育途径的拓展,尤其注重教育在课堂教学中的可操作性,具有重要的借鉴意义。

如价值澄清学派的教学模式,在20世纪70年代的美国学校教育中被广泛接受,主要原因在于其在教学实践中的可操作性,可普适于课堂教学,容易引发学生的兴趣和参与性,并有利于师生间的良性互动。这一学派强调尊重个体的经验、喜好,提倡人性、自主、尊重,给予学生价值选择权。罗杰斯的人本主义教育思想,则强调情感在教学活动中的地位和作用,以情感作为教学活动的基本动力,以学生的"自我"完善为核心,强调感情在教学实践过程中的重要性,认为教学内容、教学手段等都维系于教学过程中人际关系的形成和发展;把教学活动的重心从教师引向学生,把教育对象的思想、情感、体验和行为看作是教学行为的主体,从而促进了个别化教学运动的发展。这一系列的德育理论,对于当前研究生思想政治教育方法和途径的创新与拓展,都有积极的意义。然而,价值澄清学派同样也不可避免地存在一系列的问题,如:过分强调并认为这是价值判断的标准;在给予学生宽泛的选择的同时,却由于核心价值观的缺乏,学生在面临选择时往往导致另一种形式的放任自流,这些也是我们在借鉴的过程中要予以克服的。

(三)完善思想政治教育的学科体系

研究生的思想政治教育应该是系统的、有条理的、层次明晰的,为此,综合性的思想政治教育学科体系建设显得尤为重要。研究生的思想政治教育学科体系的建设,不是仅仅凭借"一己之力"就能适应当前学科发展、社会发展和研究生个体发展的需要的。从西方当代德育理论流派来看，都是积极吸收了相关学科的成果，尤其是心理学的研究成果。如道德认知学派是汲取了心理学家皮亚杰的认知发展理论；价值澄清学派是以人本主义心理学为基础；威尔逊的理性功利主义道德教育理论，其理论基础在于近代西方伦理学科学理性主义；贝克理论的哲学基础主要是"反省伦理学"。

　　这对于我国研究生思想政治教育的启发在于，任何思想政治教育理论都应该有坚实的学科基础，要建立在对传统的学科理论的汲取之上；同时，要广泛采纳相关学科的理论成果，从而建立起综合性的思想政治教育理论体系。"如果我们必须从多个方面、多门学科去分析被教育者思想政治方面存在问题的原因的话，那么，对于这一系列问题的解决，同样必须借助于多学科的视野、研究手段和工具，甚至引用某些重要观点，而这离不开来自其他相关学科的有益启示。"① 研究生的思想政治教育要取得成效，必须要有多学科的视野，要充分吸收哲学、伦理学、社会学、心理学等方面的学科理论成果。同时，"这种思想政治教育实施过程中所面临问题的复杂性，对问题的解决受制于诸多主客观因素的特点，决定了传统意义上的思想政治教育研究因其视野的狭窄性而难以担当其应有的重任，这就要求走出思想政治教育研究的传统视野，借助多门学科以解决具有不同特点、不同诉求的被教育者的思想政治问题，并在进一步有效解决问题的过程中发展思想政治教育学科。"② 研究生的思想政治教育也面临诸多问题和挑战，传统的思想政治教育研究因其视角的狭窄性也难以更好地解决问题，唯有吸收相关学科的成果，"为我所用"，才能实现其有效性。

---

　　① 刘云林：《交叉学科视野下的思想政治教育研究》，《学校党建与思想教育》，2011 年第11 期。
　　② 同上。

第五章　研究生思想政治教育
基本要素的优化

　　研究生思想政治教育的基本要素，包括教育原则、教育目标、教育内容、教育方法。随着客观形势的不断发展变化，思想政治教育的理论、内容、方法等，都需要找到时代发展的方向，保持步伐的高度一致，充分考虑新形势下思想政治教育所呈现出来的新特点，紧跟时代要求，与时俱进。通过对当前"新形势"和"研究生群体特征"的分析，针对研究生思想政治教育的新要求，对研究生思想政治教育的基本要素进行优化。

第一节　坚持科学的研究生思想政治教育原则

　　研究生思想政治教育原则是思想政治教育工作实践的抽象和概括，是研究生思想政治教育工作规律的具体体现，也是研究生思想政治教育工作过程中所必须遵循的工作准则。用社会主义核心价值观引领当前的思想政治教育，是学界的共识，要坚持一定的原则，"把握思想态势的机制和渠道，把握正面宣传和典型引领的机制，要针对研究生的思想特点，探索有效的途径，加强思想舆论引导，开展实践体验活动，拓展引领途径和载体，建立思想行为规范。"[①] 根据研究生文化水平较高、基础知识较完备、独立思考能力和民主参与意识较强的特点，研究生的思想政治教育要在教育者与受教育者之间建立一种民主、平等、相互学习的双向互动交流关系，据此提出研究生思想政治教育的三项原则：

[①] 林希玲：《新的社会阶层思想工作原则机制和实践途径研究》，《中央社会主义学报》，2011 年第 10 期。

一、开放性原则

全球化是当今时代的重要特征和必然趋势，全球化时代的高等教育是一种开放式教育，在这一背景下，思想政治教育无论是环境、理论、过程、内容的开放性越来越显著。思想政治教育只有与全球教育发展的历史趋势相适应，与社会主义市场建设的进程相协调，与当代学生的全面发展相结合，发扬与时俱进和务实求真的精神，才能永葆生机和活力。因此，必须把思想政治教育视作一个开放的系统，密切关注思想政治教育系统与周围环境的变化关系，及时调整思想政治教育思路，这样才能适应思想政治教育的新情况和新变化，取得良好的教育效果。思想政治教育的开放性是指，思想政治教育必须随着时代发展和技术进步，准确把握时代要求，吸收整合各种优秀理论文化资源，并借助各种先进技术手段，开拓创新思想政治教育的内容、理论、渠道和途径。为此必须注意以下两点。

（一）继承与创新相结合

研究生思想政治教育要坚持继承性与创新性相结合的原则，继承性是从事思想政治教育工作所必须遵循的规律，而创新性则是时代的必然要求。新形势下，高校思想政治工作面临许多新情况新问题，它要求我们高校思想政治工作必须适应新形势，正确处理好继承与创新的辩证统一关系。其中，最重要的是必须在坚持和发展我们党开展高校思想政治工作重要经验的基础上，充分体现时代特征。

思想政治教育本身就具备很强的继承性，以往的经验、成果和模式构成了教育的现实基础和前提条件。在思想政治教育的内容上，既要继承优秀的传统道德文化资源，也要继承我们党在过去的革命斗争年代和社会主义建设时代所积累下来的革命文化传统，同时也要继承之前的学校思想政治教育中相关的内容。中国传统道德思想中的德育理念、修养态度、价值取向、伦理原则等，对于当前的思想政治教育工作都是十分有益的资源，继承传统文化无疑是当前的学者们致以挖掘的热点之一。我们党在思想政治教育上一贯也有优良的传统，积累了丰富的理论资源和实践经验，这也是需要得到继承的。在过去的研究生教育体制的探索发展时期，学校思想政治教育上所取得的经验，也是应该继承和发扬的。尤其在思想政治教育的方法上，学校思想政治教育的一些传统的、行之有效的方法也可以继续沿用。原有经验的积累对于现有工作的开展将会十分必要且具有价值。即便在一个创新的时代、大变革的时代，也不能完全割裂现实的传统路径而另起炉灶，完全把旧的传统打破。

对于研究生思想政治教育的创新性探索，也是一个重要的方面。既要继承，更要创新。创新是时代发展的要求，也是在新时期开展研究生思想政治教育的必然趋势。在研究生培养体制中，要基于培养方案来积极进行思想政治教育方式改革的新尝试。首先，思想政治教育的切入点，应该从当前研究生所关心的热点、难点问题入手，如婚恋问题、就业问题、科研问题等，提高针对性和实效性，要更加人性化，愿意倾听、了解并帮助他们解决学习、工作和生活中的实际困难。其次，积极探索道德教育的新模式，从单纯的课堂教学、理论学习、听报告的形式，转变为丰富多彩的活动形式，如举办研讨会、读书会，开展公益性活动、举行参观考察活动等，多渠道、多种形式进行活动。最后，在思想政治教育的机制保障上，要创新管理机制，健全管理制度，通过体制的创新来实现各项措施落到实处。

继承与创新相结合，可以确保当前的研究生思想政治教育工作既保持了一定的延续性和稳定性，兼顾了客观现实条件，又在继承的基础上有所创新和发展，积极回应时代需求与挑战，与时俱进地开展工作。

（二）教育理论与教育实践相结合

研究生思想政治教育，一方面要加强教育理论创新研究，推进教育理论创新达到新的水准和更高的境界，加强研究生思想政治教育的理论研究，同时将教育理论与教育实践并重，注重新理论在教育中的应用和检验，思想政治教育的实践创新是近年来较受关注的研究课题，因思想政治教育就其本质来说并不是脱离实际的纯粹理论学说，它本身具有强烈的应用性和实践性特征。[1] 思想政治教育的理论用于指导教育实践，在教育实践中检验理论的可行性、有效性、完整性、科学性，进而进一步完善教育理论。总的说来教育理论指导教育实践，用教育实践检验教育理论，教育理论与教育实践相结合，二者互动开放，增强思想政治教育的效果。

二、互动性原则

互动是指教育者的主导作用和受教育者的主体作用之间的辩证统一。思想政治教育过程是教育者与受教育者之间相互影响、相互作用的双向活动过程。在思想政治教育中，一方面，思想政治教育者在教育过程中发挥

---

[1] 吴启贸：《论思想教育的实践创新》，《湖南行政学院学报》，2007 年第 2 期。

主导作用，教育者是思想政治素质要求的表达者，是教育过程的组织者、施教者，也是对受教育者自我教育积极性的激发者。另一方面，受教育者在教育过程中发挥主体作用，受教育者是能动地认识并影响教育者及其教育影响的主体，也是自我教育的主体。① 在研究生思想政治教育中，研究生作为具有较强自我意识和良好思维能力的受教育者，更应体现其自我教育的主体作用。因此，要增强研究生思想政治教育的实效性，在教育过程中就必须遵循互动性这一原则，将之贯穿于思想教育的全过程，实现教育的主导作用和研究生作为受教育者的主体作用的辩证统一。

教育者与受教育者之间积极有效的互动能激发受教育者参与及接受教育的积极性，然而传统的思想政治教育侧重知识和理念的灌输，而忽视了对学生的情、意、信等非智力因素的开发；侧重教育的权威性，而忽视教育对象的个性心理特点，忽视教、学双方的主体互动性。目前，在"以知为本"理念指导下的研究生思想政治教育，特别强调知识的灌输，漠视研究生在教育过程中的主体性、能动性。在思想政治教育过程中，既没有考虑研究生群体知识层次高、文化修养好、自我意识强、社会阅历丰富、思想观念开放等特点，也没有关注时代和社会发展的需要，而是以多年来固定的思想政治教育目标、内容、方法、组织方式等，为研究生进行一种程序化、公式化的思想政治教育，以至高校思想政治教育出现了很多问题。鉴于此，研究生思想政治教育的互动性原则必须关注以下两点。

（一）课堂教育与课外教育相结合

课堂教学在研究生思想政治教育中具有主导作用。要充分发挥课堂教学中教师的主导作用。在课堂教学中要深入开展中国特色社会主义和中国梦教育，加强党史国史和形势任务政策教育，把社会主义核心价值观融入教育教学全过程，完善中华优秀传统文化教育，积极开展马克思主义民族观宗教观、党的民族宗教政策和相关法律法规的宣传教育。在课堂教学中要不能一味强调知识的灌输，更要考虑研究生群体知识层次高、文化修养好、自我意识强这一特点，尊重研究生的主体能动性，引入启发教育、对话教育等具有互动性的教育教学方法，让学生真心喜爱思想政治理论课，并将课堂的理论知识带出课堂，真实走进日常生活，指导他们的工作和学习。

课外教育要求利用先进技术占领网络教育阵地，大力建设校园文化，

---

① 陈义平：《思想政治教育学原理》，安徽大学出版社，2008 年 6 月第一版。

深入开展思想工作和心理健康教育，关心研究生的生活学习，努力解决他们的实际问题。

利用网络为研究生学习、生活提供服务，进行引导教育，拓展教育空间和渠道，建设融知识性、思想性、趣味性、服务性于一体的主体网络教育平台。积极支持和引导研究生社团组织开展内容丰富多彩、健康向上，包括政治、学术、科技、文体、社会实践等活动，提供必要的活动场所、经费和其他条件。对于人文社会科学学科专业研究生，进行学术活动需要特别加强指导，要充分利用他们的学科背景优势，鼓励和引导文科类研究生参与校园文化建设。

研究生自我教育是加强研究生思想政治教育的重要方面。有学者指出，当前研究生思想政治教育与管理的一个基本思路，"应该是坚持正面引导，促进自我教育能力的生长。德育的最终目的，是使被教育者能够自我教育、自我约束。"① 加强对研究生中的共青团组织、研究生会组织以及研究生社团组织工作的领导和指导，充分发挥这些组织团结、凝聚研究生的作用，充分发挥他们在研究生思想政治教育工作中"自我教育、自我管理、自我服务"的作用。

（二）理论教育与实践教育相结合

在思想政治教育中，一方面注重研究生对思想政治理论知识的理解和掌握，另一方面更要注重对研究生进行思想政治理论知识的践行能力的培养，让道德认知和道德行为真正落到实处，消除知易行难、知而不行、知行割裂的情况。

理论知识教育应当与社会实践锻炼并举。教育部在《加强和改进研究生德育工作的若干意见》中，提出加强社会实践是研究生思想道德教育的重要环节。研究生社会实践不仅是提高思想道德素质的需要，同时也是培养科研能力的有效途径。提倡研究生紧密结合实际，确定科研方向，特别加强对人文社会科学学科专业研究生开展社会实践活动的指导，结合当前的社会建设实际，制定选题、开展研究，强化教学计划内的实践环节，把社会实践活动纳入教育、教学计划，逐步做到制度化。创造条件，组织研究生开展形式多样的与专业学习紧密结合的社会实践活动，积极组织研究生参加科学研究、技术开发和技术推广活动，支持研究生自主创业。要根据社会发展的需要和专业创新的要求，教育引导研究生自觉树立适应社会

---

① 周晓红：《坚持正面引导，促进自我教育能力的生长》，《教育教学论坛》，2011 年第 8 期。

的竞争意识和进取精神。①

　　研究生思想政治教育最重要的内容的是马克思主义理论教育。要着力引导和帮助研究生掌握马克思主义的立场、观点和方法，增强识别、抵制和批判资产阶级意识形态的能力，树立正确的世界观、人生观和价值观，确立建设中国特色社会主义的理想和信念。认真贯彻理论联系实际和"学马列要精，要管用"的原则，运用马克思主义的立场、观点、方法研究、讨论和分析现实社会生活中的政治、经济、文化、道德现象和各种社会思潮。同时也要将"形势与政策教育"及时引入思想政治教育这一开放系统，针对研究生的思想实际，开展国内外政治经济形势宣传教育，帮助研究生及时掌握国家重大方针、政策，增进与党和政府的共识，通过这一举措，进一步充实教育内容，呼应马克思主义理论的时代性。

三、平等性原则

　　思想政治教育的开放性和互动性提出了对思想政治教育平等性的要求。平等方能开放，平等方能互动。一方面，信息科学技术的迅猛发展和广泛应用，改变了知识传播的途径，网络这一高度开放的教育平台，打破了教育者对知识的垄断这一现实，使任何人都可以平等地接受教育和传播自己的思想，在知识的获取上，教育者与被教育者平等地拥有获取知识的权力和途径。因研究生精力旺盛，思想开放，更容易接受先进技术和先进理念，在一定意义上，获取新知识、新思想的能力可能优于教育者，教育者不能再以"权威"的姿态对研究生施以影响和教育。新形势下，在研究生思想政治教育中，要淡化教育者的"权威"身份，把自己和学生放在平等的位置，以平等、尊重、热情、诚恳的态度，心平气和地交流思想，探讨问题，坚持"以德服人，以情动人"，坚持用自己的行动感动学生，示范学生，从而建立平等的新型师生关系。

　　另一方面，以学生为本是高校思想政治教育的根本出发点，理解学生、关心学生、尊重学生是以学生文本，建立师生平等关系的主要内涵。这就要求教育者必须从学生的实际出发，把教育内容融入日常实践，采取有效措施来落实具体工作，做到具体问题具体分析。引导研究生认真学习和深切领会马克思列宁主义、毛泽东思想、邓小平理论、"三个代表"重要思想和科学发展观，并自觉地用它们武装自己，提高理论水平和道德修

---

　　① 《关于加强和改进研究生德育工作的若干意见》，《中华人民共和国国务院公报》，2000年29期。

养。在具体工作中要注重学生的层次性，考虑学生的现实性。因此，关注思想政治教育的平等性，必须注意以下两点。

（一）普遍与特殊相结合

研究生思想政治教育需要坚持普遍与特殊相结合。关注每一位同学，关注群体的成长，关注研究生群体普遍性特征，但研究生具有较强的个性化特点，个体差异较大，将其中的每位同学平等对待，尊重个性发展，并根据个体情况因材施教。

研究生群体的普遍特点，从思想现实看，当前研究生关心的热点分散，不趋于集中，舆论一致的情况较少。而在改革开放前时代的政治意识、理想激情等理想化、符号化、政治化的表述方式，正在被理性、客观、现实的打算所取代。这也导致了一个负面的影响，就是过于纠结现实的细节，缺乏激情和奉献精神，缺乏为理想献身的勇气和精神。当代研究生群体对于社会现实问题的观察和思考，更多采用自己的判断标准，考虑自己的主观感受和主观理解，较为个性化，而不会单纯考虑跟主旋律合拍。抽象的政治标准逐渐在偏离研究生群体的思想现实。功利化的短视行为也是一个较为普遍的现象，由于对现实利益的关注，不免会出现功利性、短视，较少关注长远的发展。从道德行为的认知和践行来看，研究生群体也普遍存在"知易行难"的情况，不少人存在认知与行为的不一致，思维健全，理性，道德认知正确，但是具体到实际行动的践行上，却偏差很大。这一群体也存在自我意识强，而团队意识弱、乐群性较弱的情况，过于偏重自我世界，大局意识、整体意识缺乏，个别学生存在社交障碍、人际关系障碍等，人格的发育不够健全，有待进一步提升。

个体差异是智力因素与非智力因素的统一，而在心理学的研究中，个体差异变量是非常受到重视的。研究生群体由于专业不同、生源不同、工作经历不同、年龄差距较大等情况，群体中的个体差异较大，相比本、专科阶段的学生来说，研究生的个体差异是较大的。这种个体差异体现在：个体的行为模式、情感能力、自我效能、信息加工模式、学习风格、认知方式上的差异，以及在求学动机、择业偏好、工作经历、婚恋状况等方面的差异。

在思想政治教育中，应当充分考虑到普遍与特殊相结合，既考虑到群体特征，也考虑到个体的差异性。既要针对研究生群体制定思想政治教育的方案，也要根据个体的不同而采取有区别、有差异性的做法。不能过分强调教育内容和目标的一致性，制定整齐划一的标准，用统一的、理想化的标准来要求和塑造每一个个体，而忽视了不同个体的个性特征。

（二）导师垂范与自我教育相结合

导师在研究生培养过程中具有不可替代的作用，"师者传道授业解惑"，导师对研究生不仅具有专业学习、科研练习的指导作用，对于研究生思想素质的成长也具有不可推卸的责任。导师在研究生培养模式中的独特地位，决定了在研究生思想政治教育中应该发挥一定的主导作用。研究生导师对研究生为学、为人都产生着重要影响，是研究生思想政治教育的重要力量。对研究生而言，导师既是他们教育的指导者，是从事科研、学术生涯的引路人。而导师本身也是学科领域的骨干、精英，在对研究生加强业务指导的同时加强思想政治教育，既是研究生自身成长的迫切需要，也是导师的责任所在。研究生导师应在政治思想上、道德品质上、学识学风上，以身作则，率先垂范，为人师表。

然而，目前研究生和导师之间存在着"雇佣型"和"放任自由型"的不平等关系，有的导师将研究生看成高级打工仔和廉价劳动力；有的导师疲于应付各种名目的考核，对自己的学生不闻不问，无暇顾及学生的学习科研和思想政治教育。

因此，要建立平等的新型师生关系，大力倡导并加强研究生导师教书育人工作，导师要能够积极主动地承担起教书育人的责任，对于研究生的思想道德状态给予足够的关注，同时给予积极的引导和正确的帮助。导师不仅要授业解惑，更要从思想、道德、精神品格上关怀学生。

思想政治教育是一个潜移默化的过程，在研究生教育过程中面对学生，承担重要角色的研究生导师已不是一般意义上的个人，而是知识、智慧、道德、人格的化身，导师的道德品质和行为习惯，作为示范都对学生有着直接影响。特别是社会上一些急功近利等不良倾向对导师的影响，导师在品行方面每个可能的失误对学生构成的不良影响要比其失误本身大得多，其错误信息导向将是严重的。所以"学高为师，德高为范"就是对导师队伍的写照与要求。

第二节　制定明确的研究生思想政治教育目标

研究生思想政治教育目标作为教育者对研究生的价值期待，有以下两个基本的展开维度：一是研究生自身内在的思想政治素质，二是研究生对外在的思想政治意义上的行为准则信守。对这两个维度予以科学把握，并在此基础上探寻研究生思想政治教育目标实现的具体路径，不仅将推动研究生思想政治教育研究的深入，而且对于全面提升研究生的思想政治素质，使其所从事的活动最大限度地契合社会所设定的"应然"，也具有方法论的启迪。

一、研究生思想政治教育目标的两个维度

就价值指向而言，研究生思想政治教育的目标反映了社会对研究生具有"应然"意义的价值期待。要使得体现这一价值期待得以有效实现，取决于两个基本的要件：研究生内在的思想政治素质和研究生对思想政治行为准则的信守。研究生内在的思想政治素质为具有思想政治意义的活动提供了动力支持，而思想政治行为准则则为研究生的思想政治活动规定了具体路径。研究生思想政治教育目标的实现过程，实质上就是具有社会所期待的研究生道德自觉追求思想政治行为准则、教育行为准则的过程。只有当研究生形成了良好的思想政治素质，社会确立了合理的思想政治规范，研究生思想政治教育目标的实现才具备了现实的可能性。在这里，研究生内在的思想政治素质和思想政治规范构成了研究生思想政治教育目标的两个基本维度。从而，研究生思想政治教育目标的实现就取决于社会在研究生思想政治素质和思想政治规范这两个维度上进行卓有成效的建设。

然而，在当今我国的研究生思想政治教育的研究中，人们并没有意识到研究生思想政治教育目标应该区分为研究生思想政治素质和思想政治规范两个维度，从而并没有意识到研究生思想政治教育目标的实现取决于研究生素质养成和社会思想政治规范建设两个方面。具体而言，在研究生思想政治教育研究中，当研究者在设定教育活动的价值导向时，往往只将着眼点放在研究生思想政治教育的原则、规范和范畴体系的建构上，而对于作为这一系列原则、规范和范畴实现基础的研究生内在的思想政治素质究竟如何则缺乏应有的关注，从而使得对研究生行为之"应然"的设定缺乏研究生思想政治素质之"实然"的实证基础。又如，研究生行为必定依循一定的准则，但这些准则哪些应由社会来做出，哪些则由研究生内在的思想政治素质来规定，研究生思想政治教育研究并未做出进一步的探究。这种研究者将社会对研究生的行为要求与研究生的自我要求混为一谈，必然导致将被教育行为主体自我设定的思想政治素质上升为社会对全体研究生行为伦常方面的要求——对此，人们感受最深的就是将研究生中少数先进分子自我设定并努力追求的无私奉献的境界上升为对全体研究生的行为要

求，这显然是对研究生思想政治教育者的素质和思想政治规范内容的一种混淆。上述研究生思想政治教育理论研究中的缺憾，概源于研究者们尚未意识到作为社会所设定的教育活动之"应然"，研究生思想政治教育目标一方面体现为研究生对社会所规定的思想政治行为准则的自觉遵行，另一方面也在于研究生在教育活动中始终处于一种良好的境界。也就是说，他们没有认识到研究生思想政治教育目标应该区分为两个维度——研究生的思想政治素质和社会所设定的研究生思想政治教育规范。

但是，不管人们的认识如何，作为研究生思想政治教育目标的两个维度，研究生的思想政治素质和社会所设定的研究生思想政治教育规范乃是一种客观存在。我们认为，思想政治素质规范作为研究生在社会活动中应该信守的行为规则，而思想政治素质作为研究生在社会活动中所体现的一种境界，两者之间至少存在以下方面的区别：第一，从确立的主体来说，思想政治规范的制定者是国家和社会，所谓思想政治规范，即是国家和社会对研究生的活动所提出的具有"应然"意义的行为规定，它是一种外在立法，是国家和社会价值体系的特殊表达；思想政治素质的确立者是研究生个人，所谓思想政治素质，即是各个研究生的自我立法，是被教育主体为自身规定的行为之"应然"，是被教育主体作为个体的内心法则，它所体现的是一种个人的价值偏好，是个人价值信仰的特殊表达。第二，从功能向度来说，思想政治规范的意义主要在于为研究生提供一种行为模式和价值导向，它以规则的形式来确立研究生的行为限度，从而确保研究生的行为符合一定的规矩，这是从消极的意义上假设研究生的内在素质，认为其可能做出有悖于思想政治准则的行为；思想政治素质主要是通过激励行为主体对思想政治目标的追求来体现自身的价值意义，这是从积极的意义上对研究生素质的一种假设，认为研究生素质中存在着追求高尚境界的方面。②如果说，思想政治规范主要是昭示研究生的行为"不应为非"，那么思想政治素质主要是通过提供研究生行为的动力支持系统使其达到人生的某种境界。第三，思想政治规范具有一元性，而研究生的思想政治素质则往往具有多层次性。由于思想政治规范是一种社会立法，所以它对于全体研究生而言具有要求的普遍性，是研究生必须接受的普遍法则。它对研究生一视同仁，一旦确立之后，就体现出一种必然性。③和思想政治规范有别，由于思想政治是各个研究生个体的自我立法，这种被教育个体的差异必然逻辑地决定了各研究生主体思想政治素质的多样性。具体而言，由于各个研究生个体所处的社会历史条件的不同，文化传统的差异，生活方式的特殊性，往往决定了他们思想政治素质的不同，并进一步决定了他们思想政治行为选择上的差异性，这将使研究生的思想政治素质不可避免地呈现出层次性。

研究生的思想政治素质和社会所设定的思想政治规范的上述特点和区别，为它们构成研究生思想政治教育目标的不同维度提供了依据，也为我们如何有效地实现研究生思想政治教育的目标提供了基本的思路，这就是：研究生思想政治教育目标作为社会所设定的在教育活动中所应达到的一种"应然"，它必须通过研究生的思想政治素质养成和国家与社会所设定的研究生思想政治教育规范的实现这两个方面得以实现。

二、当前研究生思想政治教育目标

思想政治教育目标，包括思想政治教育准则或规范方面的目标、思想政治教育对象心理发展的目标和道德能力方面的发展目标。

（一）研究生思想政治教育目标的定位

1. 从近 30 年来思想政治教育目标发展历程看当前研究生思想政治教育目标

改革开放 30 年来，学校思想政治教育目标的发展历程，经历了几个阶段，如张忠华认为，经历了共产主义德育目标时期、德育目标"天上""地面"争论期、规范化建设期和科学化、人本化、生活化研究期。[①]

从总体来看，改革开放初期的学校思想政治教育目标，基本承袭前一时代，继续沿用共产主义思想政治教育，以共产主义思想政治教育品质作为教育目标，具有较强的政治化色彩和理想化追求。到 80 年代中期，随着经济建设的发展，学校思想政治教育与社会主义市场经济建设的大环境相适应已经成为一个迫切需要解决的问题，因此在思想政治教育目标的设定上也出现了一定的争论。争论的结果是，从 80 年代末期开始，注意到了思想政治教育目标的规范化建设问题。此后，国家开始提出思想政治教育目标的分类问题、层次化问题，大学、中学、小学思想政治教育目标的不同落脚点和阶段性区别，以及思想政治教育目标的系统性建设问题，这一阶段也成为思想政治教育目标的规范化建设阶段。进入新世纪以后，思想政治教育目标经过 90 年代的规范性建设，已经具备一定的理论框架和实践操作性，这时候开始走向科学化、人本化和生活化的研究时期。

---

① 张忠华：《改革开放 30 年来德育目标的研究与反思》，《教育学术月刊》，2011 年第 1 期。

表5-1　近30年来思想政治教育目标的主要阶段划分

时　间	思想政治教育目标的发展阶段	主要特征
1978—1984年	思想政治教育目标的沿袭期	思想政治教育沿袭前一时代，对学生进行共产主义品质教育，并以此为主要目标
1985—1988年	思想政治教育目标的争论期	以1985年的教育体制改革为标志，传统思想政治教育目标受到挑战，教育界出现了关于思想政治教育目标的争议
1988—2001年	思想政治教育目标的规范化建设期	以1988年提出思想政治教育目标的分层为标志，这一阶段集中出来了一系列规范思想政治教育目标的文件，标志着思想政治教育目标的研究进入规范化时期
2002年至今	思想政治教育目标的理论深化研究期	以2002年基础教育开始新一轮的课程改革为标志，倡导素质教育、主体性教育，思想政治教育目标也以此为导向，主张科学化、人性化，思想政治教育重新回归生活

当前研究生思想政治教育目标，要突出时代特征，突出科学化、人本化和生活化，要以人为本，注重培养主体性的道德人格，同时要主张教育回归生活，在日常生活中进行思想政治教育，使学生能够自主构建思想政治品质。思想政治教育目标科学化的表现是思想政治教育目标的分层次、系统化，并用以指导教学实践。研究生思想政治教育目标应该具有研究生教育的特色，与本专科阶段有继承性，但也有区别，有明确的差异性。人本化则体现为对思想政治教育主体的尊重，尊重研究生群体的群体特点和个性化特征，从学生的现实个性出发，尊重其需要和兴趣，通过个性化和社会化、教育和自我教育的统一过程，培养良好个性品质，促进个体自主和谐的发展。

2. 从学校思想政治教育的整体规划中看当前研究生思想政治教育目标

从上个世纪90年代开始，教育部注重对于学校思想政治教育体系的整体规划，目的是要对不同阶段学校教育的思想政治教育目标进行更准确的划分，使大、中、小学思想政治教育纵向衔接、横向贯通、螺旋上升、避免出现简单重复交叉和脱节的问题。在思想政治教育体系的整体规划中，始终贯穿大、中、小学各个教育阶段的，是理想信念教育、爱国主义教育、公民道德教育和基本素质教育，这是一条贯穿始终的纵线。

根据教育部发布的《教育部关于整体规划大中小学德育体系的意见》，

整体规划学校德育体系所确立的基本原则,见下表:

表5-2 学校德育体系确立的基本原则

根本指针	邓小平理论和"三个代表"重要思想
根本目标	培养有理想、有道德、有文化、有纪律的"四有"公民
根本任务	帮助青少年学生树立正确的世界观、人生观、价值观
根本途径	课堂教学和社会实践
根本要求	有效衔接、分层实施、循序渐进、整体推进
根本举措	学校、家庭、社会共同参与、相互配合作为,切实增强德育工作的合力

大、中、小学各个教育阶段的思想政治教育目标,循序渐进,各有侧重。小学阶段的思想政治教育目标注重思想政治规范和良好行为的培养,中学阶段的德思想政治教育目标注重思想规范和德育心理的发展,大学阶段则注重政治规范和理想信念教育。具体内容见下表:

表5-3 各教育阶段的德育目标

教育阶段	德育目标
小学教育阶段	教育帮助小学生初步培养起爱祖国、爱人民、爱劳动、爱科学、爱社会主义的情感; 树立基本的是非观念、法律意识和集体意识; 初步养成孝敬父母、团结同学、讲究卫生、勤俭节约、遵守纪律、文明礼貌的良好行为习惯,逐步培养起良好的意志品格和乐观向上的性格
中学教育阶段	教育帮助中学生初步形成为建设中国特色社会主义而努力学习的理想,树立民族自尊心、自信心、自豪感; 逐步形成公民意识、法律意识、科学意识以及诚实正直、积极进取、自立自强、坚毅勇敢等心理品质,养成良好的社会公德和遵纪守法的行为习惯。 中等职业学校还要帮助学生树立爱岗敬业精神和正确的职业理想
大学教育阶段	教育引导大学生确立在中国共产党领导下走中国特色社会主义道路、实现中华民族伟大复兴的共同理想和坚定信念,牢固树立爱国主义思想和全心全意为人民服务思想,自觉遵守法律法规和社会道德规范,加强自身道德修养,具备良好的心理素质和艰苦奋斗、开拓进取的精神,促进大学生思想政治素质、科学文化素质和身心健康素质全面协调发展。同时,积极引导大学生中的先进分子树立共产主义的远大理想,确立马克思主义的坚定信念

从教育部对于学校思想政治教育的整体规划来看,在高等教育阶段,

思想政治教育尤其是理想信念教育是重中之重，也是思想政治教育的最主要的目标。教育部在 2000 年发布的《教育部关于加强和改进研究生德育工作的若干意见》中，也进一步突出了思想政治教育的重要性，指出：研究生德育工作必须坚持以马克思列宁主义、毛泽东思想和邓小平理论为指导，坚持党的基本路线和基本纲领；必须全面贯彻党的教育方针，服务于培养社会主义事业的建设者和接班人的总目标。同时要求，要加强研究生马克思主义理论教育，着力引导和帮助研究生掌握马克思主义的立场、观点和方法，增强识别、抵制和批判资产阶级意识形态的能力，树立正确的世界观、人生观和价值观，确立建设中国特色社会主义的理想和信念。

　　3. 从思想政治教育目标的分类看研究生思想政治教育目标

　　思想政治教育目标分为四部分内容，分别包括：（1）道德规范、社会法律规范与行为准则方面的目标，如基本的道德行为准则、法律规范、社会公德、职业道德方面的规范，以及与学习行为相对应的规范等；（2）思想规范、政治规范方面的目标，如爱国主义、民族主义、社会主义与共产主义方面的规范与目标；（3）思想品德心理发展的目标，指培养良好的心理品质，如义务感、责任感、诚实、正直、守信、自尊、自主性、积极进取、自制力等有关心理品质方面的目标；（4）思想品德能力方面的发展目标，指在道德的认识能力、情感能力、践行能力方面的目标。

　　从研究生思想政治教育来看，在思想政治规范的目标中，重点在于学术道德规范。其他的基本社会思想政治规范与法律规范则主要在中学和大学本专科阶段，研究生阶段的主要目标在学术道德规范。教育部于 2002 年 2 月印发《关于加强学术道德的规范》，提出了端庄学风、加强学术道德的基本要求，成为学术道德的基本规范与目标。而关于思想规范与政治规范方面的目标，研究生阶段比本、专科阶段要求更高，要系统掌握马克思主义理论，并在此基础上形成一定的认识和见解，文科专业的研究生尤其要求要具有较深的马克思主义理论素养。

　　在思想品德心理发展上，主要的目标是培养适应于创新性高素质人才全面发展的良好心理品质，强调责任感、义务感、进取心、自制力，以及正确的学习心理、学习目的和愿意为社会、为国家、为科学事业的发展而献身的奉献精神，增强研究生献身科教、服务社会的历史使命感和社会责任感。

　　思想政治教育能力发展目标是认知能力、情感能力和践行能力的统称。如果说中小学阶段的思想政治教育目标重在思想政治规范的认知能力和情感能力的培养与教育，则高等教育的思想政治教育目标更重视思想政治的践行能力，即"知行合一"的能力。从《中国普通高等学校德育大纲》的规定来看，要求学生"养成高尚的社会主义道德品质和文明行为习惯"，也是强调思想政治教育目标在生活中的践行，如要求学生应当努力做到：诚实守信、勤劳敬业、谦虚谨慎、言行一致、乐于助人、见义勇为、尊敬师长、礼貌待人、朴素大方、廉洁奉公、尊重他人劳动、爱护公共财物、维护公共秩序、抵制不良社会风气等，这一系列的要求，都是更强调思想政治教育目标在实际生活中的践行能力。

（二）当前研究生思想政治教育目标的划分

1. 基础性思想政治教育目标与高层次思想政治教育目标

有学者将研究生思想政治教育目标分为基础目标和高层次目标，如柏昌利认为研究生思想政治教育的基础目标包括思想素质、政治素质、道德素质、心理素质和审美素质五个方面的内容。他还指出，基础目标是对每个研究生在思想政治教育方面的基本要求，而高层次目标则指在达到基础目标的水平之上，"培育一批具有坚定的共产主义理想信念，确立马克思主义的世界观和人生观，树立为人民服务的思想，具有较强民族自尊心、自信心、品德高尚，意志坚定，勇于献身的先进分子。"①

思想政治教育目标本身应当是高尚性与基础性的结合。对于思想政治教育目标的分层，一般认为，属于基础性层次的目标包括：道德教育、法纪教育。其中，道德教育位于最基础的层次，是思想政治教育的最重要的基石，没有道德教育，则其他的相关思想政治教育内容都将成为"空中楼阁"，过于理想化而难以实现。法纪教育也是基础层次中的较高层次，是刚性的规范，同时也是思想政治教育的重要保证；而政治教育和思想教育属于思想政治教育中的高层次目标。

表5-4　思想政治教育目标的层次划分

基础性思想政治教育目标	道德教育	社会公德、职业道德、学术道德、家庭美德、婚恋道德
	法纪教育	法律教育、纪律教育
高层次思想政治教育目标	政治教育	爱国主义教育、社会主义民主政治教育、社会主义初级阶段路线教育
	思想教育	科学世界观、马克思主义基本立场观点方法、科学人生观、科学无神论、辩证主义唯物世界观、方法论、科学教育

---

① 柏昌利：《新时期研究生德育目标的确立与实现》，《学位与研究生教育》，1997年第4期。

研究生的思想政治教育工作，一方面要完善和夯实基础性思想政治教育目标，另一方面也要充分突出高层次的思想政治教育目标。

基础性思想政治教育目标：研究生阶段的道德规范教育主要体现在社会公德、职业道德、学术道德、家庭美德、婚恋道德和性道德几个方面。其中，社会公德是社会性的规范目标，职业道德和学术道德是职业发展与学术研究方面的规范性目标，家庭美德、婚恋道德和性道德则是研究生所在的年龄阶段所需要涉及的思想政治教育目标。

社会公德方面的目标：在社会交往和公共生活中，模范遵守相关的规则和秩序，保持与他人、与社会、与环境之间的和谐融洽的关系。养成高尚的社会主义道德品质和文明行为习惯，努力做到：诚实守信、勤劳敬业、谦虚谨慎、言行一致、乐于助人、见义勇为、尊敬师长、礼貌待人、朴素大方、廉洁奉公、尊重他人劳动、爱护公共财物、维护公共秩序、抵制不良社会风气。

职业道德方面的目标：在职业活动中遵循相关的行为准则，具有正确的职业观念、职业态度，具有良好的职业技能，严格遵守职业纪律和职业作风。

学术道德方面的目标：保持严谨求实的治学风格，严格遵循相关的学术道德规范，坚持正确的学术评价和学术批评态度，杜绝学术不端行为。

家庭美德方面的目标：正确对待和处理家庭问题，处理好夫妻、长幼、邻里之间的关系，做合格的家庭成员。

婚恋道德方面的目标：正确处理与异性之间的婚恋关系，树立正确的择偶观与婚恋观，有正确、健康的性观念，恋爱自由、慎重选择、真诚相待、和睦相处。

法纪教育方面的目标：具有正确的民主意识与法制观念，自觉维护和遵守中华人民共和国宪法和法律；正确行使法律所赋予的民主权利，自觉履行法律所规定的义务，知法、守法、用法，维护学校和社会稳定。遵守学校、单位及所在团体、机构的各项管理规则与制度。

在高层次思想政治教育目标中，研究生阶段的政治教育目标和思想教育目标分别体现为：

政治教育目标。了解社会主义初级阶段党的基本路线的主要内容，正确认识社会主义建设与改革、开放的形势，具有与祖国休戚与共的感情，有振兴中华、建设祖国的事业心和责任感，能把个人前途与社会主义建设的需要结合起来。学会识别和抵制各种背离党的基本路线的错误倾向，拥护中国共产党的领导，走建设中国特色的社会主义道路。

思想教育目标。努力学习马克思列宁主义、毛泽东思想和邓小平建设有中国特色社会主义理论。逐步学会运用辩证唯物主义和历史唯物主义的立场、观点方法分析现实社会生活中的政治、经济、文化、道德现象，识别各种社会思潮，正确认识人类社会历史发展客观规律。

树立以社会主义集体主义为核心的人生观和价值观。努力为人民服务，发扬对国家和人民的奉献精神，顾全大局，正确处理国家、集体、个人之间的利益关系；反对拜金主义、享乐主义和极端个人主义。具有良好的人文素养和科学精神，有正直诚信、追求真理、勇于探索、团结合作的良好品质。

2. 研究生综合素质培养中的思想政治教育目标

在研究生思想政治教育目标中，还要体现研究生综合素质培养的目标，主要体现为在人文素质、科学素质、心理素质、审美素质方面的教育目标。科学和人文素质被认为是公民素质的重要组成部分，研究生教育阶段对于科学素质和人文素质的要求比普通公民更高；心理素质和审美素质也是研究生综合素质的重要组成部分。

人文素质方面的目标：具备较为全面的人文领域知识，在历史、文学、政治、法律、艺术、哲学、宗教、道德等领域有一定的了解和涉猎，理解人文思想，理解民族的文化理念和意识形态特征，掌握人文思想中所蕴含的认识方法和实践方法，遵循一定的人文精神。

科学素质方面的目标：具有较强的学习科学的欲望，保持尊重科学的态度，积极探索科学的真理，了解必要的科学技术知识，掌握科学的思维方法，树立科学思想，崇尚理性实证、求实求真、执着探索、勇于创新的科学精神，理解科学研究机构的功能，并具有应用科学处理实际问题、参与公共事务的能力。

心理素质方面的目标：具备良好的个性心理品质和自尊、自爱、自律的优良品格，具有正常的智力，在感觉知觉、思维记忆、注意力方面表现正常，具有较强的心理调适能力，在人际交往、竞争协作中能表现正常，并具有一定的心理应变能力、承受挫折、调适情绪和控制行为的能力。具有积极而强烈的内在动力，能够合理表达需要，保持适度的动机，拥有广泛的兴趣，适当的理想和科学的信念。具有健康的心态，情绪积极、人际和谐、行为适当、社会适应良好。具备适当的行为表现，行为符合角色定位，适应群体和社会规范，遵循道德和法规。

审美素质方面的目标：有意识地接触审美信息，进入审美状态，培养审美情感，升华审美意识，提高审美敏感度，具备健康、高雅的审美情感和正确的审美观点，努力培养辨别美丑能力，提高审美鉴赏力，完善审美心理结构，同时具有一定的审美表达能力和创造能力，自觉创造美的生活。

第三节　设置合理的研究生思想政治教育内容

作为向被教育者昭示价值体系和行为规范的活动，思想政治教育要有效实现自身的功能价值，不仅要求全社会思想上对教育活动的高度重视，而且要求其教育内容必须具有合理性。思想政治教育内容是否具有合理性，决定了它有无存在的根据；这种合理性的程度如何，则关乎其为教育者信奉的程度[①]。如果研究生思想政治教育内容在合理性上存在缺失，那不管教育动机多么美好和教育热情多么可贵，也不管在教育中付出了多少心血，其效果都很难尽如人意，甚至可能会适得其反，因此，我们在研究生思想政治教育内容设定上要关注其合理性问题。

一、研究生思想政治教育内容合理性的要求

研究生思想政治教育要有效实现自身的教育功能价值，在其内容的设定上必须具有合理性。这一合理性包括形式合理性和实质合理性两个向度。形式合理性的主要表征是满足社会的价值期待、符合当前的国情、具有完整性与和谐性。实质合理性的关键是要处理好权利和义务、自由和责任、实现个人价值和满足社会价值期待、内在美德和外在行为的关系。

（一）研究生思想政治教育内容的形式合理性

研究生思想政治教育内容的形式合理性是指从形式上而言与一定外在规定性的契合，而要使研究生思想政治教育内容具有形式的合理性，具体地必须符合以下要件。

1. 满足社会的价值期待

研究生思想政治教育就其内在精神而言，蕴含了社会对研究生的价值期待，因此，研究生思想政治教育所表达的价值体系和行为规范，必须正确反映社会的价值期待，而不应将此仅仅当成主观意志的表达。对此，马

---

① 刘云林：《思想政治教育内容的合理性探析》，《学校党建与思想教育》，2009 年第 8 期。

克思对立法者的忠告颇具启迪意义，他指出："立法者应该把自己看作一个自然科学家，他不是在创造法律，不是在发明法律，而仅仅是在表述法律，他把精神关系的内在规律，表现在有意识的现行法律之中，"这告诉我们，法律的创制过程，乃是立法者把握和表达社会对法律的价值期待的过程，在这里，马克思说的是如何创制法律，而由于法律和思想政治规范的相通之处，这一精神对于研究生思想政治教育内容的确定同样具有指导意义。

研究生思想政治教育的过程，就是我们把握和表达社会对研究生价值期待的过程。由于社会环境的纷繁复杂和变动不居，由于研究生所出现的新特点和新问题，研究生思想政治教育往往难以契合和体现社会的价值期待。正缘于此，当人们对社会之于研究生思想政治教育的价值期待把握失准，从而使研究生思想政治教育所蕴含的实然与应然发生背离时，就要求对研究生思想政治教育的内容予以必要的审视和校正，使其最大限度地蕴含和体现社会的价值期待，从而使研究生思想政治教育不负时代使命和社会重托。

2. 符合具体的国情

研究生思想政治教育作为引导研究生超越思想政治素质之"实然"而趋于更高境界的活动，在其内容的设定上应考虑到包括政治、经济、文化等社会生活各要素对自身的影响。也就是说，现实的国情应该成为研究生思想政治教育活动的出发点和植根基础，因为研究生思想政治教育的内容作为社会意志的产物，它只能反映、确认客观存在的事物与关系，它只是已然存在或必然存在的事物与关系的表达者，而不是创造者，只有从具体国情出发所确立的研究生思想政治教育内容体系，才具有现实的依据和明确的针对性；只有从当代中国的现实国情这一土壤中生长出来的研究生思想政治教育之花，才可能结出丰硕的思想政治建设之果。

3. 具有完整性

研究生思想政治教育作为对研究生的价值引领和行为导向，其内容的确定乃是以研究生的素质及具体活动为依据的，由于被研究生思想政治素质的差异性和多层次性，教育者向其昭示的价值体系和行为规范必须是一个由不同要求所构成的由低到高的序列；由于研究生的活动往往具有群体性和个体性，所以研究生思想政治教育还应根据被教育者活动的不同特点和场景等要素做出不同的要求，在内容的设定上要分别注意到社会舆论、风俗习惯、内在良心、从众心理和慎独现象等要素对研究生的影响。研究生思想政治教育内容的完整性就体现在教育活动的各个时空，各个层面都

具有健全的内在衔接的规则来调整。而不应存在价值引领和行为规范的
"空白区域"。

4. 具有和谐性

之所以将和谐性作为研究生思想政治教育内容形式合理性的要件，原
因在于虽然从一般意义上而言，研究生思想政治教育有利于被教育者做出
正确的行为选择。但现实中确实不乏研究生面对不同的要求而行为无所适
从的事实。这就在客观上要求研究生思想政治教育的内容作为一个完整的
体系。内部必须是和谐的，相互协调的。如果研究生思想政治教育的内容
自相矛盾，那么，研究生要么无所适从，要么避难就易，而且研究生思想
政治教育内容将因自相矛盾而丧失规范的是非标准。研究生思想政治教育
规范将无法操作、无法实现。这说明要求思想政治内容各要素的和谐一
致，不仅是研究生思想政治教育形式合理性的要求，而且成为研究生思想
政治教育效益实现的前提条件。

（二）研究生思想政治教育内容的实质合理性

研究生思想政治教育内容的实质合理性是指研究生思想政治教育处理
好相应关系的逻辑结果，处理好特定的关系乃是研究生思想政治教育内容
获得合理性所必须解决的前置问题。根据我们所处的形势，在研究生思想
政治教育内容的安排上最起码应注意处理好以下方面的关系。

1. 权利和义务的结合

当代中国正在致力于建设社会主义法治国家，法治社会是一个以权利
为本位的社会。而这对于社会成员有着非常重要的影响。法治的重要原则
之一是法无禁止即授权。即公民有权做法律没有明文禁止的任何事情。因
此，在研究生思想政治教育过程中。对研究生权利的确认应成为重要内容
之一。当然，在教育中还必须告诉研究生：一个人对自身权利的追求不应
以牺牲他人的应有权利为代价。同时，与权利同在的是人的义务。包括道
德义务、法律义务等各种形式的义务。研究生思想政治教育内容合理性的
要件之一就在于对权利和义务的恰当安排。同样，研究生思想政治教育有
效性的标准之一就是看研究生能否既积极主张自身各种权利，又自觉有效
地履行各种义务。

2. 确认自由和尊重限制、勇于担责的统一

在人类历史上，人们获得自由的程度和社会对其成员的自由确认和保
障的程度，历来是社会文明的重要标志。在法治社会"法无禁止即自由"
的法治原则又为公民自由的获得提供了法律依据。在公民的权利体系中，

获得自由的权利应是最高层次的权利，所以，在研究生思想政治教育的过程中，必须确认和尊重研究生的自由，为他们追求自由的权利提供合理性论证。当然，还必须进一步告诉他们，在追求自身自由的同时不应妨碍他人的自由。要使"自由同时又是一种限制，他人自由是自身自由的边界"成为被教育者的自觉理念。同时，犹如义务与权利同在一样，责任和自由也是如影随形，自由之身同时也是责任之身。一个积极追求自由的人又应该是勇于担责的人。从理论上而言，自由和责任的统一已然成为人们的共识；从实践上而言，只讲自由免谈责任将使自由流于空想。研究生思想政治教育在内容的设定上对研究生自由和责任不失偏颇的关顾，不仅使自身获得了合理性，也有利于研究生既最大限度地实现个人自由，又充分履行对他人和社会的责任。

3. 个人价值的实现和社会价值期待的满足相统一

前已论及，研究生思想政治教育的过程乃是表达社会对研究生价值期待的过程。其实，这一过程同时还应是为研究生的价值实现提供有效支持的过程。研究生思想政治教育的这两个方面互为支撑，其中任何一方的缺失都使得研究生思想政治教育的功能实现存有缺憾，由研究生思想政治教育的这一特点所决定，其目的应是实现研究生的个人价值和满足社会的价值期待的有机统一。既要将研究生培养为社会所需要的社会人，又不至于使其失去应有的个性和自我实现的能力，同时还应有利于个人价值最大限度的实现。在这一问题上，由于西方固有的个人本位传统和中国整体本位的传统，使得两者在培养取向上处于对立的两端。其实，在研究生思想政治教育内容的设定上，我们尽可在克服其片面性的基础上将两者加以有机统一，在剔除其糟粕的基础上汲取其合理的成分。这就是，将充满个性特征和为社会所接纳认同作为研究生应有的思想政治素质，将个人价值的实现和社会价值期待的满足作为教育者的双重价值追求。做到了这一点，不仅在理论上加大了研究生思想政治教育内容合理性的含量，而且在实践上有利于个人价值的全面实现，也为建设既充满活力又和谐有序的社会提供了人的思想政治素质方面的保证。

4. 美德和善行的统一

研究生思想政治教育作为社会价值体系和行为规范的特殊表达，其内容还应包括研究生的美德和善行两个方面，而将研究生思想政治教育的内容作这样的安排，乃是研究生思想政治教育之功能的具体体现。就研究生思想政治教育的功能而言，其主要表现在两个方面：规范人的行为和提升人的德性。在研究生思想政治教育的过程中，只有将此两者作为重要内容，研究生思想政治教育的价值实现才可能避免缺憾，才不至于留下"空白区域"；只有为研究生的行为规定具体的路径，才能使其行为依循规范之矩；只有研究生具备了美好的德性，才能在实践中不断实现对现实的超越。

就研究生美德和善行的相互关系而言，两者各以对方为自身实现条件的特点决定了应将其作为研究生思想政治教育的重要内容。首先，研究生的美德是内隐于其观念和人格之中的，它只有通过研究生的具体行为才可能得以外显和实现。如果不见诸具体的行为，只停留在自我欣赏、自感欣慰的阶段，研究生的美德就没有应有的实际意义。其次，研究生要使自身的行为具有善的意义，也离不开德性方面的保证，没有德性方面的保证，研究生或许会在某种境况下因某种契机而做出令人称道的行为，但绝不可能因行为的累积和持之以恒而养成一种良好的习惯。从研究生思想政治教育追求的终极价值即人的解放和全面发展的实现而言，需要这两个向度的有力支撑。研究生思想政治教育所昭示的精神需要内化为人的一种德性，而研究生思想政治教育所要求的行为规范又需要人们在具体活动中的自觉遵循，这两者对于研究生思想政治教育的价值实现来说都是不可或缺的。

二、当前研究生思想政治教育的主要内容

《关于进一步加强和改进新形势下高校宣传思想工作的意见》明确指出，要着力增强大学生思想政治教育针对性实效性，启动大学生思想政治教育质量提升工程，深入开展中国特色社会主义和中国梦教育，加强党史国史和形势任务政策教育，把社会主义核心价值观融入高等教育全过程，完善中华优秀传统文化教育，高度重视民族团结教育，积极开展马克思主义民族观宗教观、党的民族宗教政策和相关法律法规的宣传教育，广泛开展各类社会实践和公益活动，加强高校心理健康教育与咨询示范中心建设，做好就业指导和家庭经济困难学生资助工作。

根据上述所论及《关于进一步加强和改进新形势下高校宣传思想工作的意见》要求，当前研究生思想政治教育的主要内容，在于进一步加强马克思列宁主义、毛泽东思想和中国特色社会主义理论体系教育和中国梦教育，深入开展当前政策与形势的教育，社会主义核心价值观教育，开展中华民族优秀文化传统和革命传统教育，民主法制教育，职业道德与学术道德教育和心理素质教育，从而促进研究生在思想政治和科学文化素质等方面的全面提高。

（一）马克思主义理论教育

根据教育部于 2000 年 4 月发布的《关于加强和改进研究生德育工作的若干意见》要求，在研究生德育工作中，放在首要地位的是加强马克思主义理论教育。该文件指出，用邓小平理论武装广大研究生，是新形势下加强和改进研究生德育工作的首要任务和根本措施。要按照中共中央宣传部、教育部《关于印发〈关于普通高等学校"两课"课程设置的规定及其实施工作的意见〉的通知》精神，研究生思想政治教育要着力引导和帮助研究生掌握马克思主义的立场、观点和方法，增强识别、抵制和批判资产阶级意识形态的能力，树立正确的世界观、人生观和价值观，确立建设中国特色社会主义的理想和信念。

马克思主义哲学观是根本的世界观和方法论。要认真贯彻理论联系实际和"学马列要精，要管用"的原则，从研究生思想实际出发，紧密结合我国改革开放和现代化建设的实践，提高教学的科学性、针对性和实效性。在思想政治教育途径上，要充分拓展各项教育途径，采取专题讲座、课堂讨论或小课堂教学环节，把教学变为师生一起运用马克思主义的立场、观点、方法研究、讨论和分析现实社会生活中的政治、经济、文化、道德现象和各种社会思潮的过程。要充分发挥第二课堂的作用，支持和指导研究生马克思主义理论学习小组、邓小平理论研究会等理论社团的活动。尤其重要的是，对于人文社会科学专业研究生，要加倍重视其马克思主义理论素养，引导他们运用马克思主义基本原理指导专业学习和研究。

研究生阶段的马克思主义哲学课，自 1987 年开始设置，课程设置相对稳定，取得了较好的教学效果，在帮助研究生深入学习和掌握马克思主义基本理论，树立正确的世界观、人生观和价值观，提高运用马克思主义立场、观点、方法分析和解决问题的能力方面发挥了重要作用。到 2010 年，研究生的马克思主义哲学课的课程设置做出了较大调整。在由中共中央宣传部、教育部联合发布的《中共中央宣传部、教育部关于高等学校研究生思想政治理论课课程设置调整的意见》中，为更好地与本科生思想政治理论课相衔接，研究生阶段的马克思主义哲学课做了调整，更注重课程的导向性、层次性、实效性。

经过调整后，从 2010 年秋季学期开始，硕士研究生阶段的必修课为"中国特色社会主义理论与实践研究"课，选修课为"自然辩证法概论"课和"马克思主义与社会科学方法论"课。博士阶段的必修课程为"中国马克思主义与当代"课，选修课程为"马克思主义经典著作选读"课。必修课程主要运用当代中国马克思主义的基本观点，深入分析当代世界重大社会问题和国际经济政治热点问题、当代科学技术前沿问题和科技社会问题、当代重大社会思潮和理论热点等，帮助博士生进一步提高运用马克思主义立场观点方法分析和解决问题的能力，选修课程则主要选取马克思主义经典作家代表性的原著，通过对经典著作的研读和教师讲授，帮助博士生学习马克思主义基本原理，深化对当代中国马克思主义的理解和掌握。

（二）当前的形势和政策教育

加强形势与政策教育，是要针对研究生的思想实际，运用各种教育资源和形式，及时开展国内外政治经济形势和我国政府对外政策的宣传教育，帮助研究生及时了解、理解和掌握党和政府的重大方针、政策，增强与党和政府的共识。

形势与政策教育的任务包含以下几个方面。第一，教授有关于形势和政策相关的基础知识，从而使学生能够在充分掌握基本理论、基础知识的基础上，审时度势，科学分析形势与政策，了解形势发展变化的规律，政策的产生和发展的过程等。第二，引导学生充分理解和掌握党的路线方针政策，同时培养对国内外重大事件、敏感问题、社会热点、难点问题的分析和判断能力。第三，培养学生体会党的路线方针政策的实践，进一步认同党和国家在重大问题上的科学判断和正确决策，并在此过程中形成自己的正确的世界观、人生观和价值观。

形势与政策教育的基本特点包括：（1）时效性。国际和国内社会政治和经济发展的状况和态势，是动态的，处于不断变化、发展中，而政策往往是依据形势而定，虽然政策带有一定的连续性，但在不同形势下，可能会对政策做出较大的调整。比如，20世纪80年代初，针对当时的人口形势，制定了计划生育政策，并上升为基本国策，实施了30年。而进入新世纪以来，面对新的人口形势，必须对于原来的计划生育做出调整。因此时效性在形势与政策的教育中显得尤其重要，要根据形势和政策的变化，及时调整教学内容。（2）针对性。研究生群体不仅对新鲜事物敏感，且善于学习和思辨，获取信息的渠道也更多样化，从而影响到他们对于事物的理解和判断。形势与政策教育要引导他们正确认识形势，认清主流和支流，消除不良信息的影响，防止对形势与政策认识的片面性、表面化认识。要针对研究生的思想实际开展教育，抓住热点、难点问题剖析，从而释疑解惑，统一思想。（3）知识性。形势与政策教育的内容涉及面非常广泛，如2013年7月教育部社会科学司印发的《2013年下半年高校"形势与政策"

教育教学要点》，其中内容包括国内、国际两个方面，涵盖了党的政策、经济形势、产业发展、海峡两岸关系、外交关系、区域经济发展等内容。（4）灵活性。要时刻关注时事政治，及时利用重大事件和重要活动进行有效的教育，将理论性、系统性与形势的可变性、时效性结合，满足学生了解形势与政策的需要。教育方式也要根据不同的教学内容，运用多种载体，采取灵活的形式，如课堂专题讲座、大型报告会、座谈讨论会、社会实践等，确保理论联系实践，注重学生的实践体验和自主参与。

表 5-5　2013 年下半年高校"形势与政策"教育教学要点

版块划分	主要内容
国内形势 与政策	开展中国特色社会主义和中国梦的宣传教育活动
	学习领会党的群众路线教育实践活动的意义
	正确认识当前经济形势，把握下半年经济工作的总体思路和主要任务
	围绕中央重大决策部署和重要活动，有效引导社会热点，积极回应学生关切
	把握农村改革发展形势，认识促进农业稳定发展和农民持续增收的意义
	把握两岸关系和平发展大局，开创两岸关系和平发展新局面
国际形势 与政策	分析世界经济走势与特点，客观看待各种因素对我国的影响
	及时了解地区热点动态，清晰把握地区形势演变的脉络
	准确把握大国关系的趋势性变化，深刻认识大国博弈背后的利益诉求
	重点把握我国外交新动向，准确理解新一届中央领导集体外交布局

（三）社会主义核心价值观教育

社会主义核心价值观是当前我国社会的主流和核心的价值观体系。2012 年召开的中共十八大，在报告中明确提出"三个倡导"，即"倡导富强、民主、文明、和谐，倡导自由、平等、公正、法治，倡导爱国、敬业、诚信、友善，积极培育社会主义核心价值观"，这是对社会主义核心价值观的最新概括。这三个倡导中，富强、民主、文明、和谐与自由、平等、公正、法治都是社会大环境层面的，而爱国、敬业、诚信、友善则是具体落实到个体的道德践行层面的。

社会主义核心价值体系，落实到个体价值观上，体现为爱国主义、集体主义和社会主义荣辱观。"十八大"提出要坚持以爱国主义为核心的民族精神。民族精神是一个民族赖以生存和发展的精神支撑。一个民族，没有振奋的精神和高尚的品格，不可能自立于世界民族之林。爱国主义是民族精神的集中体现。爱国主义是指个人或集体对自身所属国家的一种积极和认同的态度和行为，爱国主义包含了这样的态度：对祖国的成就和文化感到自豪；强烈希望保留祖国的特色和文化基础；对祖国其他同胞的认同感。爱国主义是一种强大的精神力量，是国家、民族能够依赖的有生力量。

对研究生进行爱国主义教育，首先在于树立正确的爱国主义观念，将爱国主义情怀体现在捍卫国家主权、振兴民族经济、延续民族文化等方面，这是爱国主义的最合理的表达方式。其次是要避免极端的爱国主义意识和行为，如以爱国为名所组织的非法游行集会活动、非法损害他人财物、影响他人人身安全的活动。研究生作为具有较高文化程度的青年知识分子，更应该责无旁贷地肩负起振兴民族、爱我中华的时代责任，用所学的知识报效国家和人民。

集体主义是共产主义道德的核心，也是调节个人利益与集体利益的根本原则。坚持集体主义价值观，是社会主义精神文明的重要标志。要进一步培养和加强研究生的集体主义观念，引导他们处理好个人利益与国家、集体利益的关系，绝不做危害国家、集体利益的事。只有国家繁荣昌盛，个人的事业才会得到长远的发展，梦想才能实现。同时也要培养研究生的团队合作观念，树立团队意识，团队的作用永远大于单个人的作用。尤其是在科研工作中，个人只有融入团队，在团队中发展，通过团队的分工协作，团队成员相互支持，取长补短，共同奉献，科研潜力才能最大化地挖潜出来。2012年的国家科技进步奖，首次设立了创新团队奖，第二军医大学、国防科学技术大学、中国航天科工飞航技术研究院三家科研单位所属的科研团队获奖。所奖励的创新团队均实现了沿着某个科研方向，持之以恒、孜孜不倦地开展研究，并培养了一批人才队伍，充分体现了在科研道路上发挥团队合作精神的意义。

社会主义荣辱观，即"八荣八耻"，最早由胡锦涛同志提出来，具体内涵包括：以热爱祖国为荣、以危害祖国为耻，以服务人民为荣、以背离人民为耻，以崇尚科学为荣、以愚昧无知为耻，以辛勤劳动为荣、以好逸恶劳为耻。这既是对社会主义价值原则的集中概括，也体现了社会主义道德的基本要求。在社会主义荣辱观中，提倡的是爱国、为人民服务、崇尚科学、辛勤劳动，实际上是弘扬了爱国主义、科学主义、社会主义的道德观，批判了危害祖国、背离人民、愚昧无知、好逸恶劳的错误的价值观念和行为。研究生要继承社会主义的优良道德传统，树立社会主义荣辱观，并在实际生活中积极践行，将之落实到学术事业、家庭生活、社会生活等各个方面，全方位提升自己的道德素养，完善内在素质，从而成为德才兼备的人才。

（四）民族优秀文化传统和革命传统教育

民族优秀文化传统和革命传统教育是当代思想政治教育所关注的重点，同时也是研究生思想政治教育需要着重加强的环节。为此，研究生思想政治教育一方面要继承优秀的民族德育文化传统，另一方面也要继承革命道德传统，两者相互促进，不可偏废。

1. 对民族优秀文化传统的继承

文化传统是文明的根基，也是民族精神与民族情感的载体，离开了自身的文化传统，则所谓的文化教育无从说起。作为一个有着悠久文明历史的民族，我们延续几千年的优秀德育文化传统统是必须要在当代的思想政治教育中得以传承的。

在研究生思想政治教育上，主要涉及的传统德育观包括：（1）义为先、利为后的道义精神。崇尚道义，以义为先，顾全大局而甘愿自我牺牲，一直是中国民族的优良道德风尚。义利之辩是中华传统价值观的重要内容，朱熹曾说"义利之说，乃儒者第一义"①。更早之前，孟子则说："生，亦我所欲也；义，亦我所欲也，二者不可兼得，舍生而了以义者也"。所谓"君子喻于义，小人喻于利"，真正的君子，是见利思义，不发不义之财，并愿意牺牲利益来成全道义。（2）止于至善的道德品质。《礼记·大学》篇言："大学之道，在明明德，在新民，在止于至善。"善在中国文化中有着特殊的含义，至善，即追求卓越，臻于完美，培养崇尚完美的道德品质。儒家的"君子"则是道德完美的代表，而儒家认为君子的品格是仁爱、孝悌、诚信、博学、笃行，在立身处世、为人治学各个方面都有严格的自律精神，堪为世人模范。而君子的德行也是逐渐培养起来的，如《弟子规》所说：勿自曝、勿自弃，圣与贤，可循致。圣贤的品德，是可以通过点滴积累，逐步培养起来的，是人人都可以成圣贤的。（3）仁者爱人的道德情感。《孟子·离娄下》言："仁者爱人，有礼者敬人。爱人者，人恒爱之；敬人者，人恒敬之。""仁"是儒家道德规范的核心，以协调人与人、人与社会之间的相互关系为旨归。"己所不欲，勿施于人"和"已欲立而立人，已欲达而达人"是仁爱的实行方法。凡事都能推己及人，注重道德心理的培养和训练。仁者爱人，这是儒家学说的最高道德概念，

---

① 朱熹：《与延平李先生书》，见《朱文公集》卷24。

是儒学所主张的爱的方式。（4）自强不息的进取精神和厚德载物的宽厚襟怀。《周易·上经》言"天行健，君子以自强不息"，"地势坤，君子以厚德载物"。天之道，以周而不息，地之道，以养育万物，人的精神也应当效法天地之道，既要刚健有为，积极上进，不为一时挫折所灰心，又要襟怀开阔，宽厚仁德。千百年来，这种自强不息、厚德载物的精神，已融进文化精神中，无数古圣先贤都受其鼓舞，从未停止过对理想的执着追求，由此奋发努力，创造了举世瞩目的灿烂文明。（5）天人合一的和谐精神。天人合一由汉代思想家董仲舒发展成为一种完整的哲学体系，成为中国哲学的主要特征之一。天人合一的整体观，对于处理人与自然、与社会的关系具有重要意义。天人合一的精神要求我们将世界作为一个整体来看待，人与自然的和谐，以及人与社会、与人之间的和谐，都是非常重要的。当代学生要充分理解和谐的含义，提倡与人合作，与自然和谐共存，正确处理好各种关系，同时也树立环保意识，促进人与自然的和谐发展。

2. 对革命传统道德风尚的继承

继承和发扬无产阶级在革命斗争中形成的革命精神、优良作风和高尚品德，是研究生思想政治教育的重要内容之一。革命传统思想政治教育的内容包括：（1）发扬党的三大优良作风教育，即：理论联系实际、密切联系群众、批评与自我批评。理论联系实际的作风，要求一切从实际出发，实事求是，把马克思列宁主义的普遍真理同中国革命具体实践相结合。密切联系群众，要求一切为了群众，一切依靠群众，关心群众疾苦，从群众中来到群众中去。批评与自我批评，要求在党内和人民内部本着团结—批评—团结的方针，认真开展批评与自我批评。（2）发扬艰苦奋斗、勤俭节约的精神。2013年1月22日，习近平总书记在十八届中央纪委第二次全体会议上发表重要讲话，强调要"坚持勤俭办一切事业，坚决反对讲排场比阔气，坚决抵制享乐主义和奢靡之风。要大力宣传节约光荣、浪费可耻的思想观念，努力使厉行节约、反对浪费在全社会蔚然成风。"① 当前，我国社会主义建设事业，进入了一个新的历史时期，在这样的形势下，我们更要发挥勤俭节约的精神，反对物质上的浪费和盲目攀比，从而形成良好的社会道德风尚。（3）发扬独立自主、自力更生的精神。独立和富强是相互关联的，只有独立的国家才能实现富强，而富强又是独立的根本保证。

---

① 见央视网新闻频道《习近平在十八届中央纪委二次全会上发表重要讲话》，网址：http：//news. cntv. cn/2013/01/23/ARTI1358888136269253. shtml.

科研工作者在做学术时，发展科技、突破尖端，这是实现国家富强的关键途径，也是捍卫国家独立的重要条件。因此发扬独立自主、自力更生的精神，对于科技工作者尤其重要，要独立思考，避免盲从，不要迷信。从事科学技术工作的学者，要树立雄心壮志，大胆发明创造，攻破现代科学技术的尖端，为祖国作出更大的贡献。但同时，独立自主、自力更生、立足国内，不等于盲目排外、闭关自守。要处理好国际交往和合作的关系，放眼世界，博采众长，努力拼搏，就可以加快科技发展的步伐，突破尖端，后来居上。（4）发扬革命先烈不为名、不为利、不怕苦、不怕死，一心为人民的崇高品德。我们国家有着光辉的革命历史，那些刻骨铭心的历史往事，浴血奋战的革命先烈，都是宝贵的精神财富，要世世代代流传下去。当代青年学生尤其是研究生，更要学习和弘扬烈士精神，不断努力进取，其中最值得继承的是革命先烈"不为名、不为利、不怕苦、不怕死"，一心为人民的崇高品德。在现代社会，商品经济的浪潮冲击着伦理道德的各个方面，也使得社会出现了商业化思想泛滥、社会整体道德水平下降、道德失范的情况。而发扬革命先烈的优良传统，有利于抵御这些社会不良思想的侵袭。青年学生更应当斗志昂扬，奋发有为，不计较眼前利益得失，而为了长远的理想、信念而奋斗，这样才能取得更大的成就，做出更大的贡献。适当的超脱名利对于青年时期的学生具有积极意义，如果事事斤斤计较，看重眼前利益，则往往被琐碎事务拖累，难以做出成绩，反而不利于个人的成才。

（五）民主法制教育

加强民主与法制教育是新时期研究生思想政治教育的一项重要的任务。随着改革开放的不断深入，社会主义民主和法制教育越来越显示出它在思想政治工作实践中的重要位置。民主法制教育在基础教育阶段和大学本、专科阶段强调较多，到了研究生阶段，则应该有针对性，跟本专科阶段的教育相结合，既突出特色，又不能低水平地重复。

通常意义上，民主法制教育的主要内容包括：我国社会主义民主和法制建设的基本方针和政治、民主意识、法律基本知识、革命纪律的教育等等。进行社会主义民主与社会主义法制教育，首先应帮助学生增强政治责任感，正确运用民主权利，教育学生懂得社会主义民主的含义。社会主义法制教育则通过对以宪法为核心的法律法规的系统学习，教育学生明确是非的界限，学法、知法、懂法、遵纪守法，做到有法必依，并自觉同无政府主义、极端个人主义、资产阶级自由化等非民主现象作斗争。

在高等教育的本、专科阶段，社会主义民主和法制教育的教育都有开展。目前，国内很多高校都为本科生开设了《法律基础》《法律修养》《安全教育》等课程，也定期举办普法报告会和多种形式的法制讲座。高校通过组织学生系统学习《宪法》《刑法》《民法》等法律法规和学校各类规章制度，增强学生的法制观念，规范其行为举止，为顺利完成大学学业奠定良好基础。学生通过学习，了解了基本的民主和法制常识，懂得基本的概念，对法律精神有一定的了解和掌握。

如果说本、专科阶段的法制教育重点在于"普法"，则研究生阶段的法制教育在于突出专业性，加强针对性。不同高校可以开展有针对性的法制教育课程，如部分涉及国家军事、科技机密的理工科院校，针对研究生开展保密法制宣传教育，围绕当前保密工作面临的形势、保密法律法规知识、计算机保密防范常识等方面内容进行教育，使研究生意识到保密工作的重要性和严肃性。

知识产权相关法律也是研究生法制教育的重要内容，知识产权法规主要由著作权法、专利法、商标法、反不正当竞争法等若干法律行政法规或规章、司法解释、相关国际条约等共同构成。学习知识产权相关的法律、法规，有利于研究生提高知识产权的保护意识，规范学术行为，减少因相关法律意识的欠缺而导致的学术道德失范、学术不端行为，同时也能够运用法律武器来维护自己的权益。

职业法律法规也是研究生法制教育的一项内容。在研究生中开展职前预防职务犯罪教育活动非常必要。据相关资料显示，近年来大学毕业生入职后职务犯罪案件不断增加，犯罪行业核心化，而且学历层次不断提高，主观恶性案件的发生凸显了预防职务犯罪工作的前置性和必要性。通过加强法制教育，职务犯罪可以预防。对于研究生群体来说，减少主观的犯罪意愿，规范自己的行为，加强科技创新，从而成为德才兼备的人才，是非常必要的。

此外，法制教育与道德教育的融合，也是非常重要的内容。实践表明，单纯的道德教育和单纯的法律教育都不能取得良好的效果。道德与法律的相互渗透，决定了二者融合的可能性。法律教育要符合研究生的道德水平，融入道德教育的理念；道德教育也应当注重培养学生的守法道德观。道德教育与法律教育的相互促进在于，通过传授道德知识，提高学生道德认识，升华道德情感，强化道德行为。法律是道德的底线，应当鼓励学生追求一定的道德境界，同时也要通过法制教育给学生的行为确定最后一道防线。要使研究生不仅掌握法律知识，更要形成法律意识、内化法律精神，养成守法行为的习惯，从而自觉地依法办事。

（六）职业道德与学术道德教育

1. 职业道德教育

职业道德是指人们在职业生活中应遵循的基本道德，即一般社会道德在职业生活中的具体体现，是职业品德、职业纪律、专业胜任能力及职业责任等的总称，属于自律范围，它通过公约、守则等对职业生活中的某些方面加以规范。职业道德既是本行业人员在职业活动中的行为规范，又是行业对社会所负的道德责任和义务。

研究生群体不同于本、专科生，他们中很大一部分人有过工作经历，许多研究生本身也承担科研、教学和社会实践等工作。在对研究生进行培养的过程中，不仅要进行专业知识的教育，也要进行相关的职业道德教育。研究生所学的内容，本身具有较强的专业性，尤其是技术性学科，多数学生在毕业后将从事本专业的工作，是真正的专业性人才，因此，加强研究生的职业道德教育更是弥足轻重。有学者指出，当前研究生的职业道德素质堪忧，越来越多的研究生变得既自私又现实，无论是在职业的选择上还是在求职的过程中，都缺乏应有的素质。① 这也反映了加强研究生职业道德教育的客观必要性。

许多专业都对于研究生的职业道德有着较高的要求，如法学、临床医学、教育学等专业学科的相关专业。临床医学专业对于在读研究生的职业道德教育主要体现为医德教育，开设协调处理医患关系的医学伦理学教学、探讨生命意义的生命伦理学教学、关注医学与社会关系的社会医学教学等，已经成为很多医科院校研究生培养的一大趋势。在法学专业，法律职业道德也是一门专业课程，对于法律专业从业者的职业道德约束、职业道德养成、职业规范行为等，有明确的要求。教育学相关专业的职业道德，则主要依据教师的职业道德规范，要求爱岗敬业、关爱学生、教书育人、为人师表、知荣明耻、严于律己、以身作则等。教师的职业道德中还有更细致的，更实践性的操作规范，尤其在西方教育学体系中，教师的职业道德规范要求是非常系统、非常细致的。

职业道德教育中还有普适性的规范，适用于各个行业的，基本的职业道德规范，如诚信、忠于职守、爱岗敬业、廉洁奉公、遵守劳动纪律等。

---

① 唐廷科，张福珍：《论加强研究生职业道德教育的必要性和对策》，《芜湖职业技术学院学报》，2011 年第 13 卷第 1 期。

职场的职业道德没有确定形式，通常体现为观念、习惯、信念等，需要个体通过自律来实现。

2. 学术道德教育

教育部在 2002 年 2 月出台了《关于加强学术道德的若干意见》，作为对高校学术道德教育的规范和引导。教育部指出，当前在学术研究工作中存在着不容忽视、某些方面还比较严重的学术风气不正、学术道德失范的问题，如少数人违背基本学术道德，侵占他人劳动成果，或抄袭剽窃，或请他人代写文章，或署名不实；粗制滥造论文，个别人甚至篡改、伪造研究数据；受不良风气的影响，在研究成果鉴定、项目评审以及学校评估、学位授权审核等工作中也出现了一些弄虚作假……这些行为和现象严重损害了教育工作者和学校的形象，给教育事业带来了不良影响。如果听任其发展下去，将会严重污染学术环境，影响学术声誉，阻碍学术进步，进而影响社会发展和民族创新能力。

端正学术风气，加强学术道德建设成为当前研究生思想政治教育的重要内容。科学研究生涯，从加强学术道德开始。通过学术道德的建设，倡导形成崇尚诚实劳动、鼓励科研创新、遵循学术道德、保护知识产权的良好氛围，保护教学科研人员的积极性、主动性、创造性，保持高校的创新能力和科技竞争力。

加强学术道德建设教育，首先应当学习《公民道德建设实施纲要》提出的"爱国守法、明礼诚信、团结友善、勤俭自强、敬业奉献"的道德规范要求以及《著作权法》《专利法》等相关法律法规，深入开展学术道德宣传教育活动。其次是要号召研究生群体端正科研态度。维护学术尊严、加强学术道德建设，坚持严谨治学，力戒浮躁是每位研究生努力的方向。科研本身就是一件严肃以及认真的事情，只有不掺杂半点虚假的态度来面对科学生涯，才能真正在科研道路上取得成绩，真正推动科学的发展。第三是要加强研究生对于学术道德失范行为的主观认知。主观认知包括个体对于学术道德的认知和认同程度，即研究生个人对学术道德的概念是否清晰，是否知道哪些行为属于学术失范。如果研究生对学术规范概念不清、认识不明，出现的失范行为属于非故意或过失，意味着要加强学术规范的宣传教育。同时也要加强对学术规范的监督。对研究生的学术科研行为进行过程控制，减少他们学术失范的机会；通过对学术失范的惩罚，提高研究生选择失范行为的成本和风险。如果监督机制名存实亡，相应的惩处就无从谈起，可能会降低研究生做出失范行为的心理防线。

（七）心理素质教育

心理教育是对研究生进行有关心理健康方面的知识性教育、咨询性教育和良好行为训练。其目的在于培养个体良好的心理素质，提高身心健康水平，促进全面而和谐的发展。心理教育有利于学生对世界和自我的客观正确的认识，养成良好的人际沟通能力，保持和谐的人际关系，情绪适度，意志坚强，行为正确，个性健全。联合国教科文组织提出教育的目标是"学会共同生活，学会认知，学会生存与做事"。心理教育的内容也对应这三点。

近几年来，一方面是由于研究生扩招，群体数量的扩大，另一方面是一些极端性事件的频频爆发，如复旦大学研究生毒杀室友事件等，由此凸显出研究生的心理教育问题，引起各界的较大关注。很多专家认为：虽然硕士生、博士生都已经是成年人，但由于长期待在"象牙塔"内，很多人缺乏与社会的交流，一部分学生的心智与社会上的同龄人相比还不够成熟，个别甚至与小学生相当，他们的心理敏感而脆弱，往往承受不了太大的压力。在面对压力的时候，经常会采取不正确的方法处理问题，有的甚至走上犯罪的道路。研究生的心理素质问题，引起了整个社会的重视。

研究生心理素质教育主要集中在交往心理、学习心理、个性心理三方面。（1）交往心理培养人际交往和合作能力，建立人与人之间完全平等和相互依存的观念，保持和谐的人际关系，乐于与人交往，能够以尊重、信任、友爱、宽容和谅解的积极态度与他人相处共事。与他人相处共事中，既要勇于竞争，又要成果共享；既要严于律己，又要宽以待人；既要经得委屈误会，又要学会沟通和理解。研究生良好的人际关系有助于提高学习效率，还有助于自身的心理保健。同学关系、亲子关系、师生关系以及与他人的关系都是教育的内容。考虑到研究生群体的年龄特点，还应包括婚恋关系以及性道德教育。同时要帮助研究生分析在人际交往中的两个要素，一是人际吸引的因素，包括距离的远近、交往的频率、交往双方的相似与互补、能力与专长、仪表等，二是阻碍人际吸引的因素，主要是以自我为中心的性格特征。要有针对性地提升人际吸引因素，化解以自我为中心的性格特征。（2）学习心理部分主要是帮助研究生培养正确的学习态度，保持学习兴趣和热情。部分研究生存在学习兴趣缺乏、学习热情懈怠、专业认同度不高的情况。还有很多研究生由于面临较大的学业和科研压力，不善于调剂，出现问题容易走极端，针对这些问题，心理健康教育中要加强干扰和指导，避免发生极端性事件。（3）个性心理主要在于帮助研究生完善个性，培育健全的人格。健全的个性不仅有助于健康，而且有助于发挥个体的潜能。首先应当保持客观正确的自我认识，既不妄自尊大，也不妄自菲薄，情绪稳定，心境开朗，具备良好的社会适应能力。良好个性心理品质教育的内容主要包括：自尊自爱、自立自强、开拓进取教育，健康生活情趣和健全人格的培养教育，坚强意志、耐受挫折能力、适应能力的培养训练。

第四节　采取有效的研究生思想政治教育方法

思想政治教育方法是为了完成一定的思想政治教育目标和任务，在思想政治教育活动中教育者与品德修养者所采用的活动方式与手段的总称。有学者认为，"德育方法研究中，有对传统德育方法的继承，同时也要有对西方德育方法的借鉴。"[①] 在新形势下，研究生思想政治教育方法也要与时俱进，不断进行变革和反思，在继承传统方法的同时，也需要进行积极的改革和创新。

一、研究生思想政治教育有效性的提高

研究生思想政治教育方法也就是研究生思想政治教育工作者在进行思想教育过程之中所采用的思想方法和工作方法。工欲善其事，必先利其器。有效的思想政治教育方法，有助于建立思想政治教育工作者研究生之间的良好互动关系，有利于发挥思想政治教育系统各组成要素的功能，有利于研究生思想政治教育目标的实现。否则，则可能会导致教育工作者与研究生之间产生僵化、对抗等不和谐关系，阻碍思想政治教育系统各要素功能的发挥，影响思想政治教育目标的实现。因此针对研究生这一特殊教育群体，思想政治教育方法必须坚持有效性，采取科学有效的思想政治教育方法。

（一）研究生思想政治教育方法有效性的表现

在研究生思想政治教育过程中，有效的教育方法能够充分发挥思想政治教育系统各组成要素的积极作用，促进教育目标的顺利实现。因此，我们可以从思想政治教育方法与思想政治教育工作者、思想政治教育目标和

---

① 张忠华：《我国新时期德育方法的研究与反思》，《教育学术月刊》，2010 年第 4 期。

思想政治教育对象——研究生三者之间的关系来表述思想政治教育方法的有效性的表现。

1. 思想政治教育方法的有效性表现为思想政治教育方法和教育工作者的适配性。教育方法本身具有客观性，但是作为教育主体作用于教育客体的工具和手段，它的运用及其功效的发挥，不仅受制于客观存在，更受制于教育者本身。换言之，方法的运用及成效，除决定于教育方法本身的特性外，还在一定程度上决定于运用该方法的主体——教育者。而教育者之间的差异性是毋庸置疑的。因此，相同的思想政治教育方法会因思想政治教育工作者的差异而产生不同的思想教育效果。也就是说，思想政治教育方法能否取得良好效果或者其有效性的发挥是相对于特定的思想政治教育工作者而言的。

2. 思想政治教育方法的有效性表现为思想政治教育方法对思想政治教育对象——研究生的针对性。有效的思想政治教育方法是根据不同研究生的实际情况而制定的，具有鲜明的针对性。伽达默尔指出："方法论本身并不能在任何意义上保证其应用的创造性。生活中的任何经验都可以证明，存在着运用方法论而毫无成果的事实，那就是，把某些方法用到并非真正值得认识的事物身上，用到还没有成为以真问题为基础的研究对象身上。"① 这也就是说，即使是好的方法，用得不是地方，不适宜于教育对象，未必就要好的效果和收获。因此在研究生思想政治教育中，要注重调查分析，把握研究生的个性特点，加强针对性，至关重要。目前，研究生来源复杂，教育背景各异：有的是来自应届本科毕业生，有的是具有多年社会工作经验的在职工作人员；有的来自农村，有的来自城市。因此在具体工作中要认识到研究生个体综合素质的差异，对不同的教育对象采取不同的教育方法，把握"一把钥匙开一把锁"的思想工作方法。

3. 思想政治教育方法的有效性表现为思想政治教育方法对思想政治教育目标的实效性。思想政治教育方法的确立依据和原则，决定于思想政治教育的目的和任务，以及人们思想形成发展规律和思想政治教育规律。思想政治教育方法是为思想政治教育目标服务的，是实现教育目标的工具和手段，因此思想政治教育方法对教育目标具有完全的实效性和服从性。研究生思想政治教育工作必须讲究实效性，根据思想政治教育目标的发展而不断改进和创新。在教育实践中，许多教育工作者由于不讲求教育方法的

① 伽达默尔：《哲学解释学》，上海译文出版社1994年，第11页。

实效性，教育方法不服从于教育目标，从而使思想政治教育的目标难以实现。

增强思想政治教育方法的有效性，就是在思想政治教育方法的选择和运用上，要充分考虑思想政治教育方法对教育工作者的适宜性、对思想政治教育对象的针对性和对思想政治教育目标的服从性和实效性特点，以选择最合理的思想政治教育方法实施教育活动。思想政治教育方法很多，但在教育实践中，教育方法的选择只有同时具备以上三点才提高其有效性。

（二）增强思想政治教育方法有效性的途径

根据有效的思想政治教育方法所具有的特性，我们应以下面几个方面作为着力点来增强思想政治教育方法的有效性。

1. 思想政治教育管理科学化，保证思想政治教育的正确方向，调动思想政治教育工作者的主观能动性。思想政治教育是一门科学，思想政治教育管理必须科学化。思想政治教育管理的科学化，就是指在思想政治教育过程中，思想政治教育管理着眼于保证思想政治教育的正确方向，充分调动思想政治教育工作者的主观能动性和发挥思想政治教育工作者的特质优势。

思想政治教育工作者是思想政治教育活动的主体，是具体思想政治教育活动的组织实施者。首先，教育工作者在教育实践中，必须坚持正确的政治方向，要始终坚持党的路线、方针、政策，运用马列主义的立场、观点、方法分析问题，解决问题。如果思想政治教育偏离了正确的轨道，即使教育方法再为有效，教育效果再为良好，其教育都是南辕北辙。其次，教育工作者必须发挥其主观能动性。在教育实践中，教育者自身的素质不同，特长不同，对思想政治教育方法的选择和实施也不尽相同。从思想政治教育工作者这个角度来讲，思想政治教育方法是否有效，取决于该方法是否适宜于思想政治教育工作者自身的特点，能否充分发挥其自身的优势。符合自身特点的。能充分发挥自身优势的思想政治教育方法，才是有效的。

一直以来，我国对思想政治教育实施了严格细致的管理。这一思想政治教育管理机制在一定的社会发展阶段发挥了很好的作用，但随着社会的变革和新形势的不断发展，这一机制的弊端就逐渐凸显出来。思想政治教育主管部门对思想政治教育工作管得过细统得过死，一定程度上压缩了思想政治教育工作者选择思想政治教育方法的空间，弱化了思想政治教育方法的有效性。思想政治教育主管部门在安排部署思想政治教育工作时，往往只注意到思想政治教育工作者的共性，而没有照顾到思想政治教育工作者个性间的差异，导致部分思想政治教育工作者不能扬长避短，不能因时因地因教育对象不同采用合适的思想政治教育方法。

思想政治教育工作需要加强管理，但这种管理建立在科学化的基础之上。思想政治教育管理应该充分考虑到思想政治教育工作者的特长优势，最大化地调动思想政治教育工作者的主观能动性，发挥思想政治教育工作者的优点和特长，挖掘思想政治教育工作者的工作潜能，激发思想政治教育工作者的工作热情，调动他们的主观能动性、积极性和创造性。否则，缺乏科学的思想政治教育管理，将限制思想政治教育工作者特长的发挥，抑制他们的工作积极性和创造性，必然会弱化思想政治教育工作有效性。

2. 思想政治教育实施具体化，加强思想政治教育方法的针对性。思想政治教育方法实施具体化，就是在选择和运用思想政治教育方法上要有针对性，要因人、因时、因地而宜。研究生思想政治教育实施只有具体到研究生个体，思想政治教育方法只有针对研究生的实际，才能引起其情感共鸣，才能取得实效。泛泛的、大众化的、"万金油"式的思想政治教育方法不可能触摸到研究生的情感脉搏，不可能取得好的效果。研究生的文化知识结构、道德素质水平、情感经历、接受能力等存在着差异是研究生思想政治教育实施具体化的主要原因。研究生的文化层次、道德素质不同，理解和接受能力各异，因而他们对思想政治教育方法的要求也不尽相同。理解和接受能力强的，可能通过理性教育就可以提高认识取得成效；而理解和接受能力稍弱的就需要更多的情感教育。另外，同一个教育对象，在不同的时间，不同的环境对思想政治教育方法的需要也存在差异。因此，增强思想政治教育方法的有效性必须加强思想政治教育方法的针对性，有的放矢、因材施教。

3. 思想政治教育方法现代化，提高思想政治教育方法的实效性。思想政治教育目标不是一成不变的，在社会的不同时期，思想政治教育目标有不同的要求。思想政治教育方法作为实现思想政治教育目标的工具和手段，必然要随着思想政治教育目标的变化而变化。思想政治教育方法现代化有两层含义：其一，在技术层面上，就是指在思想政治教育过程中采用现代化的高科技手段，如网站、微博、微信等；其二，在意识层面上，就是指思想政治教育方法要随思想政治教育目标的调整而变化，时刻服从并服务于思想政治教育目标，与时俱进是思想政治教育方法现代化的本质，不管是在技术层面还是意识层面，思想政治教育方法都必须紧跟时代的变化而有所创新和发展。

进入新世纪以来，中国社会在政治经济文化等各领域都发生了翻天覆地的变化，社会的变化必然带来对思想政治教育需要的变化，也就是思想政治教育目标的变化，思想政治教育目标变化最明显之处就是，现在的思想政治教育更强调培养研究生的个性和创新精神，而不仅是过去的共性和服从意识。但思想政治教育方法显然没有跟上思想政治教育目标的调整，传统的思想政治教育方法仍然大量一成不变地存在于现时的思想政治教育活动之中。以培养研究生共性的思想政治教育方法来达到培养个性的目的，显然落后于现实和发展的需要。滞后的思想政治教育方法阻碍了思想政治教育目标的实现，影响了思想政治教育的效果。

思想政治教育方法是一个动态发展的过程，从人类有教育活动开始以来，思想政治教育方法就一直随着思想政治教育目标的变化而不断地变化发展，任何认为思想政治教育方法是固定不变的想法都是错误的。增强思想政治教育方法的有效性，必须从思想上认识到思想政治教育方法的这一动态发展过程。同时，还必须紧跟思想政治教育目标调整变化的步伐，对思想政治教育方法及时改进和创新，为思想政治教育目标的实现提供最有效的工具和手段。

二、当前研究生思想政治教育的主要方法

（一）说服教育法

说服教育法是一种传统的思想政治教育方法，指运用口头语言向思想政治教育对象说理传道，使其明晓事理、分清是非，提高思想道德认知水平。具体的方式包括：讲解法、谈话法、参观法、讨论法、阅读指导法等。需要注意的地方主要是要加强针对性，提高思想性、科学性，增加实效性，注重主动性。说服教育法一直是进行思想政治教育的主要方法之一，尤其在基础教育阶段，采用说服教育法非常普遍。到了研究生阶段，说服教育法也是适用的，但是要注意针对性和实效性。说服教育法中的参观法、讨论法和阅读指导法师目前开展研究生思想政治教育较为常用的方式。

1. 讲解和谈话法。主要用于阐述一些思想政治教育规则与原理，如学术道德规范、相关专业领域的职业道德规范等，通过集体讲座和个别谈话的方式来进行，能达到行之有效的结果。对于个别出现特别的思想倾向的个体，讲解法和谈话法也是非常适用的，但要注意个体的接受程度，注意维护自尊心和隐私保护。据媒体报道，2009 年秋季，清华大学研究生入学

第一课是"科学道德与学风建设"报告会，由两院院士亲自上台主讲。①这是一个通过讲解法来进行研究生思想政治教育的典型案例。

2. 参观法。是通过参观爱国主义教育基地等进行思想政治方面的教育。这一方法在高校广泛采用，研究生通过有组织地参观爱国主义教育基地、博物馆、展览会、科研机构等，学习和了解相关思想政治教育内容，既有感性认识，也有抽象的思想感悟。参观活动同时也与研究生的专业学习密切相连，很多科研单位也通过实地参观访问的形式来提升研究生的专业素养，培养其对于实际问题的了解与认识。

3. 讨论法。一般是以学术研讨会的形式开展，也是一种研究生所喜闻乐见的思想政治教育形式。许多高校有研究生自发成立的学术团体，学术团体所开展学术聚会，对于大家阐述自己的见解，提升专业素养，沟通相互间的想法，具有较好的效果。

研究生论坛目前成为一种非常普遍的研究生学术交流形式，不仅有高校内部组织的研究生论坛，也有政府或行业相关协会来组织举办的规模较大、档次较高的研究生论坛，其中还有一部分是由国务院学位委员会、教育部或相关的教育行政主管部门牵头主办的高层次行业论坛。这一类论坛都具备提升研究生专业素养、促进学术交流、拓展研究生的学术活动方面的作用，对于推动研究生培养质量的提升至关重要。

4. 阅读指导法。阅读指导法在思想政治教育中广泛采用，如许多高校对新生采取阅读学生手册并考试的方式，来进行对学生在校期间行为规范的引导教育。目前，针对学术道德建设，多数学校和科研单位都对于研究生采取阅读指导法，即指导研究生有针对性地阅读、学习相关的学术道德规范，通过这样的方式来提升学术道德认知，培养学术规范的意识，建立学术规范体制。阅读指导应该作为一种常态化的制度来实施，以培养学生的综合素质。

（二）榜样示范法

榜样示范法是以他人的高尚情操、模范行为、优秀事迹等来影响受教育者的方法。在改革开放之前，榜样示范法是广泛运用的一种思想政治教育方法，树立的道德楷模包括：雷锋、张思德、张海迪等。榜样示范法，要突出榜样的典型性和示范性，同时榜样也要具有导向性和真实

---

① 《清华研究生入学先立"规矩""两院"院士亲自授课》，《北京青年报》，2009 年 9 月 8 日。

可靠性，榜样本身要能够激起学生的敬慕之情，对学生具有潜移默化的影响。

研究生阶段由于其群体的年龄和教育经历等方面的特殊性，在偶像崇拜上相对理性，因此对于研究生开展思想政治教育时选择榜样示范法要相对慎重。要选择能够激起研究生群体敬慕之情，能够切实影响研究生的榜样。

跟以前的政治宣讲不同，当前时代，大众传媒在榜样塑造中承担了很重要的角色。但是大众传媒往往趋向于"去道德化"，也就是普遍存在偶像塑造中道德理想和道德人格缺失的问题，将道德底线和道德理想置之度外，只遵循功利性的原则。有学者认为，"大众传媒所塑造的偶像道德人格缺失成为普遍现象"[1]，如标榜某人很成功，宣传其成功事迹和最终取得的结果，却忽略了对其人生轨迹和奋斗路径的严谨审视，从而给受众留下一个消极暗示，以为只要成功，可以不计手段。这种对病态人格的包容，对正确的人生观和道德观的忽视，会带来很大的道德问题。

对研究生所崇拜的偶像，要做一个细致的调查与梳理。很多研究生都有双重偶像，一类是理想化的人物，如某位名人、某位知名学者或科学家，另一类是身边的人，如导师或者自己能接触到的学科领域比较杰出的人。在研究生阶段，由于专业研究的不断深入，很多学生能够直接接触到一些在本学科领域比较杰出、比较优秀的学者，并容易对其产生崇拜。这样一类存在于身边的、切实可行的榜样，对于研究生的影响是非常大的。因此，要注意通过身边人物的道德品格，来对研究生进行思想政治教育，提升其内在素质和修养。对于出现人格偏差、心理问题、道德问题的研究生，要有针对性地矫正其问题，通过榜样的力量，鼓励他走出不良的心理误区，培养积极健康的心态。

从研究生群体中涌现出来的道德模范，他们的事迹相对来说，更为切合研究生群体的特征，也较容易获得他们的认同。通过向这些从身边涌现的道德模范学习，有助于研究生提升自身的思想道德修养，促使研究生个体将自身的人生观、价值观与社会主义主流价值观结合起来，从而找到正确的人生和事业发展的方向。

---

[1] 尹金凤：《大众媒介偶像塑造的伦理问题研究》，湖南师范大学伦理学 2010 年博士论文，见中文摘要部分。

（三）情感陶冶法

情感陶冶法是通过创设良好情景，潜移默化地培养学生思想品德的方法。包括人格感化、环境陶冶、艺术陶冶等，具有自觉性、愉悦性、暗示性、情景性等特点。情感陶冶法的运用，首先要创设良好情景，教育者要具有人格感化的力量，要与启发说理相结合，同时最好引导学生参与情景的创设。情感陶冶法是我国传统的思想政治教育方法。《颜氏家训·慕贤》中说："人在少年，神情未定，所与款狎，熏渍陶染，言笑举动，无心于学，潜心暗之，自然似之"。古人教青年子弟潜心向学，怡养性情，都善于用情感陶冶的方法。

1. 人格感化。人格感化，是以身立教，教师或其他长辈以自身高尚的人格去影响、教育学生的感化过程，其效果是其他的方式所无法代替的，其思想政治教育的功效也是难以估量。在研究生的阶段，导师的人格魅力对于研究生思想政治素养的提升具有重要的影响。

研究生导师对于学生在学术人格上的形成功效最大。导师高尚的学术人格，体现在：（1）遵循科学规律，具有求真务实的学术精神。很多导师本身是学科领域的杰出学者，他们在本学科领域具有较高的学术成果，在追求学术的过程中也形成了自己的科学精神与科研方法，导师的以身作则，言传身教，对于研究生而言是非常好的引导和熏陶。（2）学术情感的培养。学术情感是学术主体所具有的道德情感和价值情感的双重体现，体现为对学术的追求、对于自我价值实现的追求等，学术情感会促使学生热爱科学、追求真理，以丰富的学养来塑造自己的内在人格。很多导师本身具有深厚的学术情感，并能够较好地影响学生。（3）客观公正，理性严谨。学术研究是理性的，要求研究者对客观事物和对主观的自己都能够有客观理性的认识，同时待人接物保持客观、公正的态度。这一点，研究生导师的示范作用是非常明显的。（4）对于名利的正确态度。导师往往在自己的学术领域内术业有专攻，经历过长期的学术积累和沉淀，深知在学术积累阶段埋头苦干、不计名利、不争一时得失的态度对于年轻学者尤为重要。因此，导师的正确教导，有利于研究生摒弃浮躁心态，踏实向学，培养正确的学术价值观。总而言之，研究生导师应当以身作则，充分发挥为人师表的表率作用，用自己高尚的思想品质、良好的身心素质、卓越的才能、严谨的工作作风、扎实的专业知识，去教育和影响学生。

2. 环境陶冶。完整的思想政治教育视野，需要关注思想政治教育环境的建构。有学者提出高校思想政治教育环境的建构应该是"遵循生态建构的原则，通过支撑与制约、熏染与陶冶、引发与导向、检验与反馈等作用机制发挥其德育影响。而学校德育的生态建构意味着要遵循生态学的理念与原则，构建国家、社会、家庭与学校的'生态联盟'，实现学校内外德育环境的'无缝对接'。"①

人创造环境，环境同时也创造人，好的思想政治教育环境对于教育效果的影响至关重要。研究生的思想政治教育环境包括校园环境，也包括校外的环境，包括自然环境，也包括社会环境。就学校内部环境来说，包括学校的文化传统、各种规章制度、校风学风，学校的管理方式，各种思想政治教育的形势与途径，学生社团活动等，这些都构成一个动态开放的环境系统，各子系统之间相互影响，相互依存。

思想政治教育生态环境的建设，对于个体思想政治素质的发展非常重要。对研究生思想政治教育环境的最优化控制，可以对思想政治教育目标的达成产生最佳的效果和影响。为此，需要把握研究生思想政治教育环境的方向性、稳定性和整体性。方向性是思想政治教育的环境系统要根据思想政治教育的目标方向来构建，思想政治教育环境的优化不是盲目的和随心所欲的，一定要以教育的根本目标为指导；稳定性是指思想政治教育环境应该是保持一定时间和形态上的稳定性，使受教育者能够在相对稳定的环境中接受熏陶。一个处于动态多变的环境不利于培养学生的道德品质；整体性则是指思想政治教育环境内的各个要素相互协调，和谐统一，各自发挥其功能和作用，不能是各个要素的简单重合，而应该是相互的整体协调，形成一个统一的整体，才有利于思想政治教育环境功效的最优化。

要实现对于研究生思想政治教育环境的优化控制，还需要有专业、优秀的思想政治教育工作队伍。人的因素在其中起到了很大的作用，只有建立一支具有专业性的、较高知识素养和业务积淀的思想政治教育工作者队伍，才能保证对于思想政治教育环境各方面要素的良好把握，从而使思想政治教育工作走向良性的轨道。同时也要树立思想政治教育大环境的概念，即"大德育"的观念，要全方位、多角度地来开展思想政治教育工作，使思想政治教育工作辐射到学生工作的各个方面。还要找出思想政治教育环境的重点建设环境和薄弱环节，找到突破口，集中进行突破。对于重点建设的，要发扬优势，突出特色，对于薄弱环节，要对症下药，弥补缺口。也要完善思想政治教育环境的内部协调机制，内部各要素之间要能

---

① 冯秀军：《现代学校德育环境的生态建构》，《教育研究》，2013 年第 5 期。

够及时进行沟通协调，对于出现的问题要随时做出调整。

3. 艺术陶冶。艺术陶冶，是指通过音乐、舞蹈、美术等艺术形态来陶冶情操，提升思想道德修养的方法。我国古代的德育文化非常重视这一点，尤其重视音乐在德育中的作用。《礼记·乐记》对音乐的教化功用，给予了充分的肯定，说："凡音者，生人心也。情动于中，故形于声。声成文，谓之音。是故治世之音安以乐，其政和。乱世之音怨以怒，其政乖。"音乐的表现形势与国家的长治久安具有明显的相关性。具体到个人的思想道德修养，则认为："知乐，则几于礼矣。礼乐皆得，谓之有德。德者得也。"① 懂得音乐，则近于懂得礼仪，礼乐皆善，则是有德之人。

艺术教育在普通高校研究生思想政治教育中的作用也是有目共睹的。通过开展艺术教育，有利于提高学生的科学知识水平，提高人文素养和交往素质，促进人际关系的和谐发展，尤其能够给研究生带来审美上的内在愉悦感，有利于心理平衡，使他们保持平和、健康、愉悦的心态，从而形成真诚、美好、善良、优雅的性格。

高校内部所成立的较为规范的艺术团体，对于本专科生以及研究生的艺术教育都起到了非常重要的作用。其中部分艺术团体的演出质量达到了较好的水准，如南京大学交响乐团，曾经多次出国演出，在 2004 年曾赴英、法、德三国进行交流演出，分别在英国伯明翰大学、法国巴黎和德国图宾根大学举办音乐会，在赴澳门大学进行交流演出时，也得到了专业人士和社会各界的一致好评。这样的学生艺术社团在艺术陶冶上对于研究生的情感陶冶和道德情操的提升，影响很大，起到的积极作用十分明显。

（四）品德评价法

品德评价法是根据一定要求和标准，对受教育者的思想言行做出判断，包括肯定评价与否定评价、舆论评价与自我评价、阶段性评价与终结性评价等种类。通常采用的方式有：奖励、惩罚、操行评定等，其特点是通过鼓励、批评，激发受教育者的思想品德向积极方向发展。品德评价是以鼓励、表扬为主，惩罚、批评为辅，同时要以事实为依据，做到客观、公正，发扬民主，注重实效。

教育部在《加强和改进研究生培养工作的几点意见》中，强调要建立对研究生德育的科学评价机制。德育评价的功能包括：鉴别功能——真实地展现出研究生德育工作的情况，控制功能——控制德育的实施和效果，

---

① 《礼记·乐记》，岳麓书社 2001 年版，第 495 页。

激励功能——奖优惩劣，以提升整体的道德水准，诊断功能——找出问题和差距，并给予解决，导向功能——对于德育情况做出判断，以引导下一步工作的实施。

　　构建研究生思想政治教育评价体系的科学依据，包括思想政治教育目标、研究生自身发展状态，社会主流的思想道德价值观等。关于建立研究生思想道德的考核和评价体系，很多学者都对此发表了见解。周甜等在《构建研究生思想政治品德考评指标体系》中提出，"考评指标各项目的权重为：集体观念7%，治学态度11%，创新精神12%，劳动观念6%，社会实践7%，社会工作5%，政治态度9%，国家意识9%，政治理论7%，政治行为9%，品德修养9%，行为方式9%"①。

　　思想政治教育考评的途径，针对研究生个体品德而言，一般包括自我小结、民主评议、导师和辅导员考核三大途径。自我小结是研究生的思想道德自评，通过对自我德行的总结和反思，有利于研究生认识到自身行为的倾向性，提高自我教育的意识，加强道德自律，减少不良品行的发生概率，这不仅是一种道德测评的手段，同时也是提升自我道德意识的有效方法。民主评议和导师、辅导员的考评都属于他评形式，通过他人的评价，能够更加客观地了解到研究生的思想政治情况，得到更为客观的信息反馈。自评与他评的结合通常能够较为全面地反映出研究生个体的思想政治情况。

---

　　① 周甜等：《构建研究生思想政治品德考评指标体系》，《中国青年政治学院学报》，2001年第1期。

第六章　研究生思想政治教育对策的创新

思想政治教育活动的有效性，受制于诸多外在和内在的因素。这一活动的实施是否符合应然性，具有极为重要的意义。① "应然性视域"，是从理论上而言，合乎理想化的一种教育研究与实践的状态。提出研究生思想政治教育的对策，也是基于应然视角的对策研究。

在应然视域下，完善研究生思想政治教育，首先解决理论研究的问题。理论研究是逻辑起点，其作用在于设定要求和昭明依据。"尽管思想政治教育作为一种特殊的社会现象，它具体地表现为对被教育者理想的思想政治价值体系、规范体系和素质体系的追求，但这三种追求都蕴含了一个共同的指向，即对被教育者设定具体的要求——价值体系期望被教育者具有特定的观念和信仰，规范体系要求被教育者依循某种行为路径，素质体系则要求被教育者成为符合一定社会价值期待的人。"②

其次是思想政治教育的途径拓展。思想政治教育要对被教育者的行为具有引领意义，其目标向度包括被教育者的价值信仰、善行和美德三个方面。要通过创新教育途径，指导研究生确立价值信仰，规范其行为，提升内在的德行。思想政治教育途径的创新，主要在于课堂教育和社会实践教育的有机结合，思想政治教育环境的综合提升，以及针对个体心理状况的心理咨询与教育。

最后是保障机制的建立，即实现研究生思想政治教育制度的合理安排，从制度层面保证研究生思想政治教育工作的平稳、正常、高效运转。从动态视角而言，思想政治教育是使被教育者依循着正确路径，不断贴近教育目标的过程。保障机制对于教育过程的顺利实施有着重要的作用，其功能向度体现为规范和激励两个方面。规范可以指明正确的方向，避免误

---

① 刘云林：《应然视域中思想政治教育的实施》，《学校党建与思想教育》，2010 年第 10 期。
② 同上。

入歧途；激励则成为能够成为促进这一领域的工作者不断前进的动力。

第一节 深化研究生思想政治教育的理论研究

理论研究是任何一个学科得以立足的根基之所在，思想政治教育也是如此。研究生思想政治教育的理论研究，首先要构建科学的理论体系，要加强基础理论研究，改进理论研究中的不足之处，提升理论对于实际工作的指导能力，同时也要重视理论科研方法的创新，基础研究、应用研究与咨询研究相结合，开展跨学科研究、实证研究，在理论观点创新上，要把握理论和实践的前沿，关注重大理论问题。

一、构建科学的研究生思想政治教育理论体系

在高等教育的思想政治教育理论研究中，要构建研究生思想政治教育理论的科学体系，根据研究生教育本身的特点来开展思想政治教育研究，而不是笼统地照搬本科的思想政治教育理论，研究生思想政治教育理论应该是作为区别于本科思想政治教育的一个重要方面来加以研究。

（一）加强研究生思想政治教育基础理论的研究

"所谓思想政治教育的基础理论，是指在思想政治教育学科理论体系中起基础性作用并具有稳定本性、根本性、普遍性特点的理论原理。""这些基本原理，是通过具体的理论、观点系统表达出来的，包括思想政治教育的研究对象、概念、范畴、理论基础、地位功能、产生根源、本质、规律、价值、结构、原则、方法论、发展以及思想政治教育的实施等理论"[①]新中国成立初至"文革"期间这十七年，因受政治因素影响，基本没有做系统的思想政治教育的理论研究，主要是联系实际问题做过一些探讨，而真正的思想政治教育理论研究是从 20 世纪 80 年代才开始起步的。高校思想政治教育理论的系统化、科学化和学科化，也是从 20 世纪 80 年代才开始的。研究生思想政治教育理论研究，真正受到重视，则是从 90 年代末研究生大幅扩招之后开始的。总体来说，研究生思想政治教育理论研究起步较晚，基础的理论工作还很不扎实，各个方面都还有待健全。

完善的基础理论是一门学科形成的标志，是思想政治教育实践活动的

---

① 郑永廷：《思想政治教育基础理论研究进展与综述》，《思想教育研究》，2014 年第 4 期。

有力指导，是研究思想政治教育其他问题的理论支撑。研究生思想政治教育作为高校思想政治教育的重要组成部分，其基础理论研究对研究生思想政治教育的理论研究与实践活动有重要意义。当前，关于研究生思想政治教育基础理论的研究取得了一定的进展。从近年来发表的论文看，研究的主题主要包括：研究生思想政治教育的目标观的研究、研究生思想政治教育现状研究、研究生思想政治教育途径和方法的研究、研究生思想政治教育的队伍研究、研究生思想政治教育的管理体制研究和研究生思想政治教育评价研究等。从近年来发表的专著看，具有代表性的有：张跃等编著的《我国研究生思想政治教育相关问题研究 2011》，中国统计出版社，2012年出版。该书实证研究与理论论述相结合，分六个部分对研究生思想政治教育做了相关论述。王传中，吴爱军主编的《研究生思想政治教育理论与实践》，武汉大学出版社，2011 年出版。该书以调查研究为基础，从实证分析与理论分析两方面研究了当前研究生党建与思想政治教育工作中若干重大的理论与实际问题。包括研究生党建、研究生培养机制改革、研究生学术道德与学术规范建设、创新素质提升与学术科技活动开展、择业观与创业观研究、网络思想政治教育模式的构建、心理健康教育与危机干预工作、工程硕士思想行为特点等方面的调查报告、研究成果，展现了丰富的、探索式的研究生思想政治教育第一手资料。总体而言，近年来研究生思想政治教育的基础理论研究研究越来越趋向于往纵深方向发展，然而，目前为止，关于研究生基础理论的研究还没有形成系统的、完善的理论体系，仍然存在许多有待进一步研究的地方。

（二）提升研究生思想政治教育理论对实际工作的指导能力

理论联系实际是马克思主义最基本的原则之一，是对马克思主义普遍真理同革命和建设的具体实践相结合原则的概括表述，其基本精神是达到主观和客观、理论和实践、知和行的具体的历史的统一。理论联系实际的精髓在于：第一，要有理论；第二，要运用理论来解决实际问题。

关于研究生思想政治教育的理论研究，最终也要落脚到解决实际问题上。很多有关研究生思想政治教育研究的文章本来就出自一线的思想政治教育工作者之手，具有较强的实践性，能够针对实际问题有感而发，提出具有实际操作性的策略和建议。立足于研究生思想政治教育的当前实际来研究思想政治教育问题，固然是一种值得倡导的倾向，但是思想政治教育研究中仍然存在理论与实际相互脱节的情况，特别是理论研究滞后于现实状况，尤其是在当今这个全球化、网络化日益深入的时代，本身研究生思想政治教育环境的变化就很快，思想政治教育工作中出现的许多情况、问题，矛盾，可能几年之间就会有较大的变化。研究生思想政治教育的理论研究相对于现实的教育状况来说，始终存在着滞后性，往往一种新的理论尚未开展纵深的研究，已经被时代所淘汰。这对于研究生思想政治教育工作提出了严峻的挑战，使实际的工作难度不断增大。

相对稳定的思想政治教育理论，与时刻都在发展变化的思想政治教育工作的实际情况，总是难以贴近，总是不可避免地存在一定的差距。这时候，一方面要求思想政治教育的理论研究要有时代性、前瞻性，反映现实生活；另一方面也要借助一定的思想政治教育模式，思想政治教育模式是思想政治教育理论与思想政治教育实际的桥梁，思想政治教育模式是思想政治教育理论的具体化，它简明扼要，易于操作，有利于思想政治教育工作者把握理论的精髓，在实际中灵活操作。因此对于抽象的思想政治教育理论，应该有灵活有效的思想政治教育模式，用于指导实践，从而不断提升以理论来指导思想政治教育工作的实效性。

二、加强研究生思想政治教育理论的创新

（一）注重对理论前沿问题的把握

马克思主义哲学观强调，要注重以马克思主义的立场、观点和方法来分析当前的实际问题，加强马克思主义对于当下研究生的指导作用。在当前的社会阶段，用马克思主义来论证新的社会发展实际，这就必然涉及到大量引入与当前时代相关的思想政治教育理论。马克思和恩格斯说过："一切划时代的体系的真正的内容都是由于产生这些体系的那个时期的需要而形成起来的。"[1] 为此，研究生思想政治教育的理论创新，也要结合时代和我国社会发展以及研究生发展的需要来进行建设。

以研究生思想政治教育内容研究为例。随着时代的发展，在当前的新形势下，研究生的思想政治教育就不能局限于传统的思想政治教育内容来老调重弹，这会失去对研究生的吸引力，同时也导致思想政治教育教育陷入窠臼中，与现实的需求相差太远，不能满足研究生群体的现实需要。为此，从 2010 年秋季学期开始，硕士研究生阶段的必修课为"中国特色社会主义理论与实践研究"课，要上好这门课，就需要引入更多的当前时代的内容，不能照搬之前的课程模式。博士阶段的必修课程为"中国马克思

---

① 《马克思恩格斯选集》第 3 卷，人民出版社，1995 年版，第 544 页。

主义与当代"课，这也是需要将时代精神与马克思主义基本原理紧密结合，引导博士生用当代中国马克思主义观察中国与世界，主要讲授当代世界政治经济格局、当代发展问题、当代社会建设、当代社会思潮、当代社会生态环境问题、当代科学技术发展、当代资本主义的新变化和社会主义的新发展。这都是当代马克思主义研究中的重点内容，也是以马克思主义为指导的思想政治教育中的重点内容。

同时，对于当前的形势与政策教育，要注重时效性，根据形势和政策的变化，及时调整教学内容，也要采取灵活的形式，运用多种载体，全方位展现出重大热点事件和政策，提升研究生对政策的理解、把握能力与全局意识。对社会主义核心价值观的提倡上，要将爱国主义、集体主义和社会主义荣辱观赋予新的时代内容，号召广大研究生在新时代充分践行和发扬社会主义的核心价值观，在生活、学习和科研中体验社会主义核心价值观的精神实质。

对于我国传统的优秀道德文化的继承，也是研究生思想政治教育中的重要内容。以前的思想政治教育教育陷入"民族虚无主义"的误区中，对于民族自身的道德文化传统继承不够，提倡不够，导致道德教育缺乏民族特色，且与原有的道德系统没有实现衔接，导致了道德教育与民族文化土壤的断裂。

总之，研究生思想政治教育的理论研究要关切当前的新形势和研究生教育的新问题。研究生思想政治教育工作者和理论研究者，要有敏锐的问题意识，考虑到新形势下的社会和学生的需要，抓住理论热点问题，以科学的理论指导研究生思想政治教育实践。

(二) 探索新的思想政治教育理论实践方式

新形势下，对研究生思想政治教育实践方式的探索，既要注重对传统的思想政治教育方法的继承，也要注重在传统思想政治教育方法的基础上有所创新。如新中国成立以后，我国高校开展思想政治教育，比较传统的方式是说服教育法。这其中包括：讲解法和谈话法，参观法，讨论法。新形势下提倡研究生思想政治教育方法的创新，并不是要完全摈弃这些传统的思想政治教育方法，而是要结合时代和学生的特点，不断改进创新。

例如，在运用讲解法和谈话法时，要根据时代的发展需要补充新的内容，比如加强学术道德规范教育和相关专业领域的规范教育，虽然方式是传统的方式，但有新的内容，同样也算是创新之举。

在运用参观法时，要积极创新思路，组织安排多样化的参观方案，要组织参观一些研究生感兴趣的场所，注重专业素质性、思想性和教育性。不仅组织参观爱国主义教育基地，也要组织参观一些科研实验室、文史场馆或专业技术领域有所建树的企事业单位，或组织参观大型文化科技类活动、展览会等。

讨论法目前较为集中的在研究生教育中采用，研究生论坛是较为普遍的研究生交流方式。研究生论坛的组织可以进一步创新，加强人文方面的内容，注重提升研究生的人文素养。

阅读指导法也可以在研究生的思想政治教育教育中大力推广。可以开列相关的思想政治教育方面的书籍和资料，有针对性地指导研究生开展相关阅读训练，不仅提升广大研究生的阅读水平，开阔了眼界，而且是广大研究生思想政治素质也受到潜移默化地训练。

榜样示范法是新中国成立后开展思想政治教育中广泛运用的一种方法，但对于研究生的道德教育同样适用，要选择更贴近研究生群体的榜样，同时榜样本身也要令研究生群体服膺。榜样的树立，要兼顾两方面的要求，首先是接地气，令研究生群体感到亲切、真实。其次是有说服力，如本校德高望重的科研工作者，或本专业领域有卓越建树的领军人物，或身边的道德模范，具有切实的说服力，才能充分发挥榜样的力量。

情感陶冶法有人格感化、环境陶冶、艺术陶冶等方式，是目前较为通用的符合时代潮流、行之有效的道德教育方法。个人感化法需要树立身边的榜样，需要思想政治教育工作者身体力行，率先垂范，以自身的高尚人格来感化被教育对象。环境陶冶法则需要思想政治教育工作者充分关注思想政治教育生态环境的建构，实现对思想政治教育环境的优化控制。艺术陶冶则需要有效地开展文化艺术活动，通过高雅的艺术，实现陶冶性情、转化性情，提升内在品格。

道德评价法是一项注重实际品行测评的德育方法，运用这一方法的关键在于建立科学的道德评价机制。如果缺乏科学的评价机制，则道德评价工作难以开展。

（三）构建新型研究生思想政治教育观

"'思想政治教育观'是当前思想政治教育学元问题元理论研究的最重要课题之一"[①] 研究生思想政治教育观研究，是研究生思想政治教育理论

---

① 张澍军：《论"政治"在思想政治教育中的规范规约作用——"思想政治教育观"创新探讨之二》，《东北师范大学报（哲学社会科学版）》，2015 年第 1 期。

研究的重要课题。当前新形势下，研究生思想政治教育观的树立，要结合时代的特点、理论的热点和学生的特点与时俱进，体现新的时代内容。

1. 立足于创新型人才培养的素质思想政治教育观

所谓素质思想政治教育观，是指思想政治教育的根本任务是提高学生的综合素质，特别是提高学生的政治素质、理论素质、思想素质、道德素质、心理素质。这可以看作是思想政治教育观理论在学校思想政治教育工作中的具体实践。

素质思想政治教育观是伴随素质教育的发展而提出来的。素质教育是指一种以提高受教育者诸方面素质为目标的教育模式，它重视人的思想道德素质、能力培养、个性发展、身体健康和心理健康教育。这必然要求思想政治教育工作体现出相关的素质要求。关于思想政治教育与素质教育的关系，中共中央办公厅、国务院办公厅印发《关于进一步加强和改进新形势下高校宣传思想工作的意见》，进一步明确了"教育为本，德育为先"的理念。

与基础教育以及本、专科生教育不同，研究生教育位于教育体系的最顶端，研究生的素质教育，体现为创新性人才的培养。创新型人才是我国目前研究生人才培养的目标之一，承载着推进国家自主创新、实现民族复兴的重要作用。培育创新型人才，与践行素质思想政治教育工作息息相关。

素质思想政治教育观要求提升研究生的综合人文素质，为创新型人才的培养奠定基础。创新不能只是停留在技术创新等比较狭窄的领域，而应该是全面、系统的创新，全时空的创新和全要素的创新等。这就要求研究生具备全面而综合的素质，不仅包括过硬的专业科研素质，还需要非专业素质和社会实践能力。这些要求，都体现在了素质思想政治教育观的教育理念中。

2. 立足于科技社会协调发展的可持续思想政治教育观

可持续发展是一种注重长远发展的经济增长模式，指既满足当代人的需求，又不损害后代人满足其需求的能力，是科学发展观的基本要求之一。以可持续发展作为研究生思想政治教育的核心原则，继承了优秀的德育文化资源，并结合时代特点不断发展创新，赋予思想政治教育本身以可持续发展性，并使受教育者形成适应时代和社会发展的思想政治品德。

可持续发展的思想政治教育观，也被称为生态的思想政治教育观，它要求考虑到科技与社会、自然之间的关系，有别于传统的人际思想政治教育观。这种思想政治教育观主要培养学生对现实世界的关注，对科技发展给予人文关怀，指导学生处理好科学技术与人文精神的背离问题。

科技与社会、与自然之间的协调发展，一直是当代最受关注的问题之一。科技发展带来的负面问题，包括环境危机、科技伦理、学术伦理、信仰危机、人格分裂等，这是科技工作者必须去面对的问题。研究生教育承担了系统培养科技工作者的任务，因此可持续的思想政治教育观也成为研究生思想政治教育工作的特色，对研究生具有较强的实际指导作用。许多研究生特别是工科类、医学类研究生，毕业后将从事相关的科技性工作，这样不可避免地面临到科技伦理、环境伦理、医学伦理等相关问题，树立起可持续发展的理念，在自身的工作和科研中处理好科学技术与自然、与社会伦理之间的关系，是非常重要的。

3. 立足于合作与生存的终身思想政治教育观

教育回归生活是当前理论研究和教育实践的重要课题，有学者认为，道德教育的根本作为在于引导生活的建构。[①] 国际 21 世纪教育委员会在向联合国教科文组织提交的《教育——财富蕴藏其中》的报告中，认为应该把终身教育放到社会的中心位置上，终身教育应该重视铸造人格、发展个性，使个人潜在的才干和能力得到充分的发展。该报告同时提出，教育的四个支柱是：学会认知，学会做事，学会共同生活，学会生存。[②] 随着教育回归生活，立足生存与合作的终身思想政治教育观受到重视。

研究生思想政治教育中尤其应当重视引导研究生去发现他人的价值，学会与他人相处，从合作中得到双赢。同时，也要学会生存，完善自己的人格，承担自己作为社会、学校、家庭一分子所需要承担的责任。正如《教育——财富蕴藏其中》的报告中所说：发展的目的的在与于使人日臻完善；使他的人格丰富多彩，表达方式复杂多样；使他作为一个人，作为一个家庭和社会的成员，作为一个公民和生产者、技术发明者和有创造性的理想家，来承担各种不同的责任。[③]

---

① 鲁洁：《道德教育的根本作为：引导生活的建构》，《道德教育研究》，2011 年第 2 期。
② 资料来源：合国官方网站发布的《联合国教科文组织五十周年报告》，网址：http：//www. un. org/chinese/esa/education/lifelonglearning/4. html.
③ 资料来源：联合国官方网站发布的《联合国教科文组织五十周年报告》，网址：http：//www. un. org/chinese/esa/education/lifelonglearning/4_ 4. html.

第二节　拓展研究生思想政治教育的路径

一、理论教育与实践教育紧密结合

（一）优化以思想政治理论课为主的课堂教育

思想政治理论课一直是高校思想政治教育的主要渠道，也是加强研究生思想政治教育的重要途径之一。原来沿用的研究生思想政治理论课的课程方案，是 1987 年确定的，至今已 20 多年，存在着针对性差、内容和方法较为陈旧，脱离时代主题，并且与本科阶段的教育有所重叠的现象。因此，自 2010 年以来，关于推进研究生思想政治理论课的课程改革和创新，一直是研究生思想政治教育领域的一个重要课题。2015 年 2 月中共中央办公厅、国务院办公厅在印发的《关于进一步加强和改进新形势下高校宣传思想工作的意见》中明确提出，"要提升马克思主义理论学科的引领作用，实施马克思主义理论学科领航计划，改革马克思主义理论学科评价方式，重点建好一批马克思主义理论研究和建设创新基地，编写一批马克思主义理论学科研究生核心教材，培养一批马克思主义理论学科带头人，造就一批马克思主义理论教育家，重点建设一批有示范影响的马克思主义学院。"

2010 年 8 月，教育部出台了《研究生思想政治课新课程试点工作方案》，该方案在部分高校进行试点，对研究生思想政治理论课程设置进行了调整，将原为硕士生开设的理工类必修课"自然辩证法概论"，调整为不分学科、专业均可学习的选修课，同时将该课程的 2 学分、54 学时调整为 1 学分、18 学时；将原为博士生开设的理工类必修课"现代科学技术革命与马克思主义"更名为"中国马克思主义与当代"，并把该课程调整为 2 学分、36 学时。国内众多高校也围绕教育部的课程试点工作方案，根据本校的实际情况，纷纷开展有针对性的研究生思想政治教育的课程改革工作。到 2012 年秋季学期，全国高校开始实施研究生思想理论课新方案。

思想政治课统筹改革不同于一般的课程学习，要作为理想、信念、信仰教育和培育年轻学子社会责任感的大课堂，进一步围绕研究生的所思所求，更加有效地配置资源，不断增强针对性、实效性。提升研究生对于思想政治教育课程的满意度，课程就要贴近社会现实与学生的需要，培养了学生分析与解决问题能力。

为此，研究生的思想政治理论课要丰富课程形式，充分开展讨论、集中授课与学生讨论相结合等教学模式。在课堂教学过程中，要进一步尊重研究生的主体性，提高研究生的学习和参与兴趣，增进师生间、同学间的沟通和交流，加深研究生对社会现实问题的认识和思考，增进了研究生的社会责任感、使命感。同时，课程设置也要突出时代感，紧贴当前的实际和研究生的科研、生活与工作实际。要把马克思主义和自然辩证法、自然科学联系起来，明确以马克思主义的思想理论来指导研究生的科研工作；要挖掘马克思主义经典著作里面的科学论的资源，吸收当今关于科学的看法、理论和研究成果，在马克思主义基本原理的基础上为我所用；也要结合当今马克思主义，研究科学技术发展的现实问题，包括科学技术发展的方法论、认识论、本体论、科学与社会关系的种种看法，与热点问题相联系；要通过马克思主义的教学，培养研究生的宏观战略思想素质、对学科整体把握的能力和哲学思维的高度。同时，也要加强中国特色社会主义理论体系教育，把社会主义核心价值体系融入研究生教育全过程。

（二）加强研究生综合素质课程建设

研究生综合素质课程体系化，是提升研究生培养质量的重要举措，也是加强研究生思想政治教育的重要手段。要进一步探索研究生综合素质课程的建设，建立包括研究生入学教育课程、研究生学术交流、社会实践、研究生系列专题讲座在内的研究生思想政治教育课程体系；培养研究生思想政治素质、科技创新、学术交流、团队协作、社会实践、人际交往等综合能力。

研究生综合素质的要求，包括人文素养、科学素养、学术训练、心理素质、审美素质等。根据研究生教育的思想政治教育目标，在人文素质方面要具备较为全面的人文领域知识，在历史、文学、政治、法律、艺术、哲学、宗教、道德等领域有一定的了解和涉猎，理解人文思想，理解民族的文化理念和意识形态特征，掌握人文思想中所蕴含的认识方法和实践方法，遵循一定的人文精神。根据这一思想政治教育目标，课程设置上，要充分体现对人文精神的理解和尊重，突出培养高层次人才的人文素养。

研究生教育在科学素质方面的目标，是涵盖了求知欲、尊重科学的态度和探索精神，崇尚理性实证、求实求真、执着探索、勇于创新的科学精神，理解科学研究机构的功能，并具有应用科学处理实际问题、参与公共事务的能力。对于这种科学精神的理解和传递，也应当是研究生综合素质课程在设置上所应当考虑的。可以设置相关的科学素养方面的课程和讲座、论坛，注重教学互动，既重视教师的传授，也注重发挥学生的主体性精神。

学术训练和开展学术交流活动，是研究生综合素质课程建设的一项重要内容。应当积极支持校、院组织举办各种学术论坛与会议，组织专题性的学术论坛，以经费支持保障并激励研究生创新的积极性。学术活动应当既广泛，又专业，让研究生在活动中培养学习的兴趣与专业技能，切实提高研究生的学术水平与综合素质。

研究生心理素养教育，要求研究生具备良好的个性心理品质和优良的品格，具有较强的心理调适能力，在人际交往、竞争协作中能表现正常，并具备适当的行为表现。心理素质的培养和教育也是研究生思想政治教育重要的一个环节。

研究生综合素质教育还包括审美教育，要有意识地进入审美状态，培养审美情感，提高审美敏感度，具备健康、高雅的审美情感，提高审美鉴赏力，具有一定的审美表达能力和创造能力。

对于研究生综合素质课程体系的建设，各高校和科研院所应当根据实际情况，设置具有特色的内容。形势政策、安全保密、婚恋情感、生命健康、创新思维培养、职业规划等内容，也可以走进研究生课堂。

（三）发挥导师教书育人的重要作用

研究生指导教师队伍是研究生思想政治教育中的重要力量，导师直接担负着培养高级专门人才的重任，在思想政治教育中具有不可替代的作用。2000年4月教育部颁布的《关于加强和改进研究生德育工作的若干意见》指出："研究生导师对研究生为学、为人都产生着重要影响，是研究生德育工作的重要力量。研究生导师应在政治思想上、道德品质上、学识学风上，以身作则，率先垂范，为人师表。要大力倡导并加强研究生导师教书育人工作，要明确地把教书育人作为遴选导师的必要条件，对教书育人业绩突出的导师要给予表彰。各培养单位一定要把研究生导师教书育人作为一项制度，坚持不懈地抓下去。"这对导师教书育人工作作出了明确的规定，强调了导师在研究生思想政治教育中的重要作用。

研究生指导教师要具有较高的学术水平，精通专业知识，认真指导好研究生的专业学习，以获得学生的尊敬和信任，这是导师育人的必备条件。导师自身也要加强师德修养，努力当好表率，对研究生思想上、学业上孜孜不倦的教诲、指导和关心，对学术问题上一丝不苟的科学态度，在教学科研中所表现的良好思想作风、团结协作精神，如春风化雨，能够使学生受到潜移默化的影响。

导师要有对马克思主义的坚定信仰，热爱社会主义祖国，引导学生树立正确的人生观和价值观；导师要重视政治素质教育，坚持研究生教育的正确方向。导师从选拔研究生起，就要把拥护社会主义作为研究生录取的基本条件；在学习国外先进科学技术、管理方法时，要引导学生自觉抵制资产阶级自由化思潮的侵蚀；导师要把马克思主义世界观和方法论渗透到各种教学科研活动中去，把共产主义、爱国主义教育和为科学献身精神结合起来，帮助研究生树立远大抱负，集中力量为社会主义现代化建设事业做贡献。

导师要具备高度的社会责任感和较强的意志，应以在教学科研中不屈不挠的坚定性来引导学生养成沉着、自制、耐心和坚忍不拔的精神。导师还应当要严谨治学，对自己的学生无论思想上还是学术科研上，都应当高标准、严要求，才能培养出全面发展的人才。

和谐师生关系的主体是导师和研究生。研究生建立起与导师之间的良好师生关系，能够相互信任，顺畅沟通，非常重要。导师要热爱学生，努力调动研究生学习的主动性和积极性，对研究生的学术活动予以鼓励，同时也要给予一定的规范，对犯错误的研究生要进行严肃的批评教育。导师也应当要培养研究生团结互助的协作精神。团队协作，促进不同学科、不同专业之间的相互配合、联合攻关、协同作战，对于取得科研成绩至关重要。导师应培养研究生的团队协作精神，避免学生过于自我，不能融入团队。

高校和科研院所应当认真总结和研究新形势下导师教书育人的特点，调动起导师育人的积极性，激发他们的育人热情，在导师中形成良好的教书育人的风气，使导师能够较好地承担起培养研究生的任务。要完善导师育人制度，强化对研究生导师的培训。必须建立健全研究生导师教书育人制度，把研究生培养质量作为遴选、考核及奖惩导师的重要指标。在遴选导师时，既要注重导师的学术水平和科研能力，又要重视导师教书育人。在制定考核标准时，不仅要对导师自身的理论基础、专业知识、学术水平严格要求，也要把研究生培养纳入导师的考核体系。要求导师在研究生培养中不仅要注重学生的科研成果，也要关心其思想、心理状况。对在研究生培养中未能以身作则、为人师表，或对研究生放任自流、疏于管教，或对研究生施以不正当教育和影响的指导教师，应当给予必要的批评和教育。

（四）重视社会实践的育人作用

社会实践是研究生思想政治教育工作的重要环节。社会实践的重要意义在于，不仅是研究生提高思想政治素质的需要，同时也是培养科研能力的有效途径。研究生阶段的社会实践，与本科阶段不同的是，要提倡研究生紧密结合实际，确定科研方向，特别是对人文社会科学学科专业研究生开展社会实践活动的指导，结合社会实际，制定选题、开展研究。

为此，在研究生思想政治教育的教学计划中，要强化实践环节，把社会实践活动纳入教育、教学计划，做到制度化。学校和学院，应当创造条件，组织研究生开展形式多样的与专业学习紧密结合的社会实践活动，做到有的放矢。

一方面，要积极组织研究生参加科学研究、技术开发和技术推广活动，支持研究生自主创业。根据社会发展的需要和专业创新的要求，教育要引导研究生自觉树立适应社会的竞争意识和进取精神，要努力争取和借助社会各种教育力量，加强研究生社会实践基地的建设。目前，有部分高校组织研究生参与校外实践基地的课题研究，开展专业实践，这是很好的实践教学方式。这种培养模式下，研究生可以在学校指导教师和基地合作导师的共同指导下，依托基地的科研条件，结合所学专业，发挥技术特长，对基地生产科研环节出现的具体问题开展项目攻关、工程设计、科技咨询和技术服务等活动。基地也可以对参与攻关重大技术难题的研究生提供资金支持，保证研究生的正常生活和学习需要。研究生通过积极参与基地实践，产生了研究成果，实现了理论研究与实践创新的结合，同时积累了工作经验，锻炼了社交能力，通过与基地的互相考察，增加了就地择业的机会。

另一方面，也要组织研究生深入基层开展社会调研与志愿服务。研究生通过深入社会，开展社会调查、志愿服务、公益活动，能够了解社会，服务社会，增强责任感和使命感。研究生志愿服务工作得到了众多高校研究生的积极参与和响应，尤其是启动于 1999 年的中国青年志愿者扶贫接力计划研究生支教团，是由团中央、教育部联合组织实施的全国示范项目，采取公开招募的方式，每年在全国部分重点高校中招募一定数量具备保送研究生资格、有奉献精神、身心健康、能够胜任支教扶贫工作的应届本科毕业生，以志愿服务的方式到国家中西部贫困地区中学开展为期一年的支教工作，同时开展力所能及的扶贫志愿服务。服务期满后，由下一批志愿者接替其工作，形成"志愿加接力"的长效工作机制。研究生通过参与这一系列的社会实践活动，在实践中实现了道德的践行和人格的升华。

研究生社会实践经历是全面提升研究生综合素质和创新能力，增强研究生社会责任感，提高研究生培养质量的重要途径之一。要不断丰富和深化研究生社会实践经历，努力拓宽研究生参与社会实践的渠道，为提高研究生培养质量，培养具有创造力的优秀人才搭建良好的平台，营造良好的环境。

二、优化思想政治教育环境

思想政治教育环境是一种特殊意义的环境，是指思想政治教育活动所处其中的对受教育者发生熏陶、同化、约束和制约教育效果的环境。思想政治教育作为一种特殊的社会活动，它总是在一定的环境中进行和完成并受到环境的影响和制约。因此，要全面把握思想教育所处的环境，科学分析环境对思想政治教育的影响，努力优化改善环境以提高思想政治教育的效果。

（一）加强研究生党建工作

开展研究生党建工作是进行思想政治教育的重要抓手，研究生党支部是发挥研究生思想政治教育主体作用的重要组织依托。教育部在 2010 年发布的《关于进一步加强和改进研究生思想政治教育的若干意见》一文中指出，要大力加强研究生党建工作。当前，研究生党员比例高，党员比例远高于本科生，然而组织比较松散。同时，由于研究生阶段的特点，集体上课的学习形式逐渐被单独或团队完成科研课题所取代，加之个人生活规律差别大、形式分散，研究生集体意识淡化，不利于党组织开展集体活动。面对这样的问题，要从实际情况出发，加强党建工作。

高等学校要加强研究生基层党组织建设，把研究生党支部建在班上，加强党支部建设的制度化和规范化，积极探索符合研究生特点的组织生活形式，尝试在学科、实验室、课题组等建立党的组织，使党员教育与研究生的实际需求相结合、与研究生的学术科研相结合、与研究生的成长成才相结合，提升研究生党员教育的有效性，引导研究生党员在创先争优中加强党性锻炼，发挥先锋模范作用。

要把党建工作贯穿于研究生培养的全过程，围绕研究生的成长成才抓党建，促进研究生各方面表现的进步。研究生的党建工作，要为研究生的学术科研提供支持，促进研究生各方面表现的进步，从而带动研究生教育各项工作的开展。党委要通过结合研究生的专业学习开展党建工作，研究生党支部明确提出党员要成为学习的排头兵，将科研能力和水平作为研究生入党及"评优"的重要标准之一。另一方面，要求研究生党员同志、入党积极分子及递交入党申请书的同学在日常表现各方面也要起到带头作用。党建工作与专业工作及日常表现的紧密结合，促使研究生尤其是党员在学术科研和各方面表现上取得了较好成绩，更重要的是也带动整体研究生的进步，塑造了一种积极向上的良好氛围。

研究生阶段要通过实践教育抓党建，创新组织生活。采取丰富多彩的形式，突破传统的单一枯燥模式，注重活动的形式和实效。注重实践教育是研究生党建的特色，重视引导研究生投身实践活动，在实践中升华对马克思主义和党的认识。同时也要有意识地树立党员的先锋模范作用，宣传典型。对于研究生党员和入党积极分子，要发挥他们的骨干作用，培养他们关心集体和为同学服务的精神，有意识地对他们压担子。组织生活要与时俱进，积极创新，可以采用演讲、辩论赛、党建有奖征文等形式，与研究生的学术活动紧密联系。

要从实践中系统总结研究生党建工作的意义、沿革、现状、经验、问题和对策。清华大学在研究生党建工作的实际中，开展建设学习型党组织，充分提升研究生的思想政治水平，集中举办研究生业余党校，在新生中开展党校教育。[①] 北京林业大学建立了研究生党建专题网站，及时详细地发布党建相关信息与组织活动，受到广大师生的欢迎。[②]

（二）借助校园文化生活的感染力

校园文化是高校思想政治教育活动的环境和氛围。2004 年中共中央、国务院 16 号文件明确指出，高校和科研院所要精心设计和组织开展内容丰富、形式新颖、吸引力强的思想政治、学术科技、文娱体育等校园文化活动，将德育、智育、体育、美育渗透到校园文化活动中，使学生在参与活动中受到潜移默化的影响，思想感情得到熏陶、精神生活得到充实、道德境界得到升华。

校园文化对于思想政治教育工作非常重要，开展丰富多彩的校园文化活动，是研究生思想政治教育工作的重要组成部分，也是研究生自我教育的主要载体，对于提高研究生的综合素质有着积极的作用。应当认真分析

---

① 武晓峰等：《研究生党建途径探讨——清华大学研究生党建工作的实践》，《思想教育研究》，2010 年第 4 期。

② 资料来源：北京林业大学研究生党建专题网，见网页：http://yjsdjw.bjfu.edu.cn/.

和总结一些具有代表性的高校在开展研究生校园文化活动上的经验和做法，探索研究生校园文化体系的建设。

如汕头大学开展的"研究生文化之旅"，就是充分贴近研究生的特点来开展的校园文化活动，它主题鲜明，文化内涵深厚，且具有较好的包容性，取得了较为突出的效果。"研究生文化之旅"活动以旅程的方式开展，整个旅程设有三个驿站："学径寻幽""彼岸·夏花""我们在路上"。在名为"学径寻幽"的第一站中，主题是追求学问之道。主办方请来学校文、理、工、医等多个领域颇有建树的知名教授为同学们深入阐述学术研究方法与经验，揭示学术研究真谛，解除学术入门困惑。在随后的以"彼岸·夏花"为题的第二站中，广大研究生们则与学校优秀毕业生、优秀辅导员和心理学、管理学专业的知名教授一起探讨了校园生活、人际关系、个人修养、生命和情感的话题。在最终的"我们在路上"驿站中，则邀请校内或校外多名有着丰富人生经历的教授和学者畅谈他们的求学之路、创业经历和人生起落等，让同学们在他们非凡的人生经历中感悟人生、激励自我、规划未来，并进而树立正确的世界观、人生观和价值观。尽管每个驿站访谈时间仅有两个多小时，但整个"研究生文化之旅"活动涉及的面非常广，从第一站的解决入门之惑，到第二站的校园生活，再到第三站的人生感悟和规划未来，可以说解决了研究生们在校期间遇到的很多代表性问题。①

湖南师范大学则以"麓山论坛"来开展研究生校园文化建设，打造高端学术交流平台，学术论坛涵盖了"名家论坛""创业论坛""博硕论坛""学院论坛"四个特色鲜明的子论坛，坚持专业广泛覆盖，学科多元交融的原则，广邀学界、业界精英来校讲座。各个学院也开展分论坛建设，如新闻与传播学院的"书山论坛"、外国语学院的"学学半"论坛、公共管理学院的"飓风论坛"，在广大师生中取得了良好的反响，营造了倡导创新、崇尚创新的学术氛围。同时积极吸引研究生参加论坛的组织工作，论坛由研究生自主策划和筹办，并在论坛闭幕后评选"麓山论坛优秀组织奖"，不但使论坛的内容和举办形式更加贴近研究生的实际需要，同时也为在校研究生提供实践机会。②

通过分析具有代表性的一些高校的校园文化活动，我们大概可以总结

---

① 周小鹏，陈文滨：《论研究生校园文化的建设》，《科教导刊》，2010 年第 4 期。
② 资料来源：新闻报道：《湖南师范大学以"麓山论坛"引领研究生校园文化建设》，网址：http://www.chsi.com.cn/jyzx/201402/20140225/782223761.html。

出，富有成效的校园文化活动，首先要针对研究生的群体特点来开展，要充分调动研究生的参与积极性。研究生的校园文化活动应该是其学术活动的一个良好补充，能够起到"第二课堂"的作用。要坚持"以人为本"，贴近研究生的实际情况，针对研究生具有较高文化程度、注重学术性的特点来开展，不能简单地与本科生的校园文化活动雷同。其次，在整个活动的开展过程中，也要充分体现研究生的主体性，激发研究生的主观能动性，让他们能够在自由、平等的良好氛围下，积极参与，充分展现自身魅力。再次，作为思想政治教育的文化交流活动本身也应该注意包容性，既要强化主题内涵，也要能够突破狭隘的专业性，让不同专业、不同背景的学生，都能够有所受益。

（三）加强研究生社团建设

研究生社团活动是实施研究生综合素质教育的重要途径和有效方式，在加强校园文化建设、提高研究生综合素质、促进研究生成才等方面发挥着重要作用，是新形势下有效凝聚学生、开展思想政治教育的重要组织动员方式。要贯彻落实教育部《关于加强和改进大学生社团工作的意见》的相关要求，着力促进社团良性发展，不断提高社团的工作效率和管理水平，更好地满足研究生文化生活需求，服务于研究生社团成员综合素质提升。加强和改进研究生社团工作的主要任务是：积极支持研究生社团活动，促进研究生社团发展；切实加强对社团管理，引导其健康发展。建设一批类别齐全、层次合理的研究生社团，社团管理制度科学规范，社团成员能力不断提高，能够组织开展丰富多样的社团活动，满足研究生的学习成长实际需求。

为此，各高校要支持和引导研究生社团依据国家的法律法规，按照各自《章程》，独立自主地开展理论学习、学术科技、文化娱乐、社会实践、志愿服务、体育竞技等活动。各高校应当根据实际情况，通过举办优秀社团评比展示、社团文化节、社团活动展演等方式，进一步活跃社团活动，扩大社团在研究生中的影响，为社团发展营造氛围。要加强对社团的指导，把握正确方向，扶持理论学习型社团、鼓励学术科技型社团、引导兴趣爱好型社团、倡导社会公益型社团。同时也要充分调动专业教师的积极性，选派有专长和责任心强的教师指导研究生社团建设，并创造条件，提高社团指导教师的工作水平。

同时，高校要提供研究生社团活动的必要经费，保证研究生社团活动正常开展，要在活动场地、活动条件等方面给予社团以优惠和支持，为研究生社团开展活动提供物质保障；也要支持和引导监督研究生社团通过吸纳社会赞助和提供有偿服务的方式募集活动资金。高校也要加强对研究生社团的管理，特别是要加强政治领导，要在学校党委的领导下，把握研究生社团建设和发展的方向，对研究生社团组织的大规模社会调查、举办哲学社会科学讲座和报告会等活动严格把关，加强监督，不违背党的路线方针政策，同时在社团活动中融入生动有效的思想政治教育内容，使研究生社团在研究生思想政治教育中更好地发挥作用。

（四）拓展网络思想政治教育空间

信息技术的广泛应用有效解决了学校思想政治教育教育途径不足的问题，为思想政治教育提供了新的教育平台，是对传统教育的大变革。网络环境对研究生思想政治教育的开展是一把双刃剑，既有消极影响，也有积极影响。消极影响在于，网络环境的开放性、隐蔽性、虚拟性、复杂性等特点，淡化了学生使用网络的责任意识，冲击了学生的主流意识观念，增强了思想政治教育的难度。当然，其带来的积极作用也是非常显著的。新形势下，网络是研究生日常生活与学习、工作中不可不缺的一部分，高校研究生的思想政治教育应主动占领网络高地，顺应网络化潮流，拓展网络思想政治教育空间。拓展研究生网络思想政治教育空间，也就在客观上实现了思想政治教育手段的现代化、信息化，也凸显了思想政治教育内容的时代性，增强了思想政治教育对象的主体性，也进一步增强了思想政治教育的影响力，为研究生思想政治教育工作增添了生机和活力。

结合网络的特点和研究生思想政治教育的需要，开展研究生网络思想政治教育，需要注意一下几个方面：（1）网内互动交流与网外教育相结合。网络只是虚构世界中的交流平台，研究生思想政治教育教育不能只停留在网上，要有网上、网外的互动。如果一直停留在网络阶段，研究生的思想政治教育就走不到现实，难以付诸实践。（2）学校教育、导师引导与自我约束相结合。网络平台所发布的学校和导师的相关德行规范，最重要还是靠研究生自己的自我约束。网络相对来讲更具有开放性，更尊重研究生的自主性，要主动学习，主动约束自己。（3）主流意识引导与网络技术堵截相结合。高校要积极建构网络思想政治教育平台，对学生进行主流意识的引导，同时也要对一些传播不良思想意识的信息内容进行屏蔽，不能让不良思想污染学校的网络环境。（4）主动引导和平等交流相结合。高校应不断优化网络思想政治教育平台，既要传播体现我国主流意识形态的思想政治教育内容，也要给予研究生自我发挥、平等交流的机会。

为此，高校在开展研究生网络思想政治教育的过程中：（1）要树立与时俱进的思想政治教育观。一方面，要传承优秀的传统思想政治教育内容和方法，网络时代同样要弘扬传统的思想政治教育观念和教育方法；另一方面，也要体现时代的发展，与时俱进，切合时代主题。（2）树立法治意识，纯化网络环境。净化网络环境一直是网络时代的主题之一，高校必须要加强校园局域网络管理和网络监控工作。只有监督网络舆情，净化网络环境，才能使网络思想政治教育得到良性发展。（3）占领网络思想政治教育高地。高校研究生培养部门要设置网络舆论阵地，积极主动地开展网络思想政治教育，通过思想政治教育网站的形式开展思想政治教育工作。（4）加强网络思想政治教育工作队伍建设。研究生网络思想政治教育要有专业的工作队伍，有专业人员来进行网络工作，加强技术性、针对性和有效性。

三、建立心理健康咨询机构和干预机制

研究生的心理健康问题成为当前研究生思想政治教育研究的一个重要的问题，加强和完善研究生的心理健康服务体系，是目前提升研究生心理健康教育时效性的重点。心理健康服务体系，包括开展关于心理健康的普及教育、针对个体的心理咨询以及组织一些主题性的活动。

（一）加强心理健康普及教育

客观的社会环境，是造成研究生心理健康问题增多的重要原因。研究生相对于本科生，在年龄和家庭方面有更大的压力，很容易产生心理波动，进而引发心理问题。根据复旦大学心理健康中心 2006 年针对全校 1061 名硕士生和博士生进行的抽样调查，结果显示，研究生的心理压力最主要来源于学业，比例为 54.19%。调查发现，学生承受了来自包括学习、就业、经济、人际等各个方面的压力，其中学习和就业压力是最主要的两大因素，分别占 54.19% 和 51.6%。另外，现实目标占 41.19%，经济困难占 24.14%，专业兴趣占 18.17%，人际交往占 16.4%，恋爱挫折占 15.17%。当前研究生面临较大的学业、就业等压力，如果压力不能得到及时释放，很容易产生极端心理，造成内心的冲突加剧，从而酿成极端性的悲剧事件。

开展普及性的心理健康教育，是帮助研究生获得健康心理的重要条件。但心理健康教育并不是针对心理疾患进行的治疗，而应该被看作是一种成长教育、发展教育、人格教育。通过心理健康方面的普及教育，使研究生能够获得健全的心理和完善的人格，培养良好的适应性和积极健康的人格模式，是最为重要的。

　　普及性的心理健康教育，意味着要向研究生群体广泛传播心理健康方面的知识，使他们形成维护心理健康的自觉意识。在研究生中开展心理健康的普及教育，包括：宣传普及心理健康知识；介绍增进心理健康的方法和途径；解析心理现象；帮助学生以科学的态度对待心理问题；传授心理调适的方法。普及性的心理健康教育有利于提升研究生总体的心理健康水平，减少群体性心理健康问题出现的概率。

　　同时，要有组织、有计划地开展研究生心理健康问题的研究。定期开展心理调查，可以了解研究生群体的总体心理健康发展状况，以便及时发现问题。许多高校在新生入学时，便进行心理健康诊断测验，建立研究生的心理健康档案，一方面是把握总体的心理健康情况，另一方面针对有心理问题的研究生，及时进行个别的咨询和积极有效的心理干预。

（二）开展针对特殊个体的心理咨询工作

　　研究生群体的心理健康教育要与特殊个体的心理健康教育相结合。群体的心理健康教育主要解决研究生群体的一些共性问题，例如：如何缓解学习压力，如何调适自己的不良情绪，如何树立正确的婚恋观等，并对此进行一些针对性的心理训练。个别咨询辅导则着重解决研究生个体的心理问题，促进其人格发展与完善，同时避免出现极端性的心理问题。

　　2013 年 4 月发生的复旦大学医学院研究生遭遇室友投毒，不幸身亡的事件，举世震惊。这就是一起典型的因心理问题而导致的极端恶性事件，为此，关注高素质人群的心理健康、人格完善情况，成为一时热议的话题。高校在开展心理健康服务中，一定要关注到特殊个体的心理健康情况，要通过一些心理健康方面的调查活动，及时筛选出有心理风险的特殊个体，并给予足够的关注，加强心理健康方面的干预。要对受学业、人际交往、情感等方面问题困扰较严重的研究生开展一对一的心理咨询与辅导，及时疏导其不良情绪，化解心理危机，避免内心出现较大的情绪波动和剧烈的心理冲突，从而引发悲剧性的事件。

　　个别研究生容易出现的较严重的心理疾患，包括：（1）抑郁心理。有的研究生由于比较敏感，情绪化色彩重，一旦情感、学业、工作等方面出现困扰与挫折，难以调节，容易郁郁寡欢，持久的情绪低落，严重的可能出现抑郁症，导致自杀心理和行为的产生。（2）过度敏感和嫉妒。主要表现为在与人交往中过度敏感多疑，包容心差，好嫉妒、喜欢抱怨和指责。这不仅影响人际关系、科研合作和团体氛围，还使他人受到伤害，自己也处于不良情绪中，容易爆发激烈的人际关系冲突。（3）自我为中心。个别研究生长期形成了以自我为中心的习惯，我行我素，很少替他人考虑。在人际交往中，过分强调自我利益诉求，缺乏合作精神，忽视他人利益，对公共事务漠不关心。（4）社交恐惧症。很多研究生社交能力较弱，并长期积累了不良社交习惯，被群体所排斥，形成恶性循环，导致了性格孤僻。这一类学生也容易产生极端性的心理冲突和不良情绪，成为心理健康中的高危人群。

针对具有不良心理倾向的特殊个体，要加强一对一的心理辅导工作，及时疏散不良情绪，鼓励其建立积极向上的心理状况，培养乐观的生活态度，最大限度降低极端性事件的发生概率。

（三）组织心理健康方面的主题性活动

主题活动是校园文化建设的一个重要方面，开展有关心理健康方面的主题性活动，有利于创建积极向上的心理健康氛围，引导广大研究生关注自身的心理健康，走出心灵孤岛，注重人际交往和互助问题。

2004 年，教育部、团中央和全国学联办公室向全国大学生发出倡议，将每年的 5 月 25 日确定为全国大学生心理健康日。5 月也成为广大高校开展研究生心理健康教育的重要时节，很多高校都开展一系列针对研究生的心理健康主题教育活动。开展专题讲座，如"如何适应研究生生活"、"合理控制情绪和自我调适"，也针对许多研究生的共性问题，展开讨论，消除错误观念，开设必要的心理卫生课程，对研究生进行心理健康教育。主题活动的举办形式，是课堂教育与课外活动相结合，教育与自我教育相结合，解决心理问题与解决实际问题相结合。

北京航空航天大学开展的"3A"院系研究生心理健康教育辅导模式，关于心理健康主题活动的情况如下表 6－1：

表 6－1　北京航空航天大学电子信息工程学院研究生心理主题活动内容列表

活动主题	活动形式	活动对象
（1）《学习爱》	心理工作坊	全体研究生
（2）《让幸福开花》	心理沙龙联谊活动	一年级研究生
（3）《拥抱阳光，五彩斑斓》	班刊设计大赛	以班级为单元参加
（4）《当幸福来敲门》	电影赏析	二年级研究生
（5）《我们要毕业了》	座谈交流	毕业班研究生、高年级博士生
（6）《珍爱生命，直面挫折》	征文比赛	全体研究生

（续表）

活动主题	活动形式	活动对象
（7）支教活动	社会公益活动	二年级研究生
（8）趣味运动会	运动会	一年级研究生

资料来源：见冯蓉、马喜亭的相关研究资料。①

通过借鉴部分高校成功举办的主题性活动，可以结合各高校的特点和学生的需要以及可能的实际条件，开展丰富多彩的主题性心理健康教育。需要注意的是，主题性活动的举办时间节点，是在研究生的学业稳定期，在这一轻松、愉悦的阶段，通过这一系列的心理健康教育主题活动，能够为研究生创造轻松、愉悦的心灵交流平台，为他们提供锻炼心理素质、提高心理承受能力的机会。

第三节　实现研究生思想政治教育制度的合理安排

一、构建科学的研究生思想政治教育管理体制

思想政治教育管理体制是思想政治教育工作的一个重要环节，只有健全体制、机制，以良好运行的体制为保障，才能确保思想政治教育的各个方面都能落到实处，思想政治教育工作得到稳步的提升与发展。作为研究生思想政治教育工作体系的组成部分，研究生思想政治教育管理体制是研究生思想政治教育顺利实施的组织保障和制度保障，构建科学合理的管理体制，有利于思想政治教育目标和任务的顺利完成。为此，要理顺关系，形成合力，完善结构，整合资源，践行理念，提高实效。

（一）成立专门的研究生思想政治教育管理机构

在上世纪八九十年代，研究生大规模扩招之前，很多高校沿袭旧的研究生管理体制，缺乏专门的机构来负责研究生的思想政治教育工作，或是将研究生纳入本科生的思想政治教育工作中，研究生和本科生一起管理，这种管理模式，往往会使研究生思想政治教育工作处于"三不管"的尴尬境地。这成为制约研究生思想政治教育发展的一个很大的制度性因素。

---

① 冯蓉、马喜亭：《高校"3A"院系研究生心理健康教育辅导模式》，《学位与研究生教育》，2013 年第 6 期。

进入新世纪之后，高校在加强研究生事务管理的同时，也加大了在思想政治教育上的管理力度，最重要的措施是成立了专门的机构来负责研究生思想政治教育工作。研究生思想政治教育的管理机构，要分工明确，领导、机构、人员都要落实，才能确保研究生的思想政治教育有明确的管理规范和制度，思想政治教育工作得以顺利运行。要防止思想政治教育工作出现管理机制上的工作空档，同时还要坚持把思想政治教育工作与教学、科研、学科建设等相结合，从机制上保证将思想政治教育融入研究生的培养及日常管理的全过程。

对于研究生思想政治教育工作的领导机构，教育部在加强研究生思想政治教育工作的文件中建议，有条件的高校应建立由党委和行政有关职能部门负责人参加的研究生思想政治教育工作委员会（领导小组），形成以党委领导、党政结合，强化行政、齐抓共管的研究生思想政治教育工作管理体制和运行机制。其他承担研究生培养工作的单位，也应建立相应的研究生思想政治教育工作管理体制和运行机制。学校党委要把研究生思想政治教育工作作为重要的事务来抓，加强领导，统一规划，建立和完善以校长及行政系统为主实施的研究生思想政治教育工作管理体制，校长要对研究生的全面发展负责。研究生的思想政治教育工作，应当要贯通于学校教学、科研和学科建设的全过程，贯通于学校工作的各个环节，形成"全员育人，全方位育人"的格局。

目前，很多高校都通过建立研究生院的形式，实现思想政治教育工作的校、院两级管理体制。在学校党委领导下，由研究生院负责研究生思想政治教育的教育管理工作，与学院共同承担对研究生的管理，并配备相应的专、兼职研究生辅导员。如中国石油大学党委会明确的研究生两级管理的原则是："两级管理，学院为主；全员负责，导师为主"。

华中科技大学研究生管理机构的设置，是目前较为常见的研究生管理机构设置模式。见下表6-2所示：

表6-2 研究生院管理处职能

工作职责	日常工作情况
工作职责	负责全校研究生德育工作计划及管理制度的制订，研究生德育工作队伍建设，研究生日常思想教育工作和党建工作、研究生奖贷助勤工作、研究生心理健康教育、研究生违纪事件处理工作、研究生社会实践组织工作、研究生会及各个研究生社团的指导。参与协调学校各部门与研究生有关的事务工作

（续表）

工作职责	日常工作情况
主要业务	组织全校研究生德育工作计划及管理制度的制订和执行，并指导和推动院（系、所）及基层的研究生德育工作。协调全校研究生党建工作，协助学校党委组织部、宣传部和院（系、所）党委（党总支）进行研究生党员队伍的思想建设、组织建设和作风建设；负责全校研究生德育工作队伍建设和管理；组织开展研究生入学教育和毕业教育；组织开展研究生心理健康教育工作和活动；研究生社会实践的组织与管理；组织开展全校性的研究生学术、科技活动；组织开展全校性的研究生文化、体育活动；指导研究生会、博士生部、研究生科协、喻园晨光网站、《华中大研究生》报等校级研究生社团的工作

资料来源：华中科技大学研究生院网站（http：//gs. ccnu. edu. cn/ygb/showNews-502. aspx）。

（二）理顺研究生管理机构的运行机制

研究生思想政治教育管理与本科生不同，牵涉到的人员和机构较多，如涉及到研究生培养单位的系（院、所）、教研室、学科组、课题组、导师培养组等，如何理顺各个机构和人员间的关系，确保和谐、高效运行，是一个关键性的问题。

研究生管理机构之间的运作机制，其运行的逻辑关系，如下图所示：

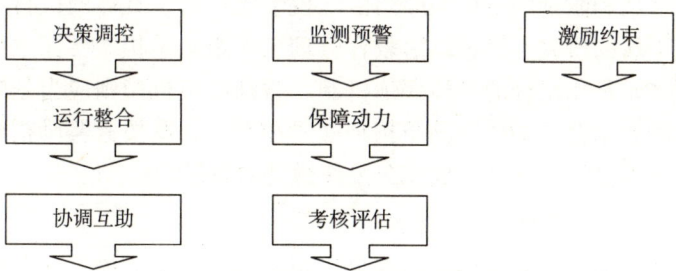

研究生管理机构运行机制图

决策调控的职责，由学校党委、校长、学校思想政治教育管理指导委员会来共同承担，负责总体上统筹安排思想政治教育目标、主要思想政治教育计划等。为此，要进行决策前的调研工作，听取各方意见，形成科学的决策，下达决策文本，制定执行方案，使基层管理部门在开展工作时方向明确，思路清晰，有据可依。

承担运行协调职责的，包括学院、研究生院、课题组、科研组、学校团委、研究生会、心理咨询中心、研究生导师、思想政治课程老师、研究生辅导员等。为此，各个机构之间要理顺关系，整合资源，分工明确，互助合作，从而形成合力，共同构建起开展研究生思想政治教育工作的执行体系。

承担检测预警职责的，主要在心理咨询中心、研究生导师和研究生辅导员等。心理咨询中心要开展专项研究，对研究生的总体心理状况有定期的检测，对特殊个体有加大关注和心理干预力度，及时排查情况，降低风险。研究生导师、研究生辅导员等与研究生密切接触的人，要能够及时了解研究生的思想动态，对群体性的思想状况要有所预见。要构建检测预警网络，健全群防机制，学校和社会、家庭一起为研究生思想政治状况进行预警检测。

承担保障动力职能的，包括整个学校机构在内，要为研究生的思想政治教育工作提供组织领导、人员队伍、资金、场所等措施条件保障，有了良好的保障措施，思想政治教育工作才能平稳运行。要保证研究生思想政治教育工作的经费投入，确保工作条件，合理确定研究生思想政治教育工作经费投入科目，列入预算，切实保证。对研究生课外思想政治教育活动和社会实践活动提供必要的经费支持和物质保障。要保证研究生和思想政治教育工作队伍表彰、奖励所需经费。高校在规划学生思想政治教育设施的建设中，要充分考虑研究生思想政治教育工作的特点，确保需要。

考核评估和激励约束机制应当由学校上级负责，具体的执行工作则由研究生院下属的研究生思想政治教育管理工作组来承担。要探索切实可行的，定性和定量相结合的考核评估机制。激励约束机制则应当是外在激励与内在激励相结合，物质奖励与精神激励相结合，既要有奖励措施，也要有相应的惩罚措施，才能做到充分发挥激励的效果。

（三）提升制度运行的实效性

研究生思想政治教育制度的建设，很重要的一个问题，就是要提升制度运行的实效性。制度建立之后，怎样去执行到位，保持长期的平稳运行，确保实际的效果，这是制度制定者需要认真考虑的。"天下之事，不难于立法而难于法之必行"，提高制度的执行力，确保制度执行顺畅、管用实在，是完善制度建设的重要方面，也是提高制度权威性的重要保证。制度运行的实效性，包括制度的执行力问题、制度维持的持久性、师生的实际参与度，以及经费的保障问题。

首先是制度的执行力问题。高校要切实将研究生的思想政治教育工作摆在重要位置，学校、学院领导和导师，不能只忙于抓教学、科研而忽略了对学生的思想政治教育方面的关注。主观上的不重视，会导致客观上的制度执行不到位。制度的执行效力，一定是建立在足够重视的基础之上的。制度的执行要真正贯彻到位，不能流于表面形式。思想政治教育制度在执行过程中的形式化倾向，是需要加以警惕的。比如在本科生的思想政治教育中，每个月的政治理论学习这一环节，很多学校往往只是走过场，草草结束，达不到实际的效果。如果研究生思想政治教育活动的开展，也只是应付检查式的突击性活动，走过场、装门面、流于表面，这种方式，不仅不能发挥制度的作用，反而浪费了研究生的时间和精力。

要激发研究生的积极性，提升广大师生的实际参与度。高校的老师和研究生在执行制度的过程中，往往存在着很大的随意性。很多研究生对于思想政治教育的实际参与程度不高，真正乐于参与的不多。这样就会导致已经制定的制度得不到响应，缺乏参与度，没有反响，制度实施的效果自然得不到保证。

制度维持的时效性也是非常重要的一个因素。部分高校在制定了一系列的制度后，却不能长期保持贯彻下去，往往是一时的激情，蜻蜓点水一般，短暂的激情热过后，缺乏长期的平稳运行的持久力。制度的约束力，在很大程度上依赖于长期的连贯运行，保持长期平稳运行的状态，是非常重要的。华中师范大学于 2004 年 11 月份颁布了《华中师范大学研究生德育工作暂行条例》，制度规范的约束确保了学校研究生德育工作得以长期平稳开展，学校的研究生德育工作也取得了一系列的成绩，深受师生好评。[①] 清华大学从 1995 年开始实行研究生德育助理制度，在研究生中挑选优秀人员担任德育助理，实行"双肩挑"，即一肩挑学习，一肩挑学生工作。

二、加强研究生思想政治教育工作队伍建设

研究生思想政治教育工作专职人员是高校学生思想政治工作队伍的组成部分，同时也是高等学校教师队伍的组成部分，是研究生思想政治教育工作的骨干。

---

① 资料来源：华中师范大学研究生院网站，网址：http：//gs. ccnu. edu. cn/ygb/showNews－502. aspx.

（一）优化思想政治教育工作队伍的结构

根据《中共中央关于进一步加强和改进学校德育工作的若干意见》提出的"优化队伍结构，建立一支专兼结合、功能互补、信念坚定、业务精湛的德育队伍"的要求，研究生思想政治教育工作队伍的合理结构，应该是：高素质、专业化、相对稳定，专职人员和兼职人员相结合，功能互补。为此，要从角色结构、知识结构、年龄结构这几项因素上，来构建高校研究生思想政治教育工作队伍的人员结构；要像选拔、培养学术骨干一样，建立起政治强、业务精、作风正的研究生思想政治教育工作队伍。

从角色结构来看，主要是专职人员和兼职人员的协调搭配问题，如果以兼职为主，没有专职的工作队伍，这个队伍的角色结构就是不合理的。研究生思想政治教育工作队伍应当是专业人员和兼职人员相结合，一方面要按照教育部有关文件精神，周密计划，选拔出一批政治思想素质和业务素质全面发展的优秀毕业研究生或青年教师，建立一支精干的专职研究生思想政治教育工作队伍；另一方面，要充分发挥校内外的思想政治教育资源，充分借助外部力量，吸收有丰富经验的、专业知识背景强的人员作为兼职队伍储备，也可以充分利用研究生中的积极分子来承担兼职的研究生思想政治教育工作的责任。要克服职能划分的模糊现状，通过制度建设，对队伍中各个工作者的职务范围与责任作出明确的规范与划分。①

从知识结构来看，研究生思想政治教育工作队伍需要专业背景和具有行政管理、保障协调能力的人员相结合。队伍中一定要配备足够的专业人员，具备伦理学、思政教育、心理学相关专业背景的，能够为研究生提供专业的知识服务，同时也要有维持队伍运转的行政人员，后勤保障人员。如果工作者自身的专业知识较弱，知识积累少，理论底子不够厚实，难以满足研究生群体的实际需求。专业人员和后勤保障人员相结合，是一个合理的知识结构。很有必要引进思想政治教育专业毕业的优秀教师，从政策和制度上保证能够留得住、做得稳，形成一支专兼职结合、专职占有一定比例的思想政治教育工作队伍，提高思想政治教育工作水平，实现在人员培养上的可持续发展。同时，具备专业背景的老师，还要不断提升专业领域，在实践中运用理论知识，这样才有助于思想政治教育工作的开展。

从年龄结构来看，高校目前的思想政治教育队伍中，以政治辅导员为

---

① 张文学：《高校大学生思想政治教育制度化研究》，中国地质大学 2012 年博士论文，第 130 页。

主，队伍的人员结构，以刚参加工作的年轻教师或专职教师兼任，相对来讲，应对复杂局面的经验有限，因此在研究生思想政治教育工作的人员、队伍建设上，要配备好年龄的结构，既要积极吸纳富有冲劲的年轻老师，也要有具备丰富实践经验的老师。

高校思想政治教育队伍的人员流动也较大，很多年轻老师刚熟悉了工作，又要调整到其他的岗位上，这对于保持思想政治教育工作队伍的稳定性很不利。要留住人才，一方面要提高思想政治教育工作者的待遇；另一方面也要为思想政治教育工作者创造好的发展环境，提供较为充足的发展空间。当前，从事思想政治教育工作的人员待遇普遍偏低，发展空间和潜力也有限，影响工作积极性和创造性，很多年轻老师由于面临较大的压力和职业不安全感，难以专心投入思想政治教育工作中。为了保持思想政治教育工作队伍的稳定性和高素质，应当提高思想政治教育工作人员的待遇，同时充分创造进修、学习、培训的机会，满足从业者自我发展的需求。

（二）提升思想政治教育工作者的自身素质

对研究生思想政治教育工作者的素质要求，包括思想政治素质、业务素质、理论素养和服务意识等方面。

研究生思想政治教育工作者首先要具备良好的思想政治素质，包括政治立场、政治水平、道德素质和道德品格。要坚持正确的政治立场，以马克思主义来武装自己，具备较为深厚的马克思主义理论水平，在实践中践行马克思主义的根本立场。同时也要有良好的政治水平，一心跟着党走，关注当前形势和政策，严格执行党的路线、方针、政策。研究生思想政治教育工作者本身的道德素养也要过硬，道德品行良好，才能率先垂范，赢得广大师生的尊敬和信赖。身教胜于言教，如果自身的德行不好，则很难开展工作，并且对工作还具有负面影响。

研究生思想政治教育工作者，是做研究生的教育工作，而研究生是高校学生中思维最敏捷，最具有学术深度和个性的一个群体，工作对象的复杂性，要求研究生思想政治教育工作者必须具备较强的业务能力。业务素质要求教育工作者既要能够把握研究生思想政治教育工作的方向性和规律性，针对不同的个体采取不同的教育方法，也要通晓伦理学、教育学、心理学等相关学科的内容，还要具有较为广博的知识面和理论水平，能够让研究生感到信服。同时需要具有生活阅历，能够处理研究生的现实思想问题，帮助他们解决一些实际中遇到的难题。业务素质的提升，是建立在热爱工作，有较强的工作责任心的基础之上的。如果从业者没有主观的爱岗敬业的态度，是很难去提升业务素质的。

理论素养也是研究生思想政治教育工作者的一个从业要求。通过系统的理论学习，把思想政治教育工作从日常工作上升为科学，从实践上升为理论，增强工作的系统性、科学性和预见性。思想政治教育工作者能够从深度和广度上把握整个思想政治教育工作的总体走向，开阔眼界，找准自身的定位，瞄准差距，从而不断提高。研究生本身是从事学术研究的，如果思想政治教育工作者自身的理论素养差，则很难与被教育对象找到共同语言，难以融入这个群体，理解他们的特点和面临的问题。学术素养同时也是思想政治教育教育本身的要求，要从学术研究的角度去拓展自己的知识结构和业务能力，这样才能做到有思想养分可以汲取，能够在工作中不断提升和进步。

思想政治教育工作者也要具有较强的服务意识，充分树立为研究生服务的思想。开展工作要耐心细致，多解答研究生所关心的热点问题，比如学业、就业、人际关系、婚恋等方面的问题，这些现实问题如果得不到正确的引导，可能会影响研究生的正常学习和生活。思想政治教育工作者要带着深厚的感情做好工作，对研究生展现出充分理解、尊重和信任，要和风细雨、循循善诱、耐心细致地帮助解决，对学生所面临的实际困难，应积极协调解决。

（三）解放思想，大胆创新

对于研究生思想政治教育工作者来说，拥有与时俱进的观念、思路和工作方式是很重要的。思想政治教育工作者要积极研究新形势下研究生的精神需求和价值取向，研究思想政治教育工作新的内容、方法、机制和途径，才能提高教育的效力。研究生思想政治教育工作的创新，首先是思想观念的创新。思想政治教育工作者要培养创造性的思维，充分树立时代意识，从不合时宜的观念、做法和体制的束缚中走出来，使其教育观念更符合当前的客观实际，才能真正跟上形势的发展。

其次，创新工作内容，实现有主题性的思想政治教育。研究生思想政治教育的工作内容，具有其特殊性，即：相对稳定，又不断发展。因此要不断拓展教育内容，在加强党的路线、方针教育和爱国主义、集体主义教育的同时，要把握思想政治教育基本的主题是理想信念教育。引导研究生坚定对马克思主义的信仰，增强马克思主义理论的说服力与战斗力。要敢于和善于分析，回答研究生在现实生活中和思想上迫切需要解决的问题，帮助研究生树立正确的世界观、人生观和价值观。通过解决研究生的信仰、信念、信心等深层次问题，发挥马克思主义理论自身的威力。

再次，在工作方式上，紧贴时代特点和社会现实的需要，吸取和借鉴行之有效的方式和方法，并切合实际加以创新。对于研究生的思想政治教育工作，工作方法应当是：灵活多变，不拘一格，对症下药，因人而异。研究生的思想政治教育要体现主动性、针对性、灵活性和实效性；要充分结合研究生的思想需求和生活需要，寓教于学、寓教于乐。为此，研究生思想政治教育工作者在平时工作中要注意了解新动态、把握新特点，寻求新对策、总结新经验，要善于吸收新鲜的好的东西，采用多样化、多渠道、多载体的方式，能运用开放、多维、创新的思维，更好地为研究生服务。

许多高校都积极开展了研究生思想政治教育工作上的创新。如南开大学组织了研究生思想政治教育工作创新示范项目申报立项，首批创新示范项目包括法学院"鸣响"学术沙龙"班级共创，学术领航"专题活动、经济学院"'公能'知行耀滨海，志愿奉献学子情"研究生"公能"素质课堂活动、信息技术科学学院第二届实验室文化建设工程、生命科学学院等五个学院联合的"明德树风践行公能"研究生科研道德与学风建设系列活动等，内容涵盖党建创新与班集体建设、课外学术文化与科技创新活动、主题教育与素质教育活动、实践育人与志愿服务、研究生管理模式和工作机制创新、调动专业教师力量参与研究生等多个方面。①

三、建立研究生思想政治教育效果考评机制

研究生思想政治教育评估是一种重要的管理工具，具有工具导向功能，能够较为客观地映射出研究生思想政治教育工作的实际效果，便于进行研究生思想政治教育实施的调整和控制。研究生思想政治教育工作评估制度的建立，能够把研究生思想政治教育工作的落实情况和效果作为评价和衡量研究生思想政治教育工作的重要指标，列入研究生培养工作评估体系，这也是研究生思想政治教育工作走向制度化、规范化和科学化的重要标志。

---

① 资料来源：南开大学新闻网，网址：http：//news. nankai. edu. cn/zhxw/system/2012/05/31/000070855. shtml.

（一）评估范围和功能分析

思想政治教育的评估，具有控制功能、激励功能和反馈功能。思想政治教育评估的控制功能，指通过思想政治教育评价，对于思想政治教育环境、思想政治教育效果，教育对象和施教者都有一个客观、科学的评定，从而控制思想政治教育实施的各个环境，加强对思想政治教育实施的控制力度。思想政治教育评价的激励功能，是指通过评价，扬善抑恶，引起被评价者强烈的情绪体验，进而强化优秀、良好的品质，抑制不良品质。肯定的评价能够激起被评价者愉悦的感受，否定的评价则会引起被评价者羞恶之感，所谓"羞恶之心，人皆有之"。因此开展科学的思想政治教育评估，对于思想政治教育工作具有较大的激励作用。思想政治教育评估的反馈功能，是指通过评估，能够充分了解到教育对象的思想政治状况和发展水平，映射出存在的问题，从而作为下一阶段制度思想政治教育教学计划的依据，同时也增强教育的针对性。思想政治教育评估也能够检验一段时期内思想政治教育教育活动的成果，为改进教育内容和方法提供反馈信息。

研究生思想政治教育评估的范围，包括对受教育者的评估（即对研究生思想政治情况的评估），也包括对思想政治教育工作者的评估，同时还包括对思想政治教育实施过程的评估。

对受教育者的评估是整个评估系统的中心环节和基础。① 这包含两方面的含义：其一，对受教育者的评估是开展思想政治教育工作的前提和起点。要对研究生思想政治的现状作出评估，才能制定相应的思想政治教育计划和目标。其二，对受教育者的评估，是对思想政治教育工作结果的最终检验。思想政治教育的实际效果如何，要根据研究生群体思想政治教育的总体情况来做判断。

对研究生思想政治教育工作者的评估，包括自身素质、工作态度、工作效果等方面。研究生思想政治教育工作者自身素质如何，有一系列的评价标准，包括思想政治素质、业务素质、理论素质、职业道德素质。工作态度具有主观倾向，工作效果则需要有公正的评价。评价教育者，不能只停留在评价结果上，而要找出导致评价结果的原因，有针对性地采取措施来进行提升。

对研究生思想政治教育实施过程的评估，要完善地检测整个思想政治

---

① 陈秉公：《思想政治教育学原理》，北京：高等教育出版社，2006年第一版，第328页。

教育的实施过程，包括各种思想政治教育形式的采用、思想政治教育环境的综合考量、思想政治教育目标、计划和最终结果的评估等。将思想政治教育工作看作一个整体，从整体上去考量每个实施环节，评估整体的实施状况，有利于发现存在的问题，并找出原因，从而有效提升思想政治教育的实际效果。

（二）评估原则与方法

研究生思想政治教育的评估原则，是指导评估正确进行的重要依据，大致有下列几项：

政治性与科学性相统一的原则。研究生思想政治教育具有很强的政治性，因此，其评估标准就是看是否符合政治原则与立场，是否符合党的方针、政策。这个标准代表了思想政治教育的性质和方向。在坚持正确政治方向的同时，也要坚持思想政治教育评估的科学性。怎样确定评估中的各项标准，采用怎样的评估程序和方法，都有科学依据，不能随意更改，违背学科的客观规律。

动机与效果相统一的原则。马克思主义认为，任何人的动机和效果都是辩证统一的。思想政治教育的动机，是指教育者在实施思想政治教育过程中的主观愿望，主观的目的、愿望是怎样的，这是思想政治教育动机。对于思想政治教育动机的评估，主要在于看动机是否符合一定的思想政治教育标准。思想政治教育效果，是指思想政治教育实施之后的客观结果，效果与动机不一定相符合，好的动机不一定产生好的效果。因此对于思想政治教育效果的评估也就显得至关重要。只有客观评估其思想政治教育效果，才能反馈出思想政治教育的真正实施情况。

定性与定量相统一的原则。定性评估是指对评估对象进行整体的和性质的分析综合，以鉴别和判定思想政治教育实践效果性质的方法。定量评估是指主要运用数据的形式，通过对评估对象表现出来的一些量的关系的整理分析，从数量上相对精确地把握德育实践效果状况的方法。[①] 科学的评估，应该是定性与定量的统一，定量是定性的基础，定性是定量的前提和结果，两者缺一不可。

静态与动态相统一的原则。静态评估是指在一定时间、空间和情境下对思想政治教育过程和效果的现状进行评估。动态评估是指对思想政治教育变动过程进行评估。静态评估是表明现状，动态评估是表现发展能力和

---

① 陈秉公：《思想政治教育学原理》，北京：高等教育出版社，2006年第一版，第330、331页。

发展趋向。既要评估研究生思想政治教育的当前现状，也要评估现在以及未来一段时间的发展趋势，二者相互结合，有利于对思想政治教育情况作出更为准确、富有预见性的判断。

研究生思想政治教育评估方法较多，要根据不同情况，采取不同方法。例如，对学校整体的思想政治教育情况进行评估，则可以采用的方法包括：综合汇报和单项汇报；对于教育者的思想政治教育评估，需要听取思想政治教育工作者关于思想政治教育工作的全面汇报，同时组织研究生、专业教师、分管领导等举行座谈会，分层面听取汇报。除此之外，研究生思想政治教育的评估方法还包括：（1）查阅有关文献资料：要查阅思想政治教育工作的有关文件、会议记录及其他档案资料。既包括各项指标主体材料，也包括辅助支撑材料；（2）实地考察：察看校容校貌、校园秩序和有关基础设施。除了看学院整体环境外，专家组还将重点查看区域和重点项目，如广播站、电视台、宣传栏、阅报栏、学院网站、校报、景点、休读点、图书馆、教室、宿舍等，观看专题片、展览、汇报演出等；（3）进行问卷调查和访谈：召开必要的座谈会或对有关部门以及师生进行个别访问。随机发放问卷调查，对学院思想政治教育工作开展情况进行调查，包括教师问卷调查和学生的问卷调查。（4）综合测评：对研究生的理想信念、爱国意识、道德品质和综合素质状况通过问卷调查等形式进行测评。

如果是对研究生或研究生思想政治教育工作者的个体评估，则通常采用定性和定量两种方法。常用的定性方法包括：观察法、调查法、写实法、自述法、评语法、等级评定法等。常用的定量法包括：加减评分法、综合测定法、自报公平法和综合评价法等。[①]

（三）评估内容与程序

德育评估内容是德育评价体系的核心部分。[②] 研究生思想政治教育评估内容是多方面的，根据不同的思想政治教育评估目标，评估的内容也具有可变性。总体而言，评估内容主要包括：教育工作者的评估、教育对象的评估、教育环境的评估、教育过程和工作的评估、教育整体效果的评估。评估的主要内容，应该包括对研究生教育者的评估，对研究生群体本身思想政治情况的评估，对研究生教育环境的评估，对研究生教育过程和

---

① 薄明华：《我国德育评估研究述评》，《南阳师范学院学报》，2008 年第 2 期。
② 同上。

开展相关教育工作的评估，以及研究生思想政治教育整体效果的评估。

　　研究生思想政治教育评估程序是一个周期性的过程。为此，首先要确定研究生思想政治教育评估整体规划，包括确定思想政治教育评估的需要，明确评估问题的性质与范围，制定有效的评价目标和全面的评价方法。有了明确的整体规划，思想政治教育评估才能得以顺利进行。其次，是思想政治教育评估技术准备，包括确定思想政治教育评价指标体系和筛选评价方法。要根据不同的评估目标和总体规划来进行技术准备，选择合适的评价指标和评价方法。第三是评价的实施，这是研究生思想政治教育评估的实际性阶段，可以开展问卷调查、现场调查、访谈、座谈等思想政治教育测评活动。第四是评价数据和技术的收集。收集各项资料，整理各项研究数据。第五是分析结果，根据所采取到的数据和资料来进行结果的分析，特别是问卷调查的结果分析。最后是修订结果和利用结果。测评的结果可能出现误差，要进一步修订核实，在修订的基础上，形成科学的测评分析结果，对本次测评进行全面回顾总结，并将结果用于相关研究使用。

　　研究生思想政治教育是一个动态发展的过程，所以研究生思想政治教育评估也是一个动态过程。"在这个过程中，各种教育因素已经无法被单独地剥离出来，因此，将各种评估因素综合起来进行考量，才能实现高校思想政治教育评估应有的作用，增强评估的有效性。"① 为此，要建立科学合理的研究生思想政治教育效果评估机制，实时检测研究生思想政治教育效果，指导研究生思想政治教育不断与时俱进。

---

　　① 张岩：《论高校思想政治教育评估的有效性及实践》，《教育与职业》，2011 年第 27 期。

结　语

研究生是高等教育培养的高层次人才，是我国社会主义现代化建设高层次人才的重要来源。他们中的许多人将成为未来我国政治、经济、科学技术的骨干，所以，从整个社会道德建设来看，研究生思想道德建设是社会道德建设的重要组成部分，研究生思想道德的好坏直接关系到整个社会道德建设的成败，关系到21世纪中国的前途和命运。因此，在建设中国特色社会主义的新时期，如何有效地对研究生进行思想政治教育，是一项有着重要理论意义和实际价值的研究工作。

研究生思想政治教育同社会道德建设一样，是一项长期的教育任务，不能一蹴而就。教育管理部门、高校、科研院所的各级领导、教育工作者，必须从提高研究生的全面素质，使他们成为德、智、体、美等方面全面发展的社会主义事业建设者和接班人的战略高度，深刻认识加强和改进研究生思想政治教育工作的重要性、紧迫性和持久性，更加自觉地做好研究生思想政治教育工作，不断研究探索研究生思想政治教育的理论，改革、创新研究生思想政治教育的工作模式、管理体制、教育理念、教育内容、教育方法、教育途径等。使研究生思想政治教育工作，能始终以崭新的面貌、强劲的活力，贯穿于研究生教育的全过程，为建设中国特色社会主义和构建和谐社会培养优秀人才发挥持久作用。

研究生思想政治教育是一项宏伟复杂的系统工程，应该由家庭、社会和高校科研机构共同承担起教育的义务与责任。在本文中，作者主要研究了高校在这项系统工程中所应承担的重任及方法对策，对于家庭和社会参与教育的方面涉及甚少。另外，即使对于高校在这项系统工程中所应发挥的作用也未能面面俱到地深入研究，尚有一些问题有待进一步学习探讨，例如：研究生思想政治教育的战略问题，研究生的科技伦理问题，等等。

参 考 文 献

一、著述类

1. 马克思恩格斯选集（1—4 卷）. 北京：人民出版社，1995

2. 列宁选集（1—4 卷）. 北京：人民出版社，1995

3. 毛泽东选集（1—4 卷）. 北京：人民出版社，1991

4. 邓小平文选（1—2 卷）. 北京：人民出版社 1994

5. 江泽民. 论有中国特色社会主义. 北京：中央文献出版社，2002

6. 胡锦涛. 高举中国特色社会主义伟大旗帜为夺取全面建设小康社会新胜利而奋斗. 北京：人民出版社，2007

7. 中共中央关于加强社会主义精神文明建设若干重要问题的决议. 北京：人民出版社，1996

8. 中共中央宣传部宣传教育局. 加强和改进大学生思想政治教育文件选编. 北京：中国人民大学出版社，2005

9. 中共中央宣传部宣传教育局著. 加强和改进大学生思想政治教育优秀实例选编. 北京：中国人民大学出版社，2005

10. 中共中央宣传部著. 毛泽东邓小平江泽民论思想政治工作. 北京：学习出版社，2000

11. 中国学位与研究生教育发展报告课题组. 中国学位与研究生教育发展报告（1978—2003）. 北京：高等教育出版社，2006

12. 钟启泉著. 现代课程论. 上海：上海教育出版社，1989

13. 朱莉娅·贝里曼等著. 心理学与你. 北京：北京大学出版社，2000

14. 朱熹. 孟子·尽心上（卷七）. 四书章句集注，北京：中华书局，1983

15. 朱熹. 朱文公文集（卷24）. 与延平李先生书. 北京：国家图书馆出版社，2006

16. 礼记·乐记. 长沙：岳麓书社，2001

17. 蔡元培. 蔡元培自述. 北京：人民日报出版社，2011

18. 班华. 现代德育论. 合肥：安徽人民出版社，2001

19. 毕红梅著. 全球化视野中的思想政治教育. 南京：中国社会科学出版社，2006

20. 仓道来著. 思想政治教育学. 北京：北京大学出版社，2004

21. 陈秉公. 思想政治教育学原理. 北京：高等教育出版社，2006

22. 陈登才著. 中国共产党思想政治工作史. 湖南：湖南人民出版社，2001

23. 陈万柏著. 思想政治教育载体论. 武汉：湖北人民出版社，2003

24. 陈小鸿著. 论人的自由全面发展. 北京：人民出版社，2004

25. 陈永明著. 现代教师论. 上海：上海教育出版社，1999

26. 陈志尚著. 人的全面自由发展论. 北京：人民大学出版社，2004

27. 成有信著. 教育学原理. 郑州：河南教育出版社，1993

28. 戴钢书著. 思想政治教育统计研究方法论. 北京：人民出版社，2005

29. 戴胜利著. 大学思想政治教育的比较研究. 上海：上海教育出版社，2006

30. 戴艳军. 思想政治教育案例分析. 北京：高等教育出版社，2001年版。

31. 戴艳军著. 思想政治教育案例分析. 北京：高等教育出版社，2001

32. 习承湘. 研究生德育论. 上海：复旦大学出版社，2006

33. 冯文广著. 高校思想政治教育模式研究. 成都：西南交通大学出版，2003

34. 龚志宏著. 润物细无声思想政治教育中的无意识教育研究. 河南：河南大学出版社，2006

35. 顾海良著. 高校思想政治教育导论. 武汉：武汉大学出版社，2006

36. 顾明远著. 亚洲四小龙学校德育研究. 福州：福建教育出版社，2002

37. 教育部社会科学研究与思想政治工作司. 高校思想政治工作经验. 北京：中共中央党校出版社，2000

38. 何一成著. 融合与创新：马克思主义思想政治教育理论中国化的

历程和经验. 北京：社会科学文献出版社，2004

39. 贺才乐著. 思想政治教育载体研究. 武汉：湖北人民出版社，2004

40. 胡金平. 中外教育史纲. 南京：南京师范大学出版社，2010

41. 黄蓉生著. 当代思想政治教育方法论研究（马克思主义理论与思想政治教育研究系列丛书）. 重庆：西南大学出版社，2000

42. 黄蓉生著. 高校马克思主义理论与思想政治教育专题研究. 重庆：西南大学出版社，2002

43. 江泽民. 论有中国特色社会主义. 北京：中央文献出版社，2002

44. 教育部社会科学司组编著. 普通高校思想政治理论课文献选编1949—2006. 北京：中国人民大学出版社，2007

45. 金盛华，张杰著. 当代社会心理学导论. 北京：北京师范大学出版社，1995

46. 靳诺著. 德治法治与高校思想政治教育. 北京：光明日报出版社，2004

47. 蓝江著. 思想政治教育社会化研究. 武汉：湖北人民出版社，2005

48. 李光辉著. 中国共产党思想政治工作史论. 北京：法律出版社，2005

49. 李辉著. 现代思想政治教育环境研究. 广州：广东人民出版社，2005

50. 李康平著. 邓小平德育思想研究. 南京：中国社会科学出版社，2001

51. 李田贵，申文杰，张玉海著. 思想政治工作模式构建与应用. 北京：中共党史出版社，2006

52. 李秀林. 辩证唯物主义和历史唯物主义. 北京：中国人民大学出版社，2004

53. 联合国教科文组织总部，联合国教科文组织总部中文科编. 教育：财富蕴藏其中. 北京：教育科学出版社，1996

54. 梁桂麟著. 知识经济与高校德育. 北京：人民出版社，2002

55. 林崇德著. 发展心理学. 浙江：浙江教育出版社，2002

56. 刘国华著. 邓小平德育理论研究. 贵州：贵州人民出版社，2000

57. 刘建军，曹一建著. 思想理论教育原理新探. 北京：高等教育出版社，2006

58. 刘顺厚. 绩效与评价研究生德育探析. 兰州：甘肃人民出版社, 2006

59. 刘新庚著. 现代思想政治教育方法论. 北京：人民出版社, 2006

60. 刘云林, 陈章龙著. 当代中国社会思想政治教育. 北京：中央文献出版, 2000

61. 鲁洁著. 道德教育的当代论域. 北京：人民出版社, 2005

62. 罗国杰著. 伦理学. 北京：人民出版社, 1989

63. 罗国杰著. 马克思主义思想政治教育理论基础. 北京：高等教育出版社, 2002

64. 罗洪铁, 董娅著. 思想政治教育原理与方法基础理论研究. 北京：人民出版社, 2005

65. 罗洪铁著. 思想政治教育基础理论研究（马克思主义理论与思想政治教育研究系列丛书）. 重庆：西南大学出版社, 2000

66. 罗洪铁著. 思想政治教育研究. 四川：四川人民出版社, 2002

67. 罗洪铁著. 思想政治教育专论. 重庆：西南大学出版社, 2002

68. 欧阳林著. 思想政治教育传播学. 北京：北京交通大学出版社, 2005

69. 秦在东著. 思想政治教育管理论. 武汉：湖北人民出版社, 2003

70. 邱伟光, 张耀灿著. 思想政治教育学原理. 北京：高等教育出版社, 1999

71. 求是杂志政治编辑部著. 毛泽东邓小平江泽民论思想政治工作. 学习辅导, 北京：红旗出版社, 2000

72. 瞿葆奎著. 教育学文集：教育与教育学. 北京：人民教育出版社, 1993

73. 全国普通高校"两课"教育教学调研工作领导小组. 普通高校思想政治教育课程文献选编（1949—2003）. 北京：中国人民大学出版社, 2003

74. 沈国权著. 思想政治教育环境论. 上海：复旦大学出版社, 2002

75. 沈壮海著. 思想政治教育的文化视野. 北京：人民出版社, 2005

76. 沈壮海著. 思想政治教育有效性研究. 武汉：武汉大学出版社, 2008

77. 石书臣著. 现代思想政治教育主导性研究. 上海：学林出版社, 2004

78. 石云霞著. 高校思想政治理论课程建设史研究. 武汉：武汉大学

出版社，2006

79. 苏振芳主编．思想道德教育比较研究．北京：社会科学文献出版，2011

80. 孙慧玲，张应杭著．困惑与思考新时期思想政治教育若干热点问题探讨．南京：中国社会科学出版社，2004

81. 孙其昂著．社会学视野中的思想政治工作．北京：中国物价出版社，2002

82. 孙其昂著．思想政治教育学基本原理．南京：河海大学出版社，2004

83. 孙迎光．传承与超越——儒家德育思想与现代学校德育．北京：人民出版社，2002

84. 孙迎光．思想政治教育方法论研究．北京：中国文史出版社，2006

85. 唐凯麟著．伦理学．北京：高等教育出版社，2001

86. 唐志龙，罗剑明著．思想政治工作价值论．北京：蓝天出版社，2003

87. 唐志龙著．思想政治工作思维方式导论．上海：汉语大词典出版社，2001

88. 万斌，张应抗著．高校思想政治教育新论．北京：社会科学文献出版社，2005

89. 万光侠著．思想政治教育的人学基础．北京：人民出版社，2006

90. 万俊人著．寻求普世伦理．北京：北京大学出版社，2009

91. 王传中．研究生思想政治教育理论与实践．武汉：武汉大学出版社，2011

92. 王道俊，王汉澜著．教育学．北京：人民教育出版社，2000

93. 王东莉著．德育人文关怀论．南京：中国社会科学出版社，2005

94. 王海明著．新伦理学．北京：商务印书馆，2001

95. 王建华．现代思想政治教育研究．哈尔滨：黑龙江人民出版社，2004

96. 王坤著庆．现代教育哲学．上海：华东师范大学出版社，2001

97. 王茂胜著．思想政治教育评价论．南京：中国社会科学出版社，2006

98. 王敏著．思想政治教育接受论．湖北：湖北人民出版社，2002

99. 王勤著．思想政治教育学新论．浙江：浙江大学出版社，2004

100. 王玉樑著. 当代中国价值哲学. 北京: 人民出版社, 2004

101. 王长乐著. 自主性德育论. 长春: 吉林人民出版社, 2002

102. 吴潜涛, 刘建军著. 新时期思想政治教育史论. 安徽: 安徽人民出版社, 2004

103. 吴潜涛著. 思想理论教育热点问题. 北京: 高等教育出版社, 2006

104. 项久雨著. 思想政治教育价值论. 南京: 中国社会科学出版社, 2003

105. 谢海光著. 思想政治工作网站创新. 上海: 复旦大学出版社, 2006

106. 徐志远著. 现代思想政治教育学基本范畴研究. 武汉: 湖北人民出版社, 2005

107. 许启贤著. 中国共产党思想政治教育史. 北京: 中国人民大学出版, 2004

108. 薛林群编著. 经常性思想工作方法与技巧. 北京: 解放军出版社, 2000

109. 薛天祥. 研究生教育学. 桂林: 广西师范大学出版社, 2001

110. 杨立英著. 网络思想政治教育论. 北京: 人民出版社, 2003

111. 叶浩生著. 西方心理学理论与流派. 广州: 广东高等教育出版社, 2004

112. 余亚平著. 思想政治教育学新探. 上海: 上海人民出版社, 2004

113. 余亚平著. 应对挑战: 高校思想政治教育实效性研究. 上海: 上海教育出版社, 2004

114. 余仰涛著. 思想政治工作学研究方法论. 武汉: 武汉大学出版社, 2006

115. 俞可平主编. 西方政治学名著提要. 南昌: 江西人民出版社, 2000;

116. 张大均主编. 教育心理学. 北京: 人民教育出版社, 2005

117. 张雷声, 郑吉伟, 李玉峰编著. 新中国思想理论教育史. 北京: 高等教育出版社, 2005

118. 张雷声, 梅荣政, 钟明华著. 思想理论教育研究. 北京: 高等教育出版社, 2004

119. 张雷声著. 新时期思想政治理论课教学方法探讨. 北京: 高等教育出版社, 2006

120. 张世欣. 中国古代思想道德教育史. 杭州：浙江大学出版社，2010 年

121. 张世欣著. 思想政治教育接受规律论. 上海：上海三联书店，2005

122. 张孝宜主编. 人生观通论. 北京：高等教育出版社，2005

123. 张彦著. 思想政治教育主体性研究. 广州：广东人民出版社，2006

124. 张耀灿，陈万柏著. 思想政治教育学原理. 北京：高等教育出版社，2001

125. 张耀灿等著. 现代思想政治教育学. 北京：人民出版社，2006

126. 张耀灿著. 思想政治教育学前沿. 北京：人民出版社，2006

127. 张耀灿著. 现代思想政治教育学科论. 武汉：湖北人民出版社，2003

128. 张耀灿著. 中国共产党思想政治教育史论. 北京：高等教育出版社，2006

129. 赵康太著. 当代思想理论教育前沿问题纵论. 武汉：武汉大学出版，2007

130. 赵康太著. 中国传统思想政治教育理论史. 武汉：华中师范大学出版社，2006

131. 赵青山等编. 实践与探索——研究生德育工作研究. 北京：北京邮电大学出版社，2006

132. 郑永廷等著. 人的现代化理论与实践. 北京：人民出版社，2006

133. 祖嘉合著. 思想政治教育方法教程. 北京：北京大学出版社，2004

134. ［美］柯尔柏格. 道德教育的哲学. 魏贤超等译，杭州：浙江教育出版，2000

135. ［美］罗斯科·庞德，徐显明（编者）. 沈宗灵译. 通过法律的社会控制. 北京：商务印书馆，1984

136. ［美］罗斯科·庞德著，邓正来译. 法理学（一、二卷）. 北京：中国政法大学出版社，2007

137. ［美］罗斯科·庞德著，邓正来译. 法理学（第一卷）. 北京：中国政法大学出版社，2004

138. ［美］麦克里那. 科研诚信：负责任的科研行为教程与案例. 北京：高等教育出版社，2011

139. [美] 史密斯著，陈新峰译. 中国人的德行. 北京：金城出版社，2008

140. 雅克·蒂洛，基思·克拉斯曼著. 程立显，刘建等译. 伦理学与生活. 北京：世界图书出版公司，2008

二、论文类

1. 白清平，陈巧玲. 我国研究生思想政治教育：问题及对策. 研究生教育研究，2012（5）

2. 柏昌利. 新时期研究生德育目标的确立与实现. 学位与研究生教育，1997（4）

3. 薄明华. 我国德育评估研究述评. 南阳师范学院学报，2008（2）

4. 卜镇德，朱小会. 我国高校研究生德育研究十年综述. 当代教育论坛（学科教育研究），2008（10）

5. 蔡茂华. 研究生思想政治教育制度改革与设计的探索. 中国高等教育，2012 年 9 月

6. 曹凤才，田维飞. 新媒体时代高校学生德育工作的思考. 中北大学学报（社会科学版），2008（6）

7. 曹南燕. 大学科研中的诚信问题. 清华大学学报（哲学社会科学版），2004（2）

8. 陈继红. 共识与分殊：1990 年代以来中国传统道德规范述评. 学海，2014（1）

9. 陈年芳等. 武汉大学公共卫生学院公共卫生与预防医学专业研究生生源变动趋势分析. 数理医药学，2011（6）

10. 陈武元，洪真裁. 建国后 17 年中国高等教育发展评价与启示. 东南学术，2007（3）

11. 陈效宏，郑世良. 研究生心理健康状况、影响因素及对策的研究. 社会心理科学，2004（6）

12. 陈延斌. 未成年人道德养成与媒体环境建设. 南京师大学报（社科版），2006（4）

13. 陈勇. 社会主义核心价值体系与研究生德育工作机制的创新. 中国成人教育，2012（2）

14. 崔诣晨. 浅析高校思想政治教育与心理健康教育的融合. 学校党建与思想教育，2012（12）

15. 戴艳军，李志强. 谈研究生德育评价指标体系的构建. 评估理论

与实践，2003（4）

16.董雄报，隋博文．网络环境下加强高校研究生德育工作的思考．高教论坛，2011（5）

17.杜钢清．高校思想政治教育与德育之比较研究．黑龙江高教研究，2013（8）

18.费孝通，李亦园．中国文化与新世纪的社会学人类学．北京大学学报，1998（6）

19.冯蓉，马喜亭．高校"3A"院系研究生心理健康教育辅导模式．学位与研究生教育，2013（6）

20.冯秀军．现代学校德育环境的生态建构．教育研究，2013（5）

21.高坤．关于研究生社会责任感现状的调查报告．高校辅导员，2012（10）

22.郭文玲．'985'高校图书馆常态化阅读指导调查与分析．图书馆学研究，2013（8）

23.韩慧莉．群体心理对思想政治教育的影响．社会科学家，2012（2）

24.何松青等．论新时期医学专业研究生综合素质培养．华夏医学，2010（10）

25.何艺新．关于部分研究生学术诚信缺失问题的思考．理论观察，2006（3）

26.侯丹娟．论当代西方思想道德教育方法发展的三个阶段．思想理论教育，2010（7）

27.胡恒钊．西方思想政治教育方法特点及其借鉴意义．学术论坛，2010（5）

28.黄建军．思想政治理论课考核方法初探．思想教育研究，2007（1）

29.黄蓉生，白显良．党的十六大以来大学生思想政治教育的跨越式发展．思想政治教育，2012（11）（上）

30.黄英．加强研究生德育之我见．道德与文明，2003（3）

31.霍晓丹等．北京大学研究生师生关系现状调查．调查研究，2012（10）

32.季海菊．多元化背景下现代教育价值取向的哲学思考．南京社会科学，2007（12）

33.季海菊．高校思想政治教育"载体合力"的动态生成——以新媒

体语境为视域．南京社会科学，2009（10）

34. 季海菊．高校思想政治教育中的微博：封杀抑或牵手？学海，2011（9）

35. 季海菊．心灵和谐：当代道德教育的新视角．南京社会科学，2008（8）

36. 李浩．充分发挥党团组织在研究生思想政治教育中的作用研究．广西大学学报（哲学社会科学版），2012（12）

37. 李黎蘩．大统战视野下的新社会阶层思想状况研究．东南大学学报（哲学社会科学版），2012（11）

38. 李素琴，边京京，李淑华．美国研究生负责任研究行为教育最佳实践——RCR 教育项目研究．学位与研究生教育，2014（9）

39. 李秀云，刘希庆．研究生心理危机干预机制调研分析．思想教育研究，2009（4）

40. 李艳艳，朱继东．美国社会四次严重道德滑坡评析．红旗文稿，2013（1）

41. 李义军．国外学校思想政治教育现状分析及启示．国外理论动态，2008（9）

42. 李毅等．综合创新论与"马魂、中体、西用"．上海师范大学学报（哲学社会科学版），2007（11）

43. 李云辉．外语院校研究生德育存在的问题及对策探析——以四川外语学院研究生德育为例．出国与就业（就业版），2010（15）

44. 李祖超．导师指导的研究生德育模式探析——基于创新人才培养的视角．国家教育行政学院学报，2009（4）

45. 廖和平．制约高校思想政治教育实效性的原因分析．思想教育研究，2003（10）

46. 林金辉．硕士研究生的心理健康标准与心理教育．教育研究，2003（8）

47. 林希玲．新的社会阶层思想工作原则机制和实践途径研究．中央社会主义学报，2011（10）

48. 林亚芳．当代英国学校德育述评．思想理论教育导刊，2003（9）

49. 刘春朋，姜华．农业院校研究生思想道德状况调查分析．东北农业大学学报（社会科学版），2012（2）

50. 刘春鹏，姜华．农业院校研究生思想道德状况调查与分析——以东北农业大学为例．东北农业大学学报（社会科学版），2012（2）

51. 刘惠媛，王阿晶．高校研究生心理健康保障机制研究．大连大学学报，2012（6）

52. 刘云林．交叉学科视野下的思想政治教育研究．学校党建与思想教育，2011（11）

53. 刘云林．思想政治教育内容的合理性探析．学校党建与思想政治教育，2009（8）

54. 刘云林．应然视域中思想政治教育的实施．学校党建与思想教育，2010（10）

55. 刘云林．智慧视域中的思想政治教育．学校党建与思想教育，2014（19）

56. 娄淑华，李长龙．导师在研究生思想政治教育中的作用．思想政治教育研究，2012（9）

57. 鲁洁．道德教育的根本作为：引导生活的建构．道德教育研究，2011（2）

58. 罗豪才．弘扬中华优秀传统文化增强民族认同感和凝聚力．中央社会主义学院学报，2007（2）

59. 罗亚明．构建与时俱进的德育目标体系．思想教育研究，2005（8）

60. 罗英华．研究生党支部凝聚力和影响力建设初探．思政论坛，2012（4）

61. 吕玲玲等．高等农业院校硕士、博士研究生人格因素调查分析．中国健康心理学杂志，2010（8）

62. 吕莎莎．研究生德育评价体系构建研究．黑河学刊，2012（9）

63. 马博虎，张璐．研究生心理健康教育工作研究．西部教育，2012（14）

64. 倪颖．当前研究生思想状况调查分析．文教资料，2012（7）（中旬刊）

65. 倪颖．当前研究生思想状况调查分析——以南京某高校为例．文教资料，2012（7）（中旬刊）

66. 潘剑波，李安萍．网络环境下研究生德育工作应对之策．江苏高教，2012（5）

67. 钱文彬．浅析新媒体与大学生思想政治教育．当代教育论坛，2008（6）

68. 秦泰．当代大众传媒与思想政治工作．江西社会科学，2003（1）

69. 邱仁富．思想政治教育话语的基本结构和功能．思想政治教育研究，2011（5）

70. 邵龙宝，李晓菲．儒家伦理对当下中国人的影响．文史哲，2005（6）

71. 邵新建，刘全菊．研究生思想道德状况的调查与思考．思想教育研究，2006（7）

72. 沈绮云．从研究生自杀现象透视研究生的心理问题．高等教育与学术研究，2006（1）

73. 石书臣．中国优秀传统文化与现代德育的内在联系．思想理论教育，2012（3）

74. 世界卫生组织．人类年龄段划分新标准．现代养生，2005（9）

75. 孙晓燕．当代研究生价值观现状浅析．陕西师范大学学报，2002（2）

76. 孙信丽等．研究生专职辅导员角色定位差异性分析．思想教育研究，2012（3）

77. 孙迎光．德育理解跳出传统教育学思路．南京社会科学，2010（9）

78. 孙迎光．马克思完整的人的思想对当代教育的启示．南京社会科学，2011（5）

79. 孙迎光．儒家德育方法与现代思想教育．南京社会科学，1994（12）

80. 唐海波．高校研究生心理健康教育体系探索．高教论坛，2009（12）

81. 唐莉．论研究生德育与本科生德育的衔接．扬州大学学报（高教研究版），2007（5）

82. 唐廷科，张福珍．论加强研究生职业道德教育的必要性和对策．芜湖职业技术学院学报，2011（13卷）（1）

83. 陶辰等．军校医学研究生心理健康状况和个性特征的分析．第四军医大学学报，2004（9）

84. 田霞．论增强高校思想政治教育的实效性．中国特色社会主义研究，2007（6）

85. 汪益民．探析研究生德育目标规格的内在依据．思想教育研究，1999（4）

86. 汪宗田，傅安洲，阮一帆．德国大学思想道德教育及其启示．思

想教育研究，2011（4）

87. 王柏棣. 略论思想政治教育与德育的区别和联系. 长春工业大学学报（社会科学版），2009（5）

88. 王洪飞. 国外思想政治教育方法借鉴. 沈阳航空工业学院学报，2008（12）

89. 王俊. 当前中国社会的实践同一性问题——从道德哲学的视角到应用伦理的视角. 长春市委党校学报，2010（5）

90. 王敏，孙晓阳. 思想政治教育与德育之比较. 湘潮（下半月），2012（1）

91. 王文华. 试析高校大学生的素质德育观. 中州大学学报，2002（1）

92. 王遐见. 把握自主探究式研究生思想政治教育科学发展规律. 东南大学学报（哲学社会科学版），2012（7）

93. 王秀彦等. 高校研究生德育工作体制建构的实践与思考. 德育天地，2006（9）

94. 王亚青. 中国研究生道德意识与科学精神的调查研究. 北京科技大学学报（社会科学版），2008（3）

95. 吴启贸. 论思想教育的实践创新. 湖南行政学院学报，2007（2）

96. 吴向宁. 攻读体育院校研究生生源的诸项指标分析及启示——以武汉体育学院2008级、2009级硕士研究生为参照. 体育科技文献通报，2012（4）

97. 武玉才，冯宏岩. 论可持续发展的德育观——生态德育. 沈阳师范大学学报（人文社会科学版），2005（5）

98. 武晓峰等. 研究生党建途径探讨——清华大学研究生党建工作的实践. 思想教育研究，2010（4）

99. 邢晓辉等. 医学研究生心理健康状况和人格特征分析. 学位与研究生教育，2005（3）

100. 徐爱萍等. 当代研究生思想状况分析及德育工作的探讨. 山西医科大学学报（基础医学教育版），2003（4）

101. 徐姗，厉云飞. 研究生婚恋观现状及引导对策探析. 重庆科技学院学报（社会科学版），2012（19）

102. 徐希军. 1928—1937：国民党在大学推行党义教育述评. 安庆师范学院学报（社会科学版），2005（5）

103. 徐振祥. 新媒体：大学生思想政治教育的机遇与挑战. 思想政治

教育研究，2007（6）

104. 许国彬．法国学校德育教育简况及其启示．教育管理研究，1996（1）

105. 学位与研究生教育，2004—2014

106. 杨翠兰．研究生思想政治教育实证分析与六元策略．思想政治教育研究，2012（1）

107. 杨金玲．如何正确认识全球化下的文化多元化．理论界，2007（11）

108. 杨雪英，朱凌云．论文化的多元化与高校思想政治教育．中国高教研究，2006（6）

109. 仰海峰．鲍德里亚的"诱惑"概念．哲学动态，2008（1）

110. 姚立迎．论构建高校全员育人的组织体系与实践格局．中国青年教育，2008（11）

111. 易晖等．高校研究生党建工作现状调查分析．高校党建，2012（11）

112. 于洪卿．论文化安全视角下的思想政治教育．求实，2006（6）

113. 于林平．思想政治教育与德育之比较及其理论与现实意义．思想政治教育研究，2010（1）

114. 于小玲．新时期高校思想政治工作的继承与创新．辽宁行政学院学报，2006（5）

115. 岳洪江等．中国管理科学研究队伍的年龄结构研究．科研管理，2011（4）

116. 岳鸿雁等．世界互联网发展状况的最新报告．新闻界，2004（3）

117. 张岱年．中国文化的基本精神．齐鲁学刊，2003（5）

118. 张骥等．网络时代中国文化安全面临的冲击与对策．社会主义研究，2001（4）

119. 张金鲜等．基于艺术类研究生特征的基层党支部特征研究．东华大学学报（社会科学版），2011（3）

120. 张俊．论研究生导师育人的学术维度．湖北社会科学，2012（7）

121. 张莉．我国研究生心理健康的研究现状概述．南京医科大学学报（社会科学版），2013（3）

122. 张忠华．改革开放30年来德育目标的研究与反思．教育学术月刊，2011（1）

123. 张忠华．我国新时期德育方法的研究与反思．教育学术月刊，

2010（4）

124．周甜等．构建研究生思想政治品德考评指标体系．中国青年政治学院学报，2001（1）

125．周旺成．体育专业研究生的个性特征及其评价．北京体育学院学报，1988（3）

126．周晓波．美国思想政治教育模式的分析与借鉴．辽宁工业大学学报（社会科学版），2009（6）

127．周晓红．坚持正面引导，促进自我教育能力的生长．教育教学论坛，2011（8）

128．朱贺玲．我国硕士研究生自我发展定位现状调查研究——以厦门大学为例．学园，2012（2）

129．朱喜坤．"学术诚信与研究生思想政治教育"研讨会综述．社科动态，2012（4）

130．邹慧．对本科生与研究生德育衔接工作的思考．中国校外教育，2011（12）

131．［美］盖伊·塔契曼著，韩淦如，孙淑君译．大众传播媒介的价值．国际新闻界，1990（1）

三、其他

1．白萍．回归本体：新中国高校德育思想演进研究．华中科技大学，2009年博士毕业论文

2．陈海青．德性视域下的美国当代品格教育研究．上海大学，2012年博士毕业论文

3．陈中建．高校德育系统工程研究．南京师范大学，2008年博士毕业论文

4．戴继天．论研究生德育理论体系的独立建构．东北师范大学，2007年博士毕业论文

5．葛传根．中共早期宣传工作研究（1921—1927）．中共中央党校2012年博士毕业论文

6．冯永刚．制度架构下的道德教育研究．山东师范大学，2008年博士毕业论文

7．付轶男．美国现代化进程中的公民教育与道德教育关系．东北师范大学，2010年博士毕业论文

8．韩丹．新中国大学生思想政治教育政策变迁研究．华中科技大学，

2012 年博士毕业论文

9. 韩茹宇 . 中医药类硕士研究生新生人格特征分析 . 南京中医药大学，2011 年硕士毕业论文

10. 贺韧 . 儒家传统道德教育思想探析 . 湖南师范大学，2006 年博士毕业论文

11. 竭长光 . 论德育理论研究的思维方式转换 . 东北师范大学，2007 年博士毕业论文

12. 江新华 . 大学学术道德失范的制度分析 . 华中科技大学，2004 年博士毕业论文

13. 刘长海 . 杜威德育思想与中国德育变革 . 华中师范大学，2006 年博士毕业论文

14. 刘顺厚 . 研究生德育绩效及其评价 . 复旦大学，2004 年博士毕业论文

15. 马建国 . 道德外化与高校外化德育研究 . 河北师范大学，2012 年博士毕业论文

16. 孙扬 . 新时期研究生德育模式研究 . 清华大学，2004 年硕士毕业论文

17. 孙晓峰 . 高校德育管理机制构建及运行中的对策研究 . 合肥工业大学，2011 年博士毕业论文

18. 燕京晶 . 中国研究生创造力考察与培养研究 . 中国科学技术大学，2010 年博士毕业论文

19. 杨延芝 . 当前研究生德育中的问题与对策研究 . 南京师范大学，2011 年硕士学位论文

20. 尹金凤 . 大众媒介偶像塑造的伦理问题研究 . 湖南师范大学，2010 年博士毕业论文

21. 于光 . 德育主体论 . 东北师范大学，2009 年博士毕业论文

22. 张红霞 . 文化多元化背景下高校思想政治教育实效性研究 . 陕西师范大学，2009 年博士学位论文

23. 张文学 . 高校大学生思想政治教育制度化研究 . 中国地质大学，2012 年博士论文

24. 张雪飞 . 高校思想政治理论课教学实效性研究 . 辽宁师范大学，2011 年博士学位论文

25. 张艳红 . 德育资源论 . 东北师范大学，2011 年博士毕业论文

26. 张洁 . 我国研究生事务管理问题研究 . 华东师范大学，2006 年博

士学位论文

27. 赵崇莲．广东省高校心理健康服务体系构建研究．西南大学，2011 年博士毕业论文

28. 周宏．论德育的社会心理环境．复旦大学，2009 年博士毕业论文

29. 朱芳琴．问题·原因·对策：高校研究生思想政治教育研究．苏州大学，2010 年硕士毕业论文

30. 周晓波．中美德育比较研究．吉林大学，2011 年博士学位论文

31. ［美］塞缪尔·亨廷顿．再论文明的冲突．新华文摘，2003

32. 高校获 2012 年度国家科学技术进步奖通用项目目录．教育部科技发展中心，2013-1-18

33. 清华研究生入学先立"规矩"，"两院"院士亲自授课．北京青年报，2009-9-8

34. 与中国研究生教育同行：北大研究生教育 90 周年．北京大学新闻网，2007-12-26

35. BAUMAN, ZYGMUNT, Does Ethics Have a Chance in a World of Consumers? HARVARD UNIVERSITY PRESS, 2009

36. MERLEAU－PONTY, MAURICE, The World of Perception, ROUTLEDGE, TAYLOR & FRANCIS GROUP, 2008

37. VATTIMO, GIANNI, Nihilism & Emancipation Ethics, Politics & Law, COLUMBIA UNIVERSITY PRESS, 2007

38. RICOEUR, PAUL, PELLAUER, DAVID, Reflections on the Just, UNIVERSITY OF CHICAGO, 2007

39. 联合国教科文组织五十周年报告．联合国官方网站：http：//www. un. org/chinese/esa/education/lifelonglearning/4. html

40. 树立大德育观念．光明日报报道网址：http：//www. gmw. cn/01gmrb/2002-06/13/05-2B6113841077DE3648256BD700013D32. htm

41. 研究生就业压力山大，问出身问到中学．网易教育，2013-4-9

42. 研究生品德模范事迹引热议．华中科技大学新闻网：http：//news. hustonline. net/Html/2012-11-26/86313. shtml

43. 中国教育部统计数据：研究生就业率．MBA 环球网，2013-1-24

44. 习近平在十八届中央纪委二次全会上发表重要讲话．网址：http：//news. cntv. cn/2013/01/23/ARTI1358888136269253. shtml

45. 班华．德育理念与德育改革——新世纪德育人性化走向．网址：http：//www. nsddys. cn

46. 北京林业大学研究生党建专题网 http：//yjsdjw. bjfu. edu. cn/

47. 河南省人民政府网站：http：//www. henan. gov. cn/zwgk/system/2007/09/25/010042536. shtml

48. 胡锦涛. 坚定不移沿着中国特色社会主义道路前进 为全面建成小康社会而奋斗. 网址：http：//politics. people. com. cn/n/2012/1109/c1001-19529890. html

49. 华中科技大学研究生院网站：http：//gs. ccnu. edu. cn/ygb/showNews-502. aspx

50. 李彧宏，罗匡. 论互联网时代的高校德育工作. 湖南日报. 2011-4-19

51. 南开大学新闻网：http：//news. nankai. edu. cn/zhxw/system/2012/05/31/000070855. shtml

52. 人民网关于谷振丰的事迹：http：//stu. people. com. cn/GB/65534/4865459. html

53. 上海市教育科学研究院网站：http：//www. cnsaes. org/homepage/html/dyyjyzxzx/

54. 上海市学生德育发展中心网站公布的德育文件. http：//www. shdyzx. com/research. php？ a＝list&cid＝2

55. 上海市学生德育研究中心网站公布的德育研究课题，论文引用了其中的部分项目，网址 http：//www. shdyzx. com/research. php？ a＝list&cid＝4

56. 天津文明网 "道德模范" 专题：http：//wenming. enorth. com. cn/system/2012/12/25/010444522. shtml

57. 新浪财经网址：http：//finance. sina. com. cn/

58. 新闻报道. 湖南师范大学以 "麓山论坛" 引领研究生校园文化建设" 网址：http：//www. chsi. com. cn/jyzx/201402/20140225/782223761. html

59. 引用网页数据网址：http：//edu. qq. com/a/20061108/000110. htm

60. 中共中央办公厅印发. 关于培育和践行社会主义核心价值观的意见. 网址：http：//news. xinhuanet. com/politics/2013-12/23/c_ 118674689. htm

61. 中国教育在线. 2014 年全国研究生招生数据调查报. 网址：http：//www. eol. cn/html/ky/report/a2. shtml